『東洋経済新報』編集長時代の石橋湛山、1920（大正9）年、36歳

Yoichi Funabashi

船橋洋一

Reading Ishibashi Tanzan

湛山読本

A call to reflect

いまこそ、自由主義、再興せよ。

東洋経済新報社

読者のみなさまへ

最初に、しばらく時間をいただき、この本を著すことにした趣旨と思いをお伝えしたいと思います。

石橋湛山（１８８４～１９７３）は戦前、『東洋経済新報』という経済週刊誌を中心に、政治、外交、財政、金融、社会、文化の多岐にわたって言論活動を行ったジャーナリストです。自由主義の立場から、時の政府の政策についてその是非を問い、鋭い論評を加え、自らの構想を掲げ、日本の進むべき道を大胆に示しました。

その論説は時に当局の掲載差し止め処分を受けました。それでもめげずに第一次世界大戦から第二次世界大戦のいわゆる「両大戦間」の時期、軍国主義からファシズムへ、そして日中戦争から太平洋戦争へとなだれ込んでいく日本を何とか良識の淵へ引き戻そうと、筆だけを頼りに果敢に戦いました。湛山の最大の業績は、ジャーナリストのもっとも大切な役割である権力監視の仕事を最後まで貫徹したことだったと思います。

そのようなジャーナリストがいたことを同じ記者の仕事を選んだものの一人として誇りに思

いますし、彼の洞察から一つでも二つでも学び、それを読者と分かち合いたいと、私は考えました。

そこで、湛山の膨大な論文からこれはという論考を選び、それが書かれた時代背景を点描し、そこで取り上げられた争点を中心に、湛山の問題意識に迫りつつ、現代へのヒントをつかみ出すことを試みました。

『石橋湛山全集』全16巻に収録されている論文を斜め読みし、ページをアレコレめくり、候補作を１５０本ほど選び、そこから70本を抜き出しました。今年が戦後70年ということもあり、その数にしたのですが、これだけは日本の国民に読み続けてもらいたい、語り伝えてほしい。そのような70篇です。

湛山の文章は構成が重厚で、論旨は明快そのものですが、私の文章は、あっち飛びこっち飛び、道草を食い、ゆるゆるの体裁になりました。正面から湛山論を展開しようという論文ではなく、湛山の思想と精神に迫るための論文解題のエッセー（試み）のような趣になりました。

あくまで湛山の論文を多くの方々に読んでもらいたいと念じて、本のタイトルを『湛山読本――いまこそ、自由主義、再興せよ。』としました。

構成はテーマ別に11章建てにしました。そして、この11章を「はじめに」と「おわりに」でブックエンドのように挟みました。

「はじめに」は、私自身の湛山の著作との出会いを記した後、湛山の多面的なジャーナリスト像を描きました。湛山は〝町の経済学者〟と呼ばれたように財政金融を深く研究したパブリック・インテレクチュアル（識者）でもありましたが、政治、外交、経済、社会、文化、なんでもござれの記者でした。ただ、専門は？　と聞かれれば、湛山は「天下国家」と答えたかも知れません。

第一章（自由主義）は、普通選挙法、自由貿易、言論の自由、言論機関の責任、帝国憲法と憲法改正論などのテーマを取り上げています。

第二章（第一次世界大戦）は、第一次世界大戦への日本の参戦、米国における日本観の激変、対華二十一カ条要求、朝鮮独立運動、ベルサイユ講和会議での日本の敗北感、大戦の巨大な遺制と影、シベリア出兵と「名誉ある撤退」に焦点を合わせています。

第三章（ワシントン体制）は、第一次世界大戦後のアジア太平洋新秩序をめぐる日米中の葛藤が大きなテーマです。日米関係は中国を入れると「まったく違った色彩を帯びてくる」と湛山は言っていますが、ワシントン会議の死角、満蒙権益とウィルソン主義、海軍軍縮、日英同盟、移民問題とアジア主義、北伐と中国民族主義など極東国際政治が発する乱反射する色彩を見ていきます。

第四章（デモクラシー）は、１９２０年代の日本の民主主義の産みの苦しみの軌跡を振り返る章です。普通選挙法への期待と治安維持法への懸念、元老の死と政治の新陳代謝、テロによる政治の死、関東大震災と危機管理ガバナンス、二大政党の登場と党利党略、政治家の出処進退論などを扱っています。

第五章（デフレ論争）は、第一次大戦後の金解禁論争の一方の立役者となった湛山の論考が中心です。「不景気は人間社会最大の罪悪」と言い切った湛山のデフレ論の今日的意義は何か。公的資金導入の際の「個々の損失の社会化（公的負担）」をどう考えればよいのか、といったテーマを取り上げます。

第六章（満州事変）は、事変後の国民の満州フィーバー、リットン報告書、満州国承認、国際連盟脱退、脱退後の日本外交のあり方までの論考を採録しています。この辺から湛山の文章にも重苦しい陰翳がにじみ出るようになります。

第七章（統治危機）は、ロンドン軍縮会議の際の統帥権干犯問題、五・一五事件後の政党内閣の終焉、統制派対皇道派と政軍関係、斎藤隆夫の粛軍演説と反軍演説、近衛新体制を扱っています。

第八章（日中戦争）は、盧溝橋事件後の日中関係に照準を合わせています。内地3個師団派兵の運命的結末、「蒋介石相手にせず」声明の致命的失敗、近衛東亜新秩序建設声明の悲劇的曖昧さなどです。

第九章（三国同盟）は、独ソ不可侵条約（１９３９年）から独ソ開戦（１９４１年）へと、大国権力政治の中で、日本が赤子のように弄ばれる時代です。ドイツに対する「醜くも卑しく媚びへつらう態度」を止めよ、英国に対する「攘夷的狂態」を止めよ、外交の刷新を行え、と湛山は必死に訴えます。

第十章（太平洋戦争）は、真珠湾攻撃後の太平洋戦争の時代です。ヒトラーの最後とその意味合いについて書いた「ベルリン最後の光景」は、湛山が敗戦の覚悟を同胞に向けて静かに促した心の叫びと見るべきでしょう。

第十一章（再建の思想）は、敗戦後の日本再建の思想と行動に関する考察です。「靖国神社廃止の議」は今なお、政治的に混濁している日本の「過去の克服」を考える上で深い洞察に富む文章です。最後に収録した「私の公職追放に対する見解」は、戦後、ＧＨＱの差し金で公職追放の指定を受けたことに対し、湛山が全身全霊反駁した文章です。ジャーナリスト湛山の最後の言論戦だったのではないでしょうか。

「おわりに」は、自由主義の思想としての立ち位置を振り返り、１９９０年代以降の日本の「失われた時代」後の再建の思想的座標軸としての自由主義の新たな可能性――そして、湛山の現代的意義のありか――を探求する試みです。

石橋湛山は、戦後は政治に飛び込み、蔵相、通産相を歴任した後、１９５７年に首相に就任しました。ただ、この本では政治家としての湛山の言説を正面からは取り扱っていません。政治家の言葉はすべて政治の言葉であり――もっとも湛山の場合、同じく外交官を経て言論人から政治家に転出した原敬と違って、政治家としても政治の言葉に徹し切れなかったようですが――それは別に扱うべき領域だと考えたからです。

70篇の論文のほか、各章末尾に湛山のジャーナリズム論と市民社会論に関するコラムを1篇ずつさしはさみました。言論人湛山の息づかいに少しでも触れて頂ければと思ったからです。

文中の湛山の文章は、東洋経済新報社出版局編集部の現代語訳で採録したことをお断りしておきます。

なお、文中、引用した湛山の文章で、媒体名の記していないものはすべて『東洋経済新報』です。

読者のみなさまへ　i

はじめに――湛山は、天下国家の記者だった。　1

第一章
自由主義

❶社説、１９１４年５月５日号
「断乎として自由主義の政策を執る可し」　24

❷社説、１９２８年１月28日号
「いかにして自主独立の精神を作興するか」　30

❸社説、１９３３年１月28日号
「言論を絶対自由ならしむる外思想を善導する方法は無い」　36

❹社説、１９３６年３月７日号
「不祥事件と言論機関の任務」　42

❺社論、１９３８年2月12日号
「非常時に際して特に我が憲法の有り難さを思う」 47
コラム
「レタース・ツウ・ゼ・エヂタ一」 54

第二章

第一次世界大戦

❻社説、１９１４年11月15日号
「青島は断じて領有すべからず」 58
❼社説、１９１５年2月5日号
「第二の露独たるなかれ」 63
❽社説、１９１５年5月25日号
「先ず功利主義者たれ」 69
❾社説、１９１９年5月15日号）
「鮮人暴動に対する理解」 75
❿社説、１９１９年8月15日号
「袋叩きの日本」 81
⓫社説、１９１９年5月25日・6月5日・6月15日号
「禍根を蔵せる講和条約」 87

⑫ 社説、1920年1月17日号
「陸軍国家を危くす」 92
コラム
私の新聞記者時代 98

第三章 ワシントン体制

⑬ 社説、1920年1月24日号
「日米衝突の危険」 102
⑭ 社説、1921年7月23日号
「一切を棄つるの覚悟」 108
⑮ 社説、1921年7月30日・8月6日・13日号
「大日本主義の幻想」 113
⑯ 社説、1921年12月3日号
「海軍七割主張無根拠」 118
⑰ 社説、1923年2月24日号
「外交立て直しの根本観念」 124
⑱ 社説、1924年4月26日号
「米国は不遜日本は卑屈」 130

⑲時評、1927年6月4日号
「ああ遂に対支出兵」 136
⑳社説、1928年8月4日号
「駄々ッ子支那」 141
㉑社説、1928年12月1日号
「対支強硬外交とは何ぞ——危険な満蒙独立論」 146
コラム
「日本人と外国語」 152

第四章 デモクラシー

㉒社説、1920年3月20日号
「民心に希望を与えよ」 156
㉓社説、1921年11月12日号
「原首相の横死に就て」 161
㉔小評論、1922年2月11日号
「死も亦社会奉仕」 167
㉕社説、1923年10月1日号
「此経験を科学化せよ」 173

㉖社説、1925年2月21日号
「治安維持法は国家を危くす」 179
㉗社説、1925年4月18日号
「民衆政治家の出現を待つ」 185
㉘時評、1928年1月28日号
「総選挙の題目」 190
㉙社説、1931年4月18日号
「近来の世相ただ事ならず」 195
コラム
「原氏を政治家から再び新聞記者に引き戻したい」 201

第五章　デフレ論争

㉚社説、1924年3月15日号
「円貨の崩落と其対策　正貨無制限払下を断行せよ」 204
㉛社説、1927年1月1日・15日号
「物価下落を希望する謬想」 210
㉜付録、1927年4月23日号
「大恐慌遂に来る」 215

㉝『地方行政』1928年8月号
「現今の我国の不景気と新産業革命の必要」 221
㉞社説、1929年7月20日・7月27日・8月3日号
「消費節約の意義及び効果」 227
㉟社説、1935年12月7日号
「昭和十一年度予算の編成　軍部と大蔵との思想の対立」 233
コラム
「実際運動に参加する事の不可を覚り」 239

第六章

満州事変

㊱社説、1931年9月26日号
「内閣の欲せざる事変の拡大　政府の責任頗る重大」 242
㊲社説、1931年9月26日号・10月10日号
「満蒙問題解決の根本方針如何」 248
㊳社説、1931年12月5日号
「出征兵士の待遇」 254
㊴社説、1932年2月6日・2月13日号
「支那に対する正しき認識と政策」 260

❹⓪ 社説、1932年2月27日号
「満蒙新国家の成立と我国民の対策」 266
❹① 社説、1932年10月29日号
「天下を順わしむる道」 272
❹② 財界概観、1933年2月25日号
「我国は戦を好まず」 278
コラム
われわれは「お寺」の住職 284

第七章 統治危機

❹③ 社説、1930年5月31日号
「統帥権の要求は議会制度の否認」 288
❹④ 社説、1932年5月28日号
「超然内閣に期待を懸くるの謬想」 293
❹⑤ 社説、1935年7月27日号
「真崎教育総監の辞職　尋常ならざる陸軍部内の事態」 298
❹⑥ 社説、1937年1月30日号
「内閣総辞職と陸軍の態度　軍部政党化の危険を反省せよ」 304

㊼社論、1939年1月14日号
「近衛内閣の辞職と我国政治の将来」 310
㊽社論、1940年2月24日号
「所謂軍人の政治干与　責は政治家の無能にある」 316
㊾社論、1940年8月24日号
「新政治体制は何処に行く　政治の貧困豈制度の罪ならん」 321
コラム
「御用記者成功の秘訣」 327

第八章
日中戦争

㊿社説、1936年8月29日号
「不謹慎なる外交論を排す」 330
51 社説、1936年10月3日号
「日英両国提携の必要」 335
52 社説、1937年7月24日号
「支那は戦争を欲するか」 340
53 社論、1938年1月29日号
「宣言せられたる我対支政策の二大原則」 346

第九章　三国同盟

㊹社論、1938年11月12日号
「政府は重ねて対支政策を具体的に声明すべし」　352
コラム
「日支国交調整に新聞の提携を望む」　358

㊺社説、1939年8月5日号
「日米通商条約の破棄」　362
㊻社論、1939年9月2日号
「独逸の背反は何を訓えるか　此神意を覚らずば天譴必ず至らん」　368
㊼社説、1940年10月5日号
「日独伊同盟の成立と我が国官民の覚悟」　374
㊽社論、1941年1月4日号
「混沌たる国際情勢と今年の我国の問題」　379
㊾社論、1941年12月6日号
「和戦両様の準備」　384
コラム
「巧言令色亦礼也」　390

第十章

太平洋戦争

⑳ 社論、1942年1月3日号
「宣戦の詔書に畏み国家総力体制の実践に邁進すべし」 394

㉑ 社論、1944年7月29日号
「東条内閣辞職の理由　後継内閣の熟慮を切望す」 400

㉒ 社論、1945年6月16日号
「竹槍戦争観の否定」 406

㉓ 社論、1945年6月23日号
「ベルリン最後の光景」 412

㉔ 社論、1945年8月25日号
「対ソ交渉の顛末」 417

コラム
「清沢洌君の思い出」 423

第十一章

再建の思想

はじめに――湛山は、天下国家の記者だった。

私が子どもの頃、普段、政治のことはめったに口にしなかった母が、政治家について感想を洩らしたことが2度、あった。

一つは、緒方竹虎[1]が死去したというラジオのニュースを聞いた時である。

「立派な人だったわね。あの人はおカネにきれいだったそうね。家も小さかったというし」。

緒方竹虎自民党副総裁は、1955年の保守合同の立役者の一人だった。吉田茂の後の大宰相を期待されたが、保守合同を成し遂げた後その年の11月、急死した。緒方については後にCIA（米中央情報局）との関係などマイナス・イメージで語られることもあるが、少なくとも当時、政治は汚いものとの嫌悪感を持っていた多くの国民の一人として、母にとっては、カネにきれいな政治家、はとても貴重な存在だったのだろう。

（1）緒方竹虎（1888～1956）。ジャーナリスト、政治家。朝日新聞社副社長・主筆、自由党総裁、内閣官房長官、副総理などを歴任。

もう一つは、1957年2月、首相に就任して2カ月しか経っていないのに、石橋湛山（1884〜1973）が病気を理由に首相を辞任した時である。

老人性肺炎で倒れた湛山は、予算審議に出席できないと知って、辞任した。

「いさぎよかったわね。なかなかできることじゃない」。

昔の話だから、記憶もまだらだが、この時の母の言葉を鮮やかに覚えている。

石橋湛山は、その後、回復したが、2度と政界に戻ることはなかった。院政とか黒幕とか闇将軍とかそうした類に湛山は無縁である。

湛山の著作を読むようになったのは、ずいぶんと後になってからのことである。

最初に読んだのは、湛山の著作そのものではなく、小島直記『異端の言説・石橋湛山』（新潮社、1978年）だったと思う（本の空白の頁に780708と記しているから、その年の7月8日に購入したものと見える）。

1980年、朝日新聞社の北京特派員に赴任するに当たって、湛山の中国政策論考のいくつかを読んだ。大学時代、竹内好[2]（中国文学者）に惹かれ、貪るように彼の著作を読んだが、その竹内が湛山を「自由主義者にしてアジア主義者」という日本では珍しい知性として高く評価していたこともあって、湛山の中国観には関心を持っていた。私の大学時代は、中国の文化大革命真っ盛りの折で、果たして、この現象をいかに捉えるか、中国現代史に関心を持っていただけに私なりに考えたし、中国研究者の先生方も格闘していた。そんな時、竹内好が文革（というか

「紅衛兵問題」について）「わからない」として「沈黙」を決め込み、雑誌『中国』を廃刊したことを知った。私は衝撃を受けた。

北京時代、私には、湛山の中国政策論考は少しきれいごとすぎる感じがして、湛山から遠のいた。湛山の対中観がもっとニュアンスに富むものであることを知ったのはずっと後のことである。

北京から帰国して、私の記者としての持ち場は金融担当となった。日銀本店隣の日本橋本石町の東洋経済新報社本社の前を通り抜けて日銀本店の記者クラブに通う日々となった。

不覚というべきか、この間、湛山の肝心の金融論を紐解いた記憶はない。

ドル・ショック、石油ショック、そして、ドル安誘導、イラン革命、第二次石油ショックと世界経済大荒れの1970年代が終わり、先進工業国のマクロ経済政策協調の必要性が高まりつつあった。通貨外交の時代が訪れたのである。私は、円・ドル・ドイツマルクの通貨外交三国志（三極主義）を書こうと思い立ち、米国際経済研究所（IIE）の客員研究員としてそのテーマに挑み、『通貨烈烈』（朝日新聞社、1988年）を刊行した。

しかし、円・ドル・マルクの三極時代は続かなかった。冷戦が突如、終わったからである。私は「冷戦後」の世界を追った。「冷戦後」の現場を取材し、その意味を考察した。

（2）竹内好（1910〜1977）。中国文学者、文芸評論家。魯迅の研究で知られ、日中関係についての多数の論考を発表。主著『近代の超克』『日本とアジア』。

そのような記事のいくつかがお目に留まり、石橋湛山賞（１９９２年）を受賞した。

１９９３年11月、東洋経済新報社本社の経済倶楽部で「歴史の転換点に立って」と題して受賞記念講演を行った。その年は、日本の国際連盟脱退から60周年に当たったため、脱退後の日本の漂流と「冷戦後」の日本の漂流をだぶらせながら、日本の課題に迫ろうと試みた。講演準備のため、１９３０年代の湛山の論文を読んだ。湛山の論文には「提案」があることを知り、そのことも講演の中で触れた。湛山論文を気合を入れて読んだのは、この時が初めてである。

記念講演ではお客様の席の最前列に、かつて日銀担当時代にお世話になった金融界の錚々たる方々が坐っていらっしゃった。この経済倶楽部もまた湛山がつくった市民社会の砦である。私は威儀を正した。

もっとも、ジャーナリスト湛山の真価を知るようになったのは１９９０年代以降の日本のいわゆる「失われた時代」を経て、日本のガバナンスの不具合を痛感してからのことである。

バブルが崩壊し、不良債権処理につまづき、経済停滞が慢性化する。財政が危機的状況に立ち至り、金融が十分に機能せず、デフレが深まる。中国の台頭と挑戦で国民が動揺する。少子高齢化と人口減少が社会と企業にのしかかり、世代間公正が揺らぎ、所得格差が拡大する。ネット革命に伴うメディアの変質も手伝ってポピュリズムとナショナリズムが激化する。３・11大震災と福島原発危機。民主党政権メルトダウンと政党デモクラシーの揺らぎ。そして、安倍政権とアベノミクスの登場……。

その多くが、『東洋経済新報』の主幹として湛山が、格闘したテーマではないか。湛山は、彼の同時代の状況の中で、金融・財政と不況・デフレ、外交と対中・対米、政党政治と民主主義、メディアと民族主義……それらのテーマにどのように取り組んだのか。

いや、湛山が私たちの同時代に生きていたとしたら、それらのテーマをどう考えただろうか。

私は、湛山の言葉にもう一度、しっかりと耳を傾け、そして語りかけたくなった。

『石橋湛山全集』全16巻のページをめくって、政策論を中心に声を上げて原文を読む。ジャーナリスト湛山の肉声に耳を澄まし、その奥にさわだつ思想の息吹に触れてみる。

そして、平成の「失われた時代」と第一次世界大戦と第二次世界大戦の「両大戦間」の「失われた時代」の2つの同時代の状況と課題を照らし合わせつつ、湛山の同時代の課題をいま一度、取り出してみる。そして、できれば湛山の問題提起を切り口にして、私たちの時代の課題を考えてみる。

一体、湛山は、どんなジャーナリストだったのか。

まず、湛山は、筋金入りの自由主義者だった。

湛山は戦後、ジャーナリストとしてだけでなく、思想家として、それも「徹底した自由主義者」（経済史家・長幸男）として再発見されることになった。

その思想の根幹は、自助（セルフ・ヘルプ）である。個人のかけがえのない価値を大切にする。

社会としても、それを最大限尊重し、それをめいめいが引き出すことを奨励する。その意味において自由主義は個人主義でもある。

湛山は、福沢諭吉の「独立自尊」の哲学に深く共鳴するところがあった。「人は生まれながら独立不羈にして、束縛をこうむるのゆえんなく、自由自在べきはずの道理を持つということなり」。

福沢諭吉はそう論じた。福沢は、個々人の価値と教育によるその能力と可能性の開花と個人の突破力を信じ、その思想と理念を基にした社会システムの構築が可能であり、持続的であると信じた。

この烈々たる気概を湛山も受けついだ。

もっとも、19世紀の自由主義の青春期はとうに過ぎ、自由主義は自己変革を余儀なくされていた。エリート主義や強者の論理に傾きがちな自由主義と、平等主義や弱者の論理を前面に出す民主主義は緊張する面もあったが、自由主義は民主主義と妥協せざるをえなかったし、資本主義もアダム・スミス[3]からジョン・メイナード・ケインズ[4]へと進化を遂げつつあった。湛山の自由主義もそうした公正と配分を重視し、民主主義と折り合う自由主義だった。

湛山は戦後、「自由思想協会」を同志とともに設立したが、その設立趣旨書には「今日ジョン・スチュアート・ミル[5]の学説がそのままただちに現在に妥当すると考える者はありますまいが、とすればわれわれは、どうしてマルクスやエンゲルスの主張だけがそのまま、ただちに現在に妥当するということができましょうか」と左翼の硬直的ドグマを批判している。同時に、湛山は、自由主義に基づいてつくられた制度文化に対しても「無批判に決して同調しない」とし、自由主義のドグマからの自由を身上とした。

次に湛山は、愛国者だった。

湛山の愛国心は、世界に開かれた躍動する日本への惜しみない愛情であり、強張った民族主義や武張った国粋主義の対極にあった。

湛山は日本の国益を大切にしたが、それは「洗練された自己利益」（enlightened self-interest）をその内実とした。こちらの国益を大切にする以上、相手の国益も同じように大切にする。その両者の接点を見出すのを双方ともプラスと感じ、長続きさせようとする、そうした「開かれた国益」の追求である。

湛山においては、愛国心と自由主義は互いに矛盾する存在ではない。

思想の芯は、個人の価値をいかにして最大限実現するか、にある。

（3）アダム・スミス（1723〜1790）。イギリスの経済学者、哲学者。経済学の父と呼ばれる。主著『諸国民の富』『道徳感情論』。

（4）ジョン・メイナード・ケインズ（1883〜1946）。イギリスの経済学者。マクロ経済学の創始者。主著『雇用・利子および貨幣の一般理論』。

（5）ジョン・スチュアート・ミル（1806〜1873）。イギリスの経済学者、哲学者。社会民主主義思想、自由主義思想に大きな影響を与えた。主著『経済学原理』『自由論』。

「人が国家を形づくり国民として団結するのは、人類として、個人として、人間として生きるためである。決して国民として生きるためでも何でもない」（「思へるまゝ　国家と宗教及文芸」『東洋時論』1912年5月号）。

しかし、人間は社会の中で生まれ、育つ動物であり、国家と歴史から超越して存在することはできない。人間は「人間の条件」があってはじめて成り立つ存在なのである。

エドマンド・バーク(6)は『フランス革命の省察』の中で、次のように述べている。

「いかなる人間であれ、いかにすれば自分の国を白紙にすぎないもの、自分の欲するままに何をその上に殴り書きしても構わないものと見なすほどまで、傲慢の調子を上げられるのか、私には理解も及ばない。……善き愛国者や真の政治家は、いかにすれば自分の国に現存する素材で最善がなしうるのであろうかを常に考える。保存しようとする性向と、改善するための能力があいまったもの、これが、わたしにとっての政治家の基準である」（佐藤一進『保守のアポリアを超えて』6～7頁）。

この点、湛山は保守である。

保守は、人間の本性が変わることはないという思想において保守なのである。

彼が『婦人公論』に書いた「日本はなぜ貧乏か」と題する論文がある。

その中で、こう言っている。

「にわかに現在の社会制度を打ち壊したとしても、人性が突変せぬ限り、思い描いたような新社会が出現しようとは信じられません。微温的との非難は受けましょうが、私はやはり漸進的に、しかし個人の独創心の発露を妨げる諸制度は、端から取り除け、これを助長する制度をつくっていく、これが人間のとるべき最も賢明な政策と思う者であります」(「日本はなぜ貧乏か」『婦人公論』1928年3月号)。

戦後、湛山は政界入りを目指し、1946年の戦後第1回の総選挙に打って出た。その時、社会党から出馬するよう熱心に誘われたが、自由党から出馬した。

その理由を後に、こう振り返っている。

「社会党には社会主義というイズムがある……ことごとくこのイデオロギーにしばられ、どうにもこうにも動きがとれないのではないかと、私は懸念した」

「これにくらべて自由党には、悪くいえば何もない……ここなら、私の思うとおり、自由にやらせてくれるだろう」(「自由主義の効果」時言、1966年11月12日号)。

湛山の保守は自由のために戦う保守である。人々の自由を実現するために、国をしっかりと経営しなければならない。人々が自由に思考し、自由に選択できてこそ、国も豊かに、躍動的に、発展する。

そして、何にもまして、湛山は天下国家の記者だった。

(6) エドマンド・バーク(1729〜1797)。イギリスの政治思想家、政治家。保守主義の父と呼ばれる。1765〜94年イギリス下院議員。主著『フランス革命の省察』。

湛山は、政治、外交、財政、金融、社会、歴史、思想、人物評伝と、何にでも食らいつく、何でもござれの記者だった。

食らいつく対象は、混沌としたドロドロの現実の土塊《つちくれ》である。そのカオスから、ある秩序だった意味と音律を持つコスモスを造る、すなわち「天下国家」のありようを論じた。

湛山は『東洋経済新報』で働く前、『東京毎日新聞』（現『毎日新聞』とは別）に入社したが、社会部に配属された。そこでの最初の仕事が、大隈重信(7)へのインタビューだった。

母校早稲田大学の創立者であり、大政治家の取材ということで、湛山の胸は高鳴っただろうが、デスクの要求は「正月のお飾りについて聞いてこい」だった。湛山は大いに失望した（増田弘『石橋湛山――リベラリストの真髄』15頁）。

彼は、「天下国家」の記者を志していたのである。

「天下国家」を書くことは、権力を監視することでもある。

それはジャーナリストとしての最大の仕事であるはずである。そして、まさに、ここでの戦いが、湛山を不朽のジャーナリストとしたのである。

湛山の主戦場は、『東洋経済新報』の社説と社論、つまり「批評」だった。

彼は、批評一本で権力監視を行った。

大隈重信も原敬(8)も浜口雄幸(9)も、政友会も民政党も、陸軍も海軍も、日本も英米も、その理念と政策と政治と経済を是々非々で批評した。

しかし、「両大戦期」の時代にジャーナリストとして生きることは試練そのものだった。山東出兵、金解禁、満州事変、国際連盟脱退、ワシントン軍縮協定破棄、ロンドン軍縮協定廃棄、日中戦争、三国同盟、大東亜共栄圏……政治は、一寸先が闇である。国際政治は、一寸先からブラックホールである。

歴史の高みから見下ろすと、湛山といえども、とりわけ自らの課題をもって世界に迫ろうとする場合、時に現実から浮いてしまい、時に現実に振り切られ、一寸手前も見えなくなっていると感じる論考もある。

１９３０年代後半から40年代にかけてのナチスとヒトラー讃歌はその一例であろう。

「さすがにヒトラー総統だ。よく敵を知り、自己を識る。彼は率直に、敵の技術がある部面においては自分を追い越しさえもしたと承認する。自信なくしては出ない言葉である。しかし私が、特に総統の右の言葉の中で感嘆するのは、今回の戦争が、軍人の戦争でなくして、第一に技術家の戦争だと声明した点だ……このヒトラー総統の思想にこそ、ドイツの強さの秘密は潜むといえよう」（「林の如く静かな態度」『大陸東洋経済』東京だより、１９４４年８月１日号）。

近衛第三次内閣（１９４１年７月）や東条英機内閣（１９４１年10月）の登場の時の論説は、

（７）大隈重信（１８３８～１９２２）。政治家、元勲。大蔵卿、外務大臣、農商務大臣、内閣総理大臣等を歴任。早稲田大学創設者、初代総長。
（８）原敬（１８５６～１９２１）。政治家。外務次官、逓信大臣、内務大臣、内閣総理大臣などを歴任。
（９）浜口雄幸（１８７０～１９３１）。政治家。大蔵官僚、逓信次官を経て衆院議員。１９２９年首相就任、金解禁を断行。暴漢に狙撃され31年死亡。

これがあの同じ湛山の筆になるのかと思うほど、緊張感もなく冴えもない。

しかし、彼は戦前の政府の言論統制の制約と戦いながら、言論活動をしなければならなかった。シベリア出兵を批判した湛山論文は掲載禁止処分となった。満州事変後、そして三国同盟後、さらには太平洋戦争突入後、締め付けはいよいよ厳しくなった。

日本の命運を決したこうした政策に対して、それらに反対しながら、日本がその方向に舵を切ってしまった後は、その中でもなお活路がないかどうか、を必死に探求した。ケインズの言葉を借りれば「事実が変わった時（when the facts change）」、それがいかに不本意だろうが、そこから出発し、新たな現実を直視し、課題を捉え直し、実務的イマジネーションを働かせ、その状況下での最適解を見出すことを心がける。そうした当事者意識を湛山は重視した。それを、「現状追認」とか「日和った」との言葉で一括するべきではない。


湛山の同時代は苛酷で息詰まる時代であった。

それでも、湛山の筆致は温かい。

湛山には、湛山が生涯敬愛して止まなかった福沢諭吉のおおらかな風格とどこか似通った気質がある。

それは人間と人間社会に対する前向きの楽観主義と、個々のイニシアティブと起業家精神と冒険心を是とするアポロ的な明るさだったのではないかと思う。

２０１４年夏、私は、湛山の孫に当たる石橋省三氏（石橋湛山財団理事長）に、東京新宿区・

石橋邸応接室に飾られている
散歩する福沢諭吉の写真

下落合の石橋邸にお招きいただいた。応接室には、福沢諭吉が散歩している写真が飾ってある。

そしてもう一つ、札幌農学校の教頭だったウィリアム・クラーク[10]博士の写真が懸けられている。

湛山が学んだ山梨県立第一中学校（甲府一高）の校長は大島正健[11]であり、大島は札幌農学校の第一期生であり、クラーク博士の愛弟子だった。湛山は大島を深く尊敬し、クラーク博士のいわば孫弟子であることを誇りにしていた。

クラーク博士が残した有名な言葉がある。

一つは、校長着任後、校則として掲げたBe Gentlemen!

（10）ウィリアム・クラーク（１８２６～１８８６）。アメリカの教育者、植物学者。札幌農学校（現在の北海道大学）初代教頭。自然科学全般やキリスト教を講じた。

（11）大島正健（１８５９～１９３８）。教育者、言語学者。札幌農学校、同志社普通学校の教員を経て県立山梨第一中学校校長。主著『クラーク先生とその弟子たち』。

石橋邸応接室に飾られている
ウィリアム・クラーク博士の写真

もう一つは、博士が北海道を去るに当たり、途中まで送ってきた学生に馬上から残したBoys, be ambitious! である。湛山の訳では、「士君子たれ」と「青年よ志を大にせよ」となる。

クラーク博士は、普通に学校で行われる「べからず」主義の校則を一切置かなかった。

「外から何をせよ、何をなしてはならぬと強うるのでなく、青年の心の中から自発的にその規矩を発明せしめることに眼目を置いた」点、湛山はクラーク博士に真の教育者を見た。(「個人主義の精髄　クラーク先生を思う」『中外商業新報』1937年11月15日号)。

1920年代以降顕著になった大衆社会の登場によって、このような牧歌的、かつエリート主義的な教育観とジャーナリズム論は挑戦を受けることになる。

湛山と同時代人だった米国のジャーナリスト、ウォルター・リップマン[12]は、1922年に著した『世論』(*Public Opinion*)において、ニュースと真実の違いを次のように指摘している。

「ニュースの機能は、事柄をシグナル化することであるが、真実の機能は、隠れた事実に光を当て、その諸事実間の関係の中にそれらを位置づけ、人々の行為、行動の現実の姿を描き出すことである」。

その際、人々は物事をステレオタイプを通じて（社会科学者の場合、モデルを通じて）、つまりは色眼鏡をかけて、見る傾向がある。それゆえに、それを通して見る真実は部分的である。本来であれば、事実とその相互関係を検証してから、結論を出すべきであるが、人々は、検証を飛び越して、判断してしまう。ジャーナリストの仕事は、まさにその検証にほかならないが、彼らがつかむ真実もまた主観的であり、彼らが再構成する現実の枠内の真実でしかない。

リップマンは、市民主権（citizen sovereignty）が神話と化し、民主主義の機能も不具合となることへ問題を提起したのだが、現在のネットの匿名空間（にとどまらずメディア全般の）の攻撃的かつ独断的な言論空間を見るとき、リップマンの論考に潜む深い洞察を思わざるを得ない（Goodwin, Craufurd D., *Walter Lippmann: Public Economist*, pp. 32-34）。

湛山も、とりわけ１９３０年代には、新聞の大衆迎合のポピュリズムを繰り返し批判した。それでも、湛山は民主主義の担い手としての市民への期待を失わなかった。教育とメディア・リテラシーの普及によって、民主主義を機能させることができると信じた。湛山の自由主義に暖かい体温を感じるところである。

（12）ウォルター・リップマン（１８８９～１９７４）。アメリカのジャーナリスト、政治評論家。『ニューヨーク・ヘラルド・トリビューン』紙コラムニストを務めた。主著『世論』。

湛山はジャーナリストであると同時に研究者だった。パブリック・インテレクチュアル（識者）と形容するのがいちばん、ふさわしいかもしれない。

経済、なかでも金融と財政に関しては、経済理論を研究し、現場から事例とストーリーを掬いだし、それらの事象の相互関係を分析し、本質の解明への思考を深めたが、その底には思想と哲学と歴史の視点があった。

経済学者の中山伊知郎⑬一橋大学名誉教授は、金解禁論争における湛山をはじめとする「町の経済学者」の活躍は「論壇経済学者の手の及ぶところではなかった」とし、石橋経済学の本質は「体系なき体系」だったと評した。

「無限の向上を求めるがために、自ら体系なき体系に甘んずるところにこそ経済学の本質があると考えれば、石橋さんは身をもってこれを実践した巨人であったといわなければならない」（中山伊知郎「体系なき体系　石橋経済学」263～267頁）。

あえて「体系なき体系」に甘んじた「町の経済学者」はまさに、ケインズの友人でありまたケインズが深く尊敬したジャーナリスト、ウォルター・リップマンに与えられた public economist（あるいは the economist as public intellectual）とほぼ同義語であるように思える。

ところで、湛山ほど実務家を招いては次々と研究会をつくった言論人も珍しい。

ワシントン会議の前に、東洋経済新報社内に太平洋問題研究会を設置したのはそのハシリだっただろう。その翌年の1922年、今度は外部からの関係者を招き、金融制度研究会をつくった。これは後に経済統制研究会と改称し、金融学会の前身となった。

それらの研究会の多くは、批評にとどまらず、アイデアと政策の提案を目指した。同時に、湛山はそれらの取り組みによって東洋経済新報社を「知的高水準の社交場へと導き、経済・貿易・財政に関する膨大なデータを擁するばかりでなく、広く政治・外交面の最新情報をも含む頭脳集積センター、いわば民間のシンクタンクへと躍進させた」（増田弘『石橋湛山――リベラリストの真髄』94頁）。

経済倶楽部設立もそうした試みの一つである。

「クラブ」という社交は、福沢諭吉が重視した市民社会の精神そのものである。福沢は『瘠我慢の説』（1891年）の冒頭で「立国は私なり、公に非ざるなり」と喝破したが、civil（市民性、民事性）の概念を柱とする日本の新たな国づくりの思想がそこには秘められていた。彼は、大学（慶應義塾大学）、メディア（時事新報）、社交クラブ（交詢社）などによって市民社会力を構築しようとした。

湛山もまた「社会の改造は、その社会の成員に自由の創意（イニシアティブ）を許すことによってのみ求めうる」と唱えた。市民社会とは、個々の市民のイニシアティブの集積を土台にして成り立つものなのである（長幸男『石橋湛山の経済思想』33〜34頁）。

(13) 中山伊知郎（1898〜1980）。経済学者。東京商科大学（現一橋大学）教授、学長等を歴任。日本における近代経済学の導入に貢献。

最後に湛山は、東洋経済新報社というメディア企業を率いた経営者であり、『東洋経済新報』という経済週刊誌のエディターでもあった。

経営者であるからして、企業利潤を上げなければならないし、従業員の生活を保証しなければならない。何よりジャーナリズムの現場であるからには、談論風発、風通しのよい職場環境をつくる必要がある。湛山は1925年、第5代主幹に、翌年1月、新報社代表取締役専務に、それぞれ就任した。

その点、湛山は名経営者にして名エディターだった。後に経済評論家として重きを成した高橋亀吉(14)は1918年に27歳で同社に入社し、当時の編集局長の湛山に鍛えられた。

高橋は後年、湛山が主宰する編集会議のことを懐かしげに回想している。

会議に出席する記者たちは自らが提案する特集記事のテーマの要旨を記した起案書を提示し、彼らはそれをもとに活発な討議を行い、編集方針を練り上げていく。

会議では、肩書と役職は関係なし。みな「さん」づけで対等な立場だった(増田弘『石橋湛山——リベラリストの真髄』98頁)。

日中戦争から太平洋戦争に突入する中で、政府当局の言論統制は一層、厳しさを増した。言論界のアキレス腱は、新聞雑誌の用紙の政府統制である。戦時中、政府はこの用紙割り当てを武器に、新聞と雑誌を締め上げた。

「この間(1937～45年)、本誌は屢々削除発売禁止の処分を受けました。苛酷な紙の減配も蒙りました。戦時中遂に廃刊の憂き目を見るに至らなかったのは、本誌が専門の経済雑誌として その発行部数が少なかったことと、もう一つは……真っ正面から反対ばかりしないで、時に敢えて 廻りくどい表現方法をとり、読者に行間を読みとってもらうことに努めたからです」（小倉政太郎 編『東洋経済新報 言論六十年』、増田弘『石橋湛山――リベラリストの真髄』140～142頁）。

ただ、どんなに苦しくても、やつれても魂だけは売らない。形を残すだけなら続ける意味はない。戦後、湛山はその頃の悲愴な思いを振り返っている。

「東洋経済新報には伝統もあり、主義もある。その伝統も、主義も捨て、いわゆる軍部に迎合し、ただ東洋経済新報の形だけ残したとて、無意味である。そんな醜態を演ずるなら、いっそ自爆して滅びたほうが、はるか世のためにもなり、雑誌社の先輩の意志にもかなうことであろう」。「自爆」の場合、東洋経済新報社の土地建物を売却し、それを?００人余りの社員の退職金として分け、生活を支えて貰う出口戦略を社員たちと話していた（長幸男『石橋湛山の経済思想』25頁）。

湛山のこのような「自爆」反骨精神に不安を覚える関係者もいた。彼らは「自由主義の石橋」がいるから当局ににらまれるのだとして、湛山に引退を勧めた。しかし、湛山は「理由なき外部からの要求に屈従し、迎合」すれば、『東洋経済新報』は「精神的に滅びる」として、退陣を拒否した（「創刊四十九周年を迎えて」１９４３年11月13日号）。

（14）高橋亀吉（１８９１～１９７７）。経済評論家。『東洋経済新報』編集長を経て独立。著書は１００冊余り。

もう一つ、湛山の経営者としての大きな功績は、英文媒体の *The Oriental Economist* の発刊である。これはつねに、世界の中によりよく生きる日本の条件を見据え、世界との対話を通じて日本の針路を探求した国際ジャーナリスト湛山ならではのイニシアティブでもあった。

英文媒体の発刊構想を最初に抱いたのは、ワシントンで軍縮会議の頃のことだった。湛山はこの会議にあたって、『東洋経済新報』に、「支那と提携して太平洋会議に臨むべし」（1921年7月30日号）、「大日本主義の幻想」（1921年7月30日・8月6日・8月13日号）、「海軍七割主張無根拠」（1921年12月3日号）などの社説を次々と発表したが、それらが海外ではまったく知られることがなく、問題の解決にほとんど貢献することがないことに歯ぎしりした。

1930年代に入り、金輸出再禁止による円の切り下げに際して、海外から〝ソーシャル・ダンピング〟非難を浴びたことに対して、日本が政府も民間も、真っ当な反論一つできない姿を見て、この思いはさらに募った。

1934年、湛山は *The Oriental Economist* を刊行した。この雑誌はその後、戦時中を含め20年にわたって日本の財政金融のニュース分析を中心に世界に発信し続けた。

日本を正確に世界に伝えたい、そして日本の課題は世界の課題でもあり、その逆もまた真であると、湛山は信じていた。

湛山は後に、海外から批判されっぱなしの情けない状態が、「日本のファシズム化の速度を速めた」と回顧しているが、政府とメディアが、軍縮問題や経済問題について日本の見解を海外に正確に伝え、その主張を力強く訴えることができないことが、国民に被害者意識を嵩じさせ、国民を排外的にさせかねないことを憂えたのである。

湛山がお手本とした雑誌は、英『エコノミスト』(*The Economist*)誌だった。それを熟読玩味した。『東洋経済新報』そのものが英エコノミストを一つの模範として創刊されたのである。

「このように古くから、英国に有力な経済雑誌が育ったのは、その経済がはやく近代産業革命をとげ、そこに始まった資本主義経済の発達が、この種機関の存在を必要としたからにちがいない。経済雑誌の発達史は、とりもなおさず、その国の資本主義経済発達史だといえるであろう」(小倉政太郎編『東洋経済新報　言論六十年』1955年)。

実際、ドイツの『フランクフルター・ツァイトゥング』紙[15]にしても、英国の『エコノミスト』誌にしても、近代産業革命と資本主義経済、そして自由主義の発展とともに登場したのである。

洋書を原書(英語)で読む原書主義も湛山流である。

湛山は、東洋経済新報社に入社してから経済学を独学で勉強したが、その際、アダム・スミス、ジョン・スチュアート・ミル、ウォルター・バジョット[16]、ジョン・メイナード・ケインズなどの著作を原書で読破し、粘着力のある思考法と物事の本質を結晶化させる硬質の批判力を磨いた。

この原書主義は戦前の最大の財政家、高橋是清[17]などとも通ずるが、丸善や教文館に行っては、

(15) 1856年創刊。1943年ヒトラーにより廃刊されるが、1949年に『フランクフルター・アルゲマイネ・ツァイトゥング』として再創刊された。
(16) ウォルター・バジョット(1826~1877)。イギリスの経済学者、評論家。35歳から51歳で死去するまで『エコノミスト』誌編集長を務めた。主著『ロンバード街』。

これはという英文刊行物をせっせと注文した。

湛山の書斎の隣の図書室には、湛山が手に取った洋書がいまもそのまま、ぎっしりと本棚に詰まっている。

それらに混じって、John Maynard Keynes, *The General Theory of Employment, Interest and Money* も並べられている。

その中に、東洋経済新報社がケインズの主著である同書の日本語訳（塩野谷九十九訳『雇傭・利子及び貨幣の一般理論』東洋経済新報社、１９４１年）を出版したことに対する感謝の意を伝えたケインズの書簡がさしはさまれている。

それでは、湛山の同時代、両大戦期へと旅立つことにしたい。

そして、湛山の論考を手がかりに、その時代の日本の何が問われたのか、何が最大の挑戦だったのか、湛山はそれにどのように応えようとしたのか、を見ていきたい。

（17）高橋是清（１８５４～１９３６）。銀行家、財政家。日銀副総裁・総裁、蔵相、首相を歴任。犬養内閣の蔵相として「高橋財政」を実行。２・26事件で暗殺される。

第一章

自由主義

湛山の論説——❶

（社説、1914年5月5日号）

「断乎として自由主義の政策を執る可し」

大隈内閣は、その成立の経緯は別としても、歴史の必然性という観点からすれば、自由主義の政策を実行する使命を担って登場した内閣であると言わなければならない。自由主義の政策というのは、政治上の問題についても、経済、社会、そして思想道徳についても、誰の行動にも機会の平等を与え、その自由を保障する政策である。

昨年来の政変は、見方によりいろいろな解釈ができるとはいえ、その政変を起こさせた原動力は、国民がこれまでの抑圧政治を嫌い、何らかの新しい局面が切り開かれて、そこに自由な社会が出現することを熱望したことにほかならない。

言うまでもなく、自由な社会への熱望といっても、それがどのような社会なのかを適切に代弁できる人はいまだに現れていない。そのため、人々のこの熱望を、突如として沸き起こったかのように思い違いをしてしまうと、それは混沌としていて、人々が本当のところ何を要求しているのか明確には理解できないかもしれない。しかし、明治の終わりからの社会の流れを冷静に観察すれば、その流れには一定の目標があり、それに向かって真っすぐに進んでいることがわかる。

…

革命（昨年来の政変）は、政治の世界だけに起こったのではない。また、陸海軍閥の衝突や、海軍収賄事件だけが原因で起こったのでもない。根底はさらに深く、そこには、国民の思想の変化があったことを、肝に銘じなければならない。

…

では、自由主義の政策とはどのような政策で、どのように実行すればよいのか。いくつかの具体案を示そう。まず、第一に、衆議院選挙法を改正し、選挙権を拡大することだ。第二は、規制を改定して貧困な人々と富裕な人々の負担を公平にすること。そして、産業の保護政策を撤廃することだ。第三は、憲法の規定を守って思想言論の自由を保障することだ。そのためには、治安警察法や新聞紙法などに規定されている、多くの有害無益な条文を全廃、もしくは改正しなければならない。第四は、内閣の官制[1]を改め、陸海軍大臣は軍人に限るとの規定を撤廃することだ。第五は、官僚、裁判官、検事、弁護士、教員など

（1）行政機関の設置・廃止・名称・組織・権限などに関する規定。明治憲法下は勅令で定められていたが、現在は法律で定める。

に対する登用試験の制度を改革し、学閥が人事を恣にしている弊害を廃して、志望者に機会の平等を与えることだ。

…

とくに、第一、第三、第五の提案は、その正当性は自明であり、いかなる調査や手続きも必要としないばかりか、それを実行しても誰も反対はするまい。しかも、これらは決して小さな問題ではない。選挙権の拡張はもとより、言論思想の自由を確保し、学閥の弊害を打破することは、自由な社会の現出のために最も重要な政策である。したがって、私が提案するこの自由主義の政策を実行すれば、大隈首相とその内閣は安泰であるが、実行しなければ、その政治生命は失われるであろう。すぐに提案のすべてを実行せよとは言わない。まずは、この三つについて、実行のための施策に早急に取り組むことを、私は強く求める。

政変が単なる政界のコップの中の嵐なのか。それとも、新時代を告げる分岐点となるのか。今、そこに生起する政変が、そのどちらなのかを見きわめるのは、実はなかなか難しい。時代を切りひらくには、政治リーダーの指導力が決定的にモノを言う。ただ、リーダーシップの質の良し悪しを見分けるほど難しいことはない。

それに、いつの時代も、新政権はニュー・ルックを装って登場してくるものである。

2009年夏の選挙で、「政権交代。」をスローガンに自民党政権を撃破し、政権を射止めた民主党政権の場合、それはほとんど「革命」に近い熱気を伴った。マニフェスト[2]と称する改革願望リストの大セールスに人々は飛びついた。

その顛末は、惨めだった。政策遂行もリーダーシップも政党運営（ガバナンス）もことごとく失敗した。これ以後、日本の政治が一気に荒み始めたように感じる。

ほぼ100年前も、日本は、似たような熱気に浮かれた。

1914年、「政変」によって大隈重信内閣が誕生した。最も急進的な国会開設論・政党内閣論を主張してきた大隈重信の劇的な政権復帰を国民は歓迎した（五百旗頭薫『大隈重信と政党政治』2頁、11頁）。

「政変」とは、山本権兵衛[3]内閣の崩壊を指している。

山本政権の命取りとなったのは有名なシーメンス事件[4]の発覚である。ドイツの兵器会社が日本の海軍高官に〝コンミッション〟を贈った容疑が表沙汰となった。それが政争を激発させた。手数料を意味する〝コンミッション〟は今で言う流行語大賞のような言葉となり、民衆運動は活気づいた。

この政変の底流には、「自由の天地」を見出そうと「熱欲」している国民がおり、滔々と流れ

（2）マニフェスト。選挙の際に、政党や候補者が、具体的な政策や実行スケジュール、数値目標、財源などを示した公約。
（3）山本権兵衛（1852〜1933）。海軍軍人、政治家。海軍大将、海軍大臣、内閣総理大臣、外務大臣などを歴任。
（4）シーメンス事件。1914年に発覚した、ドイツの重工業会社シーメンスと海軍高官との間の贈収賄事件。

る「国民思想の変化」がある、と湛山は説く。自由主義を希求する国民思想の変化である。ただ、その思想はなお「混沌」としている。

湛山は、大隈内閣の登場で、「自由主義の政策」を実現する機会がやってきたとの興奮を隠さない。その「自由主義の政策」は、以下を優先させよ、と湛山は説く。

第一に、衆議院選挙法を改正し、選挙権を拡張する。

第二に、富裕層と貧困層との間の受益と負担の公正を図る。一部の産業を優遇する保護主義的政策を撤廃する。

第三に、思想言論の自由を保障する。

第四に、軍部大臣現役武官制[5]を廃止する。

最後に、学閥主義を打破する。

どれもこれも、人々のやる気を失わせ、社会を閉塞させる足かせと首かせの類である。

このうち、陸海軍大臣現役武官制の廃止は、組閣に当たっての軍部の事実上の拒否権を封じ込め、政党政治を確立する上で不可欠な課題だった。

それらのくびきを取っ払え、と湛山は咆哮する。

もっとも、どんなに政策がよくても、それを実行しなければ意味がない。

湛山によれば、大隈こそがまさにその役にぴったりの「適当なる代弁者」であり、この内閣の使命は「自由主義の強行あるのみ」である。

大隈は1882年、明治十四年の政変[6]によって中央政界を追われた後、立憲改進党を創設し、また東京専門学校（現早稲田大学）を創立した。

長州でも薩摩でもない非藩閥の党人派として国民の人気も高かった。

もっとも、湛山は大隈内閣を手放しに歓迎したのではない。

「自由主義の政策」を実行すれば、「大隈首相とその内閣は安泰」だ。しかし、実行しなければ、その命脈はたちどころに絶える、と警告することを忘れなかった。

湛山の期待は裏切られることになる。

この年の夏、第一次世界大戦が勃発し、大隈内閣は対中政策に失敗し、失速していく。

内政改革を華々しく掲げたものの、大隈内閣は外交につまづき、あっけなく潰えた。

２００９年登場した民主党政権の場合も、普天間問題と尖閣問題が命取りとなった。改革を華々しく掲げ、政権を取った野党新政権の最大の鬼門は昔も今も、外交と安全保障である。

（５）陸海軍大臣現役武官制。大日本帝国憲法下において、陸軍大臣、海軍大臣は現役の軍人から選ばなければならないとした制度。
（６）明治十四年の政変。１８８１年、伊藤博文と井上馨が、憲法制定の方針をめぐって対立していた大隈重信一派を中央政界から追放した事件。

湛山の論説――❷

（社説、1928年1月28日号）

「いかにして自主独立の精神を作興するか」

東京と大阪に「自由通商協会」という団体が結成され、記者の批判と主張の一部を、大声で代弁してくれている。その設立趣意書は言う。「過去60年間におけるわが国の進歩は史上稀有の出来事であり、世界はそれを驚きの目で見ている。しかしその進歩は、当初において政府の指導誘導に負うところが多かったため、その影響は今日の社会にもおよび、国民一般に自主独立の精神に欠ける面があると言わなければならない。実業界にも、政府の保護救済に頼る風潮がみられ、近年、とくに関税などの保護的政策は濫用される傾向にある……」。

最近問題になっている鉄の関税引き上げを例にとれば、その表向きの理由は、国内産業の保護などと、立派なことを言っているが、その内情は、少数の有力資本家を救済する施策に過ぎない。第一次世界大戦の影響で物価高だったときに、それらの有力資本家が設立した製鉄工場には競争力がないため、それを救済するために鉄の輸入関税を引き上げたのである。……昨年ジュネーブの国際経済会議に出席した志立、上田の両氏が、帰国後、政府の保護を頼りにしているわが国実業界の現状を看過できないとして、自由通商協会を発起したことは、非常に有意義なことである。「自由通商」という名前に込められた、協会の本当の目的は、実業界に自主独立の精神を吹き込み、その体質を改造することにほかならない。

…

自由通商協会が、英国流の自由主義思想の流れを汲むものであることは推察に難くない。それは1928年に、この極東の島国に現れた穀物条例反対同盟だ。[7] 志立氏がコブデンとすれば、上田氏はブライトであろう。

…

ただ、1838年の英国の穀物条例反対同盟にあって、今年の自由通商協会にないものがある。それは、この運動を支える階級である。穀物条例反対同盟には、その背後に新興商工階級があった。この階級の人々は自らの利益のために反対同盟を支援した。加えて、新興商工階級の利益は、地主階級を除いた英国民多数の利益ともおおむね一致していた。

（7）穀物条例反対同盟。19世紀の英国で、穀物の輸出入を規制するために制定された穀物条例に反対して、コブデン、ブライトらの自由貿易論者が結成した政治同盟。1846年に穀物条例を廃止に追い込んだ。

少なくとも、そう見えた。しかし、自由通商協会には、その運動を支持する階級は見当たらない。

…

わが国の商工界が全体としてこの運動に共鳴するかといえば、その望みは残念ながら皆無だ。なぜなら、今日の商工業者は、1838年の英国の商工業者が認めた、自由主義がもたらす利益を認めないからだ。なぜなら、今日のわが国の保護主義は、実に商工階級の利益のために与えられているものだからだ。では、地主階級はどうかといえば、これはまた商工階級以上に保護主義に依存している。到底協会の友ではない。これが、悲しいかな、わが国の現状だ。政治界において、自由通商協会とほとんど主張が一致している実業同志会が勢力を拡大できない理由の一つもここにある。

自由貿易体制は、自由主義の国際秩序の枠組みとして欠かせない。

しかし、それは天からの恵みの雨ではない。国々が、中でもその体制の恩恵を受ける国々が、力を合わせてつくり上げなければならない。その国際システムをつくるには、国内に、それを支える支持基盤とそれを広げる連携を構築しなければならない。

湛山は、自由通商協会の志立鉄次郎と上田貞次郎にそのような有志連合の芽を見た。

志立鉄次郎は実業人。日本銀行、九州鉄道、住友銀行、大阪朝日新聞社を経て1913年、

日本興業銀行総裁に就任。1924年、産業組合中央会会長となった。上田貞次郎は経済学者。英独に留学後、母校東京高等商業学校（現一橋大学）教授。英国経済学の流れを汲む自由主義を唱えた。二人とも1927年、ジュネーブでの国際経済会議に日本政府代表として出席した。この会議は、国際連盟加盟国を中心に各国代表が個人の資格で参加、「通商の自由」を決議採択した。

湛山は、彼らが立ち上げた自由通商協会を19世紀英国の自由貿易運動の口火を切った穀物条例反対同盟になぞらえ、また、両人をそれぞれ、その運動の立役者であったリチャード・コブデンとジョン・ブライトにたとえ、旗振り役を買って出た。

自由貿易体制は、19世紀は英国がそれを支え、20世紀は米国がそれを引っ張った。

英国も米国も、「抽象的に、世界主義が人道にかなっているから」といった理由で自由貿易を唱道したのではない。彼らの商工業の国際競争力が強く、したがって自由貿易がいちばんトクをするからそれを主張するのである。

自由貿易における「強者の論理」をハシゴの比喩で皮肉ったのがドイツの経済戦略家、フリードリッヒ・リスト(8)だった。

「ハシゴ（保護主義）を使って強国になった暁には、そのハシゴを取っ払うことで他の国にそ

（8）フリードリッヒ・リスト（1789〜1846）。ドイツの経済学者。ドイツ歴史学派の先駆者。主著『経済学の国民的体系』で自由貿易に対する批判を展開。

れを使わなくさせる、それが自由貿易論」とリストは喝破した（Kenneth B. Pyle, *Japan Rising: The Resurgence of Japanese Power and Purpose*, p.71)。

それでも、後発の発展途上国も、自由貿易の恩恵を受けることができる。明治以降の日本の発展も、その経済自由主義と自由貿易の恩恵に浴した。日本の進展が目覚ましかった時代――１８７０年代から１９１０年代までと１９５０年代から80年代まで――は、英国と米国がそれぞれ主導した自由貿易時代であったことは偶然ではない。

しかし、日本はいつまでも保護主義の殻から抜け出せない。

これではいけない。淘汰を厭い、政府による補助と救済に頼り、市場を閉じ、障壁を高くし、リスクを取るよりマージンを抜くことに長けた国民や業界団体が幅を利かす経済社会は停滞し、衰退する。

湛山は、自由通商協会の趣意書を引用する形で、日本の産業界が政府に関税引き上げなどの保護政策を泣きつくお上頼みの姿勢を批判した。

「実にわが国の資本家や実業家が、自分たちの利益を増やし保護するためには、どんな事でもやってのける、『利を見て為さざるなし』という最近の傾向には、驚きあきれるほかはない」。

貿易自由化を支持する層は勤労層をはじめ広範に存在するはずなのに、その利害関心を集約し、政治的足場とする階級も政党も見あたらない。それは昔も今もそれほど変わらない。

どこに突破口があるのか。

コブデンの運動論に、その手がかりがあるように思える。

コブデンは弁証法的説得術の天才だった。コブデンは事柄の是非を明確にしたし、立場も鮮明にしたが、党派的な議論を厳に慎んだ。自由貿易、とくに穀物輸入によって誰がトクをする、誰がソンをするといった類の議論を控え、「みんなが勝者となる」との論理とストーリーを紡ぎ出し、懐疑派に訴えた。

自由主義者が心がけなければならないことは、その正論が一部の強者の「一人勝ち」をもたらすのではなく、「みんなが勝者となる」の論理とストーリーを説得的に語ることである。

湛山の論説——❸

「言論を絶対自由ならしむる外思想を善導する方法は無い」

（社説、1933年1月28日号）

先般公表された「第四次日本共産党検挙」によれば、その数は驚くほど大規模で、検挙者は全国で2200名、東京地方だけでも687名（女性107名）に上った。伝え聞くところによれば、当局は、今回の一斉検挙により国内の共産党勢力を一掃したと認識しているという。

…

しかし、今回の一斉検挙でわが国の共産党運動が根絶されたと考えるのは早計である。共産党勢力が一掃されたかのように見えるのは、おそらく、一時的なことだ。

…

今日の共産主義者にどのような人物が加わっていようとも、また、その思想がどれほど過激であろうとも、それを理由に、共産党のすべてを社会から葬り去ろうとすることは誤りだ。われわれの社会は、共産主義者の主張に冷静に耳を傾け、傾聴に値する主張は取り入れて、社会の欠点を矯正する度量を持つべきである。

…

そのような考えから、私はかねてより、思想の問題を解決するには、言論の自由をもってするしか他に方法はないと主張してきた。共産主義にも、全体主義にも、軍国主義にも、平和主義にも、他のあらゆる思想にも、自由な議論を保障することが肝要だ。共産主義に限らず、どのような思想であれ、自由な議論以外に、その思想を成熟させる方法はない。

かつて、ジョン・スチュアート・ミルは言論の絶対自由を主張する理由として次の三カ条を挙げた。

(一) もしその意見が正しく、社会一般の考えが誤っていた場合、その意見の発表を許さなければ、社会は自らの誤りを正し、真理に移る機会を失う。

(二) もしその意見が誤っている場合、その発表を許さなければ、社会の支持を受けている真理を益々深め、その意義を明確にし、思想の深化をはかる機会を失う。

(三) しかし、多くの場合、以上の二つのような事態は起こらない。普通、いくつかの対立する意見がある場合には、どの意見も若干の真理と若干の誤りを含んでいる。それぞれの意見に含まれる誤りを発見して正し、それぞれの意見に含まれる真理を一つにまとめる方法は、言論の自由の他にない。

この主張は、今日の日本においてもそのまま真理だ。

もし、わが国において言論の絶対的自由が保障されるなら――政府以外の力による言論圧迫も排除するのはもちろんである――政治や社会について考え、意見を口にしようとする際に、多くの人が感じている陰鬱《いんうつ》な気分は、おおむね取り除かれるであろう。陽の当たる所に病菌が生存できないように、自由で明朗な社会には、誤った思想が蔓延《はびこ》ることはできないのである。

1928年2月の普通選挙制度実施後の最初の総選挙で、共産党は公然とビラを配り、大衆運動を展開した。不意をつかれた政府は3月15日、全国1道3府27県で共産党員・シンパ合わせて1600人を検挙した（小林多喜二[9]の『一九二八年三月十五日』はこの事件を題材にした小説。凄惨な拷問シーンで知られる）。

そして、1932年8月、今度は、この湛山の社説にあるように2200名が一斉に検挙された。1933年1月、その事件の記事が解禁された。

湛山は、この一斉検挙によって「共産党勢力が一掃されたかのように見えるのは、おそらく、一時的なことだ」と述べているが、湛山が想像したよりはるかにしつこく政府は共産党を根絶やしにすることに執着した。

湛山は「思想の問題を解決するには、言論の自由をもってするしか他に方法はない」と論じた。そして、共産主義、ファシズム、軍国主義、平和主義その他ありとあらゆる思想に、思いのまま議論させ、それによって「自然淘汰」させるべきだと説いた。

ただ、「自然淘汰」と言っても、議論においてどの思想がどの思想に対して勝ったか、負けたか、という形で決着がつくことはまずない。

どちらも若干の真理と、若干の誤りを含んでいる。したがって、それぞれの議論の中の誤りを誤りと認め、また、それぞれの中に含まれる真理の一端をたぐり寄せ、真実に近い実相をつかむのは、言論の自由があって初めて可能になる作業なのである。

要するに、人間社会の進歩には、言論の自由が不可欠なのである。

過激思想の挑戦は、言論の自由をさらに徹底させることで解決するほかないのである。「陽の当たる所に病菌が生存できないように、自由で明朗な社会には、誤った思想が蔓延ることはできない」と湛山が言う通りである。

湛山と同じように気骨のある戦前のリベラリストに芦田均[10]がいるが、芦田は「危険思想」に関して、次のように述べている。「日本には危険思想という特殊な熟語がある。外国には、思想そのものを罰しようという法律はない。立憲政治の向上は反対派に対する寛恕《かんじょ》の精神から始まる」(宮野澄『最後のリベラリスト・芦田均』57〜59頁)。

しかし、お上は思想を善導しようとする。

(9) 小林多喜二(1903〜1933)。プロレタリア文学の代表的な作家、小説家。代表作『蟹工船』など。

(10) 芦田均(1887〜1959)。外交官、政治家。外務省勤務を経て衆議院議員。1948年内閣総理大臣就任。

問題は、その善導に屈してしまう国民にあると湛山は戦後、改めて論じている。

「わが国民は権勢に容易に屈するこの思想態度のゆえに、昭和六年の満州事変以来、一部軍閥の思うままに引ずられ、ついに今日の憂き目を見るに至ったのです」（「自由思想協会趣旨書及び規約」１９４７年11月）。

「権勢に容易に屈するこの思想態度」ゆえに、日本は時に、雪崩を打って間違えるのである。少数意見を排斥し、異質の声に耳を防ぐが故に、「ムラと空気のガバナンス」（福島原発事故独立検証委員会『調査・検証報告書（民間事故調報告書）』）が幅を利かし、神話の虜になりやすいのである。

再び、湛山曰く。「実際今のわが国の思想界には左右の両極端があって中正がない」。したがって、一方で「いわゆる左翼の純真なる運動者」、他方で「いわゆる右翼の純真なる運動者」ばかりが吠えているのが現状である。

「ある一派の意見と異なる、あるいは利益に反する主張をする者がいれば、彼らはただちに異端邪説の唱道者として排斥する。それにも耐えていると、往々にしてその異説者の背後には金銭その他の不純の力があるかのような風説を立て、はなはだしい場合には売国奴の悪名をかぶせ、暴力を用いてでも、その主張を圧迫しようという者さえ現れる。しかも社会は、このような圧迫者をあえて強くとがめようともしない」。

「その結果どうなるか。国民の中の思慮ある人たちは、国家のため深憂に堪えないとは思いながら、沈黙を余儀なくさせられる。批評はまったく機能せず、後に残るのはある党派の勝手次第の主張だけである」。

思想の両極分解、排除の論理、匿名による性格暗殺、言論テロ、公への参画を忌避するサイレント・マジョリティー現象、中道の空洞化、党利党略の横行——まさに今日のネット社会の思想・言論状況により露わに表出される現象——に湛山は警鐘を鳴らしたのである。

湛山の論説――❹

「不祥事件と言論機関の任務」

（社説、1936年3月7日号）

今回、帝都に起こった事件(11)は、政府当局者が口を揃えて言うように、空前の大不祥事であり、本当に残念でならない。国民は、互いに戒めあって、再びこのような凶悪な事件を繰り返させてはならない。

…

中でも、特に残念なのは、言論機関の態度である。彼らは何か事件が起こると、必ずと言っていいほど、事件の主要人物のみを攻撃し、嘲り、罵倒する。しかし、言論機関自身は、攻撃するだけで、（そうした事件が繰り返されないために）いかなる具体的かつ建設的な提案をすることもない。それればかりではない。彼らが、重大な事件が起こっても、誰の目にも明らかな道理や善悪の判断を示すことすらせずに、本質とは関係のないことを言ってごまかしていることは、今回の事件に対する言論機関の態度を見ても明らかである。

彼らは口を開けば、言論の抑圧を言い訳にする。現代の日本社会に言論の自由がないことは、彼らと同じ言論機関にある私が、誰よりも知っている。しかし、言論の自由が制限された社会にあっても、許される範囲の中で、言論機関が報道し、批判できることは山ほどある。強力な権力の前では筆を投げながら、弱い者は容赦なく追及する態度は、言論の不自由とは何の関係もない。

…言論機関は、全体主義は排撃すべきであり、憲政の常道が望ましいと主張している。しかし、その憲政の常道を実現させるために、不断の努力を捧げたことはない。国民に対して、政党政治を嘲笑することを教えたのは、他でもなく新聞自身だ。夕刊の三行評論なるものは、自己には見識も、政策もないのに、ただ野卑な罵声を浴びせる習癖を養っているに過ぎない。新聞はただ教養のない読者の歓心を買うために、自ら気づかぬうちに議会を排撃し、言論の自由を失うことに努力していたのである。

…雑誌も同じである。マルクス主義が流行すれば、訳もなくマルキシズムの流れに従い、全体主義の波がさかんになれば、またこれに従う。そこには節操も、独立性も見当たらない。

（11）帝都に起こった事件。二・二六事件のこと。

社会の各機関が伝統と勢力を失ってしまった現代において、最も社会に影響力を持っているのは言論機関だ。それは、善くも悪くも現代社会における最大の勢力だ。その言論機関にして、このような実態であるとすれば、国民の思想が秩序を失くしてしまうのは、当然のことである。言論機関の責任は、極端な議論に対しては適切な反論を示し、大衆に健全な輿論があることを伝えることである。社会は現代の日本の言論機関にこれを期待することができるだろうか。

満州事変と並んで二・二六事件は、その後の二つの戦争（日中戦争と太平洋戦争）へと日本を押しやる大きな契機となった。

それは新聞・雑誌をはじめとするメディアを大陸経営への「挙国一致」に駆り立て、ジャーナリズム機能を喪失させ、軍閥を批判するものはテロで抹殺するとの恐怖感をメディアはじめ日本の社会に植え付けた。

湛山自身、そうした言論の不自由を、身をもって痛感してきた。掲載停止を命じられた論考はシベリア出兵を批判して以来、何度もある。

湛山は、言論機関が言論の自由を失っていくことの問題点を誰よりも深く懸念していたが、同時に、日本のメディア（当時は新聞が中心）そのものの体質にも大いに問題があると厳しく見ていた。

第一に、権力監視機能の弱さである。「強力な権力の前では筆を投げながら、弱い者は容赦なく追及するという態度は、言論の不自由とは何の関係もない」。

世にメディア批判は数多あるだろうが、これほど鋭く肺腑《はいふ》を抉《えぐ》るメディア批判は恐らくあるまい。

満州事変にしても五・一五事件にしても、当時の新聞は調査報道をしていない。政策決定過程の真相を解明し、統治と政治のからくりを解剖し、国民の権利と責任のあり方を提示し、日本の国益と戦略の輪郭を押さえた上で、国民が正しい判断を下せるよう、情報と分析を提供する、そのような権力監視機能をメディアは果たせなかった。

第二に、日本の大新聞は天下国家の経綸を読者に伝えるのだという気概に乏しい。「試しに、大阪系の二新聞を開いて、これを西洋の大新聞と比較してみよ。日本は果たしてその新聞文化の発達を世界に対して誇りうるだろうか」。

大阪系の二新聞とは、『大阪毎日新聞』と『大阪朝日新聞』の二紙のことである。なかでも新聞の「三行評論なるもの」は「見識も、政策もないのに、ただ野卑な罵声を浴びせる習癖を養っているに過ぎない。新聞はただ教養のない読者の歓心を買うために、自ら気づかぬうちに議会を排撃し、言論の自由を失うことに努力していた」と痛烈に批判している。

五・一五事件の後、新聞は、暗殺された犬養毅首相とその家族ではなく、暗殺者である「純粋な青年将校」の境遇と彼らの「憂国の至情」への同情と共感を報じるのに忙しかった。

第三に、新聞、とくに社説は他を批判するだけで自ら提言をすることはない。

１９２８年に記した「共産主義の正体」と題する社説で、湛山は「すべて過去はよく見えて、現在は悪く見える。過去は、時間がアラを隠してくれるが、現在は、アラがまざまざと展開している。善悪の批判をする者は、ここに深く意を払わねばならぬ」と書いている（「共産主義の正体　その討論を避くべからず」社説、１９２８年4月29日号）。

湛山のジャーナリズム論は、いまもずしりと重い。

紙媒体、電子媒体、ウェブ媒体を問わず、日本のジャーナリズムの課題は、今も変わらない。まず、調査報道を強化することである。それはジャーナリズムの最大の任務である権力を監視する上で欠かせない。

次に、公共政策に対する正確な情報、公正かつ独立した評価、さらには新たなアイデアと提案、を提供することである。それは、市民が政治に参画し、経済活動を営み、社会と連繋するに当たって、有益な判断材料となる。

それから、専門的かつ実務的なオピニオン、多様かつ対立的な視点、歴史的かつグローバルな視野、を提供する社説と論評とコラムとブログを擁することである。それによって「極端な議論に対しては適切な反論を示し、大衆に健全な輿論があることを伝える」こともできる。

この「健全なる輿論」の「輿論」は、「世論《せろん》」ではなく「輿論《よろん》」である。「世論」が感情に突き動かされる一時的な反応であるのに対して、「輿論」は理性によって漉された定着性のある意見である。

湛山の論説――5（社論、1938年2月12日号）

「非常時に際して特に我が憲法の有り難さを思う」

自由主義という言葉は、近年のわが国では至る所でとても嫌われ、政府の公の文書の中にさえ、これを危険視する解釈が見られる状況にある。もっとも、自由主義とだけ言っても、その正体は明確ではない。同じ自由主義という言葉でも、その意味するところによっては、思想の浅深に差があるのは言うまでもなく、善悪の相違も生じるであろう。

しかし、近代思想史に照らして自由主義の意味するところを正しく理解すれば、わが国の憲法[12]も、まさにその主義を基調としていると言える。憲法の条項の中には、「自由」という言葉が多く用いられている。また、憲法解釈についての根本文献と言うべき伊藤博文の『大日本帝国憲法義解』は、たとえば「第二十二条　臣民の居住及び移転の自由」の注釈で、

（12）わが国の憲法。大日本帝国憲法のこと。

次のように記している。

「以下各条ハ臣民各個ノ自由、及財産ノ安全ヲ保明スル。蓋法律上ノ自由ハ臣民ノ権利ニシテ、其ノ生活及智識ノ発達ノ本源タリ。自由ノ民ハ文明ノ良民トシテ、以テ国家ノ昌栄ヲ翼賛《よくさん》スルコトヲ得ル者ナリ。故ニ立憲ノ国ハ皆臣民各個ノ自由及財産ノ安全ヲ以テ、貴重ナル権利トシテ之ヲ確保セサルハナシ。」

…

わが国の憲法が、わが国の国体[13]にしたがい、世界に類例のない特質を具えたものであることは、改めて説明するまでもない。主権在民の民主主義国家における憲法とは、根本的に異なっている。したがって、自由主義と言っても、その運用については、民主主義国家のそれと同じではないことは明らかである。

…

しかし、わが国において、もしこの憲法が、天皇のおそれ多い思し召しによって定められたものでなかったら、世界の荒波の中で、このように安泰であった保証はなかったであろう。

…

わが国で、もしこのように、何か事が起こるたびに憲法改正が論ぜられ、それが政争の具に利用されるようなことがあったならば、国家と民生は不安定に陥り、その弊害は恐ろしいものとなろう。

…今年2月11日には、憲法発布50周年の祝日を迎える。国民は、その節日にあたり、お祭り騒ぎをするだけではなく、憲法の尊さを深く再認識し、歓喜と感謝の念を持たなくてはいけない。それにしても、われわれ国民は過去半世紀の間、明治天皇のお考えをよく理解し、間違いを犯さずに憲法を運用してきたであろうか。

明治政府は、1889年2月11日に帝国憲法を発布した。同憲法は、自由民権運動が求めた「国会」を帝国議会として設置することを明記した。1890年7月1日、最初の衆議院議員総選挙が行われた。有権者は、国税15円以上を納める男子45万人。人口4000万人の約1％にすぎなかった。1890年11月25日、最初の第一議会が召集され、29日開会した。日本はアジアで最初の立憲国家となった。

しかし、明治憲法は最初から「天皇大権主義（絶対君主）」か「政党内閣主義（立憲君主）」かで解釈の対立があった。湛山は、立憲君主論を唱えるとともに、その延長上に主権在民を想定した。

（13）国体。国家の根本体制。明治憲法下では、天皇を主権とする国家体制のこと。

1915年に著した記事「代議政治の論理」では、次のように直截に述べている。

「どのような場合であっても『最高の支配権』は全人民にある、代議政治はその発現を便宜にする方法で、現在のところ、これにかわる手段はない」(「代議政治の論理」時論、1915年7月25日号)。

「主権在民」は戦後の日本憲法において確立した概念であり、明治憲法は「天皇主権」を基とし、それは神聖不可侵の領域であると一般に受け止められてきた。

大正デモクラシーの旗手、吉野作造[14]も、主権のありかについては議論を避けたし、天皇機関説を唱えた美濃部達吉[15]も最後まで国体論にしばられた。

しかし、「湛山はいとも楽々と天皇制の呪縛からぬけ出ているようにみえる」と歴史学者の松尾尊兊は記している(松尾尊兊「大正デモクラシーにおける湛山の位置」112頁)。

湛山は天皇と天皇制が明治維新とその後の日本の近代化に果たした「有効性と実利性」の「効用」を高く評価した。明治天皇崩御の際、国内で高まった明治神宮建設の議に反対し、明治天皇を記念したノーベル賞をつくれと提案したことにもこうした「効用主義」的天皇観は現れているという(増田弘『石橋湛山研究』79~80頁)。

明治憲法が「主権在民」の理念を体現していると見る湛山からすれば、「君権論」は聞き捨てならない。実際、大隈重信首相が原敬の進退伺いに関して「すなわち大命によって大任を命ぜられて、而して君主の命に背いて自己自ら進退するということができるか」と疑問を呈し、これを「ほとんど君主権を犯すものである」となじったのに対して、湛山はこの大隈の立場を「君権論」

であると指弾した。

立憲代議政治は、君主の責任を問わないのを原則とする。この君主無責任論は、国民が政治上の主人となると同時に、その結果の責任をも負うという前提に成り立っている。だからこそ、責任内閣制であり、議会解散の意義もまたそこにある。

「しかるにわが大隈首相は、政治上、君主の絶対意思を認め、政治上の一切の責任を君主に負わせようという主張を議会に公言してはばからない。これは実に立憲代議制とまったく相いれない、専制時代の思想である」(「大隈首相の誤れる君権論」社説、1916年1月15日号)。

しかし、1938年2月に発表したこの論考では、「わが国の憲法が、わが国の国体にしたがい、世界に類例のない特質を具えたものであることは、改めて説明するまでもない。主権在民の民主主義国家における憲法とは、根本的に異なっている」とわざわざ断りを入れている。自由主義という点では同じであっても、運用面では欧米と日本とでは「同じではない」のは明らかであると距離を置いている。

「どのような場合であっても『最高の支配権』は全人民にある」と言い切った20年前の湛山の憲法観と比べいかにも歯切れが悪い。

(14) 吉野作造(1878~1933)。政治学者、思想家。東京帝国大学助教授・教授などを歴任。「民本主義」を唱えた大正デモクラシーの代表的論客。
(15) 美濃部達吉(1873~1948)。憲法学者、政治家。東京帝国大学助教授・教授などを歴任。「天皇機関説」を唱えた大正デモクラシーの代表的論客。

その背景には、1935年の天皇機関説事件以降、超国家主義的イデオロギーの威圧的隆盛があっただろうし、この論文を執筆した頃、国家総動員法が議会に提出されたことも影を落としていただろう。

ただ、湛山がこの論考の末尾で警告した憲法改正論の落とし穴には耳を傾けておくべきであろう。

湛山は次のように主張する。

たしかに、米国のように議会が容易に憲法を改正できる国もある。国民が堅実な思想を持ち、イデオロギーに惑わされず、政治的訓練も十分にできている場合は、憲法改正も危険なく運用できるかもしれないが、日本の場合、残念ながら民主主義がそこまで成熟していない。そもそも米国でさえ憲法改正が増えれば増えるほど違憲訴訟も増え、政府による最高裁の判事任命が政治化する深刻な問題を抱えているのが実情である。

したがって、「わが国で、もしこのように、何か事が起こるたびに憲法改正が論ぜられ、それが政争の具に利用されるようなことがあったならば、国家と民生は不安定に陥り、その弊害は恐ろしいものとなろう」。

湛山は、憲法の安定性が政治と社会の安定につながるとして、「天皇のおそれ多い思し召しによって定められた」帝国憲法の「有り難さ」を説くのである。

帝国憲法の構造的問題（たとえば軍制と軍令の別建て条項）を思うとき、湛山のナイーブさを指摘するのはたやすい。

しかし、国の死活的事項である安全保障政策のように何か事が起こるたびに憲法改正が論じられ、どの法案も憲法論議に持ち込まれ、何かにつけて司法の判断を仰がざるを得ず、そしてそれが政争の具に使われる政治は、それが右からだろうが左からだろうが、安全保障政策と憲法を等しく傷つけ、戦後日本の最大の政治的安定基盤であった憲法と日米同盟の矛盾を内包しつつもレジリエントな親和性を根底から突き崩すことになりかねない。湛山の所論には一面の真理が含まれている。

コラム

「レタース・ツウ・ゼ・エヂター」

私が愛読している英国の有名な経済雑誌『エコノミスト』には「レタース・ツウ・ゼ・エヂター」という欄がある。日本語に訳せば投書欄である。投書の多くは、『エコノミスト』の論説や記事に対する批評や、記事の解釈の相違を指摘したものであるが、外交論もあれば、経済問題もあり、また、近年英国で喧々囂々の論争が起こっているアルスター[16]の問題もあるといった様子で、とても興味深い。

その議論の内容はともかくとして、私がこの投書欄を読んで羨ましいと思うのは、その多くが、現実の社会の第一線で仕事をしている人々からの投書であると推察されることである。

…

今日、わが国でも投書欄を設けている新聞雑誌は決して少なくない。現に本誌も設けている。しかし、わが国の新聞雑誌の投書欄はどれもほとんど面白くない。投書の数は少なくはないが、その多くは馬鹿馬鹿しい書生論[17]か、さもなければ、臆面もない自己広告に過ぎないからである。

…学者にしても、社会の第一線で働く人にしても、新聞や雑誌の記事や論説を読んで、「間違った事実を伝えている」とか「議論が見当違いだ」などという感想を持つ場合は少なくないはずだと、私は推察する。

…専門分野を持つ学者や、社会の現場を知る人々は、どのような些細な問題であっても、それを見過ごすことなく、積極的に意見を発表して、国民の指導者たる覚悟を示してほしい。

（「大に論戦の風を興すべし」社会、1913年12月5日号）

（16）アルスター。アイルランド北部の地方名。1913年当時、アイルランド独立運動が高まる中、プロテスタント系住民が多数を占めるアルスター地方では、独立に反対する傾向が強かった。

（17）書生論。現実をわきまえない理想論。

第二章

第一次世界大戦

湛山の論説――❻

（社説、１９１４年11月15日号）

「青島は断じて領有すべからず」

青島陥落は私の予想よりはるかに早かった。ために戦争による被害が意外に少なかったという意味で、私はそれを国民とともに深く喜んでいる。しかし、日本軍が占領した青島の扱いを、最終的にどのように処理するのが得策なのか。これは難題である。

この問題に対する私の立場は明確である。アジア大陸に領土を拡大すべきではない。満州も、一刻も早く放棄すべきである。これが、私の前々からの主張である。さらに、中華民国山東省の一角に新たに領土を獲得するようなことは、害悪に害悪を重ね、危険に危険を加えるようなものであるから、断固として反対する。

…

中国の領土に野心を持つと見なされているのは、ロシア、ドイツ、日本の三国である。そのため、日本は中国人に深く恐れられ、排斥を蒙っている。加えて、米国には危険視され、同盟国の英国からまで猜疑の目を向けられている。日本の満州占領は、ただでさえ、国際世論の反感を買っている。そのような情勢の中で、今もしドイツを中国・山東から駆逐し、青島を拠点に山東に領土経営を行えば、その結果はどうなることであろうか。

…

現在、欧州で大戦（第一次世界大戦）の最中にあるフランスには、日本の青島占有を至当とする主張もあると伝えられている。しかし、ひとたび大戦が終結して平和が回復し、各国が平静を取り戻した時には、状況は変わる。米国は言うまでもなく、わが国と友好関係にある英国やフランスでさえ（日本の暴挙に）愕然として、わが国を極東最大の危険国と見做し、欧米の諸国民が一致団結して、日本を中国から撤退させようとすることは、想像に難くない。したがって、わが国の青島占領は、中国に深い怨恨を残すだけでなく、欧米列強に危険視される結果となる。それは、東洋に平和を構築する理由になり得ないばかりか、かえって、情勢を逼迫《ひっぱく》させることになろう。

今次の大戦でドイツが勝利を得ようが敗北を喫しようが、わが国がドイツと開戦し、その軍を山東から撃退したことは、外交の第一の失敗である。その山東をドイツに代わって領有するとすれば、その失敗に重大な失敗を重ねることになる。その結果は、ただ、国民に際限のない軍備拡張の負担を強いるだけである。青島の領有は断じてあってはならない。

第一次世界大戦ははるか遠い欧州大陸で始まった。

時は、大隈重信内閣の時代である。外相は、加藤高明。

日本は中立で臨むのか、中立を宣言して、参戦の機会を見定めるか、それともただちに参戦するのか。

日本は当時、英国との間で日英同盟を結んでいた。ただ、日英同盟は、日本が参戦すれば自動的に英国が参戦することも、英国が参戦すれば自動的に日本も参戦することも、義務づけてはいない。

1914年8月4日、その英国がドイツに宣戦布告した。

7日、英国は日本に対して「ドイツ極東艦隊の駆逐」を求めてきた。

その日の夜遅く、政府は早稲田の大隈邸で閣議を開き、加藤が「日英同盟の情誼」と「日本の地位向上」のため参戦が合理的であると提案し、賛同を得た。翌8日、加藤は、日光に赴き、参戦方針を天皇に上奏した。

ところが、10日になって英国が急に参戦依頼自体を取り消してきた。英国は日本の中国権益への獲得意欲をかぎ取り、警戒を強めたのである。

しかし、加藤はすでに参戦を正式決定した以上、いまさら取り消すわけにはいかないとして英国の要請を突っぱねた。

日本は、15日、対ドイツ最後通牒《つうちょう》を発し、23日、宣戦を布告した。

9月2日、海軍陸戦隊および陸軍が山東省竜口に上陸を開始した。

11月7日、青島は陥落した。日本は、山東鉄道を奪い、その管理経営にあたった。その4日後、大隈内閣は臨時閣議で「対華二十一カ条要求」を決定した。参戦から対華二十一カ条要求までまさに外交的、軍事的な電撃戦を日本は展開した。

湛山はこの論考で、「わが国がドイツと開戦し、その軍を山東から撃退したことは、外交の第一の失敗である。その山東をドイツに代って領有するとすれば、その失敗に重大な失敗を重ねることになる」と断じた。参戦に反対、青島領有は「断じて反対」の立場を明確にしたのである。湛山は、満州権益を放棄すべしと主張してきた。その上に青島領有となると「害悪に害悪を重ね、危険に危険を加える」ことになる。

しかし、加藤外相はまったく真逆のことを考えていた。加藤が参戦を決断した裏には、参戦によってドイツから獲得する山東半島を中国に還付することで中国側から満州権益面での譲歩を引き出そうとする計算があった。

1905年の北京条約で満州権益は1923年に租借期限が切れることが決まっていた。参戦は、この不安定な満州権益を「その後」も確保するため、ドイツから獲得した山東半島の返還を〝取引材料〟として使うことを意図していた。対華二十一カ条要求はまさにその具体的外交攻勢だったのである（奈良岡聰智『対華二十一カ条要求とは何だったのか』308頁）。

対華二十一カ条要求については後に取り上げることとするが、この〝取引材料〟は余りにも虫が良すぎる話だったし、結局、中国のすさまじい反発を招き、〝取引材料〟どころの話ではなくなった。

加藤は策に溺れた。その秘密主義外交が彼に対する内外の不信感をもたらした。彼の対中強面外交が日本国内の強硬外交論を煽ることになった。国民は日本の青島領有を求めた。山東鉄道を日本の勢力下に置くことで、山東省を拠点に揚子江以北の中国における経済的優位を確立したいとの領土拡張欲を逞しくした。それがまた、加藤の手を縛った。

湛山は、次のように論じた。

日本は従来から中国に領土的野心があると見られており、中国人には排斥され、米国人には危険視され、同盟を結ぶ相手の英国人にも疑われている。

戦時のいまは、英仏とも日本の軍事力の支援を必要とする以上、対日批判を控えているが、戦争が終われば、日本は「極東の最大の危険国」と見なされ、欧米こぞって日本の中国での利権を覆そうと共同歩調を取ることは容易に想像できる。中国人には永久の怨みを買うことになる。

要するに、青島領有はアジアの平和を脅かす恐れが強い。

外交当事者が秘密主義に凝り固まり、強硬論を振りかざした場合、外交は必ず失敗する。

湛山の論説――❼（社説、1915年2月5日号）

「第二の露独たるなかれ」

伝え聞くところによれば、大隈内閣は、満州問題の根本的解決に関して、中華民国政府と交渉を重ねつつあるという。国民一般は、その目的は、満州におけるわが国の立場を、さらにいえば権力を、一層強固に、あるいは永久的なものに確立することにあると理解しているようだ。もし、それが事実とすれば、わが国にとってとても厄介な問題である。

…

他国民の領土を奪い取ることほど、国際関係を不安に陥れ、衝突の原因を生じさせることはない。独仏戦争の結果、ドイツが仏領だったアルザス、ロレーヌ二州を割取《かっしゅ》したのは大失策であったと指摘する人は少なくない。他でもなく、それが今日の紛争の火種となり、衝突の危険が濃厚に漂っているからである。

…

ロシアは、満州の戦争において、圧倒的な兵力がありながら、それに劣る日本に負けた。なぜか。ロシアが国際的に孤立していたからである。ロシアの満州侵略を非難したのは日本と中国だけではない。英国もそれを怒り、米国は警戒した。ロシアは諸外国の利益を無視する侵略者であった。このロシアの横道《おうどう》(1)に対し、世界はこぞって制裁を求めていた。その時に、日本が武力を持って立ち向かったのである。世界世論が正義と認める立場に立ち、どのような大敵であろうとも、一歩も引かぬという覚悟があった。ロシアの孤立に対し、日本は世界の多数の支持を得て戦ったのである。

…

日本の実力が露独を撃退したのだ、天下は強い者勝ちだ、露独の占領地を日本が代わって領有するのは当然だ、などと放言して、国際社会で傍若無人に振る舞うとすれば、撃退された露独の横道をわが国が行うことになる。その結果、露独が世界から孤立したように、日本もやがて国際的孤立に陥り、露独のように攻撃を受けて撃退され、巨万を投じた占領地はことごとく没収されることになるに違いない。前車覆轍《ふくてつ》(2)の戒、露独の失敗を深く鑑としなければならない。

このような理由から、私は現内閣、特に加藤外相の賢明に、以下を望む。満蒙問題と青島問題に関しては、国家のために、間違った世論を排して永久占領を企てないでほしい。もし、永久占領の立場で交渉を進めつつあるなら、すぐに撤回してもらいたい。そのため、加藤外相は国賊不忠者と罵られるかも知れないが、耐え忍んでほしい。わが国を第二の露独とすることは、加藤外相にとっても耐えられないことであるはずだ。

国際政治の怖さは、ある国に対する好悪の感情があっという間に変わってしまう潮の変わり目の速さにある。

それまで好ましいと思われていた国が、何かのことがきっかけで疎《うと》ましい対象となる。日露戦争のときのロシアに対する印象と、戦後の日本に対するそれがその典型だった。

湛山、曰く。

ロシアの「満州蚕食《さんしょく》」は、中国と日本に脅威感を与えただけでなく、英国も怒り、米国も恐れた。ロシアは「横道者《おうどうもの》」と見なされた。何とかしてロシアに教訓を与えなければならないと思っていたところへ、日本がロシアに立ち向かった。日本は「世界の多数を味方として戦った」。ロシアの「立場」は弱く、日本の「立場」は強かった。

しかし、日露戦争が終わると、状況が一変した。米国における日本の好印象がにわかに暗転した。その根本原因は、日本が日露講和の際に前提としていた満州の「保全」、つまりは門戸開放の立場を戦後、修正し、そこを日本の「利益範囲」、つまりは排他的支配地域に組み入れよう

(1) 横道。人としての正しい道に外れていること。
(2) 前車覆轍の戒。前人の失敗は後人の戒めとなる。

としたことにあった。

この少し前、米国にあって、湛山と同じように日本の「立場」の激変を憂えた日本人がいた。イェール大学教授の朝河貫一[3]である。

朝河は、米東部のアイビーリーグの名門大学で初めて正教授となった世界的に著名な歴史学者だが、１９０９年、『日本の禍機』を著し、日本の同胞に警鐘を鳴らした。

「戦前、世界がロシアに対して持っていた嫌悪感は、今では日本に対する嫌悪感に取って代わり、当時の日本に対する同情は、今や支那に対する同情に取って代わった」（朝河貫一『日本の禍機』17頁）。

湛山と朝川は面識はなかったようだが、日本の置かれた状況に対する二人の認識は驚くほど似通っている。

こうしたパーセプションの変化は、往々にして権力政治のもつれ合いの反射でもある。

日露戦争後、極東の国際関係のパワー力学が大きく変わった。ロシアが北東アジアから後退した後、日本が朝鮮半島を支配し始めた。日米が疎遠になってきた分、それに反比例するかのように日露が接近し始めた。

ロシアが朝鮮半島における日本の排他的地位と南満州における優先的地位を黙認したことで、日露両国はこの地域における相互の勢力圏を認め合った。

一方、日本の海軍は、対ロシア勝利後、日本の近隣に脅威を与える海軍国、つまり仮想敵国を失う結果となった。仮想敵国が消滅すると、日本が大艦隊を持つ存在理由がなくなる。それは、海軍にとって組織防衛上由々しき問題であった。その真空を埋めるかのように、米国が仮想敵国として浮上してきた（相澤淳『海軍の選択』11頁）。

似たような新たなパワー力学は米国でも働いた。米国が領有するフィリピンは米本土からの距離が遠く、米国はそこを「米国のアキレス腱」（１９０７年、ルーズベルト演説）と感じ始めた。米国もまた、この頃から日本を仮想敵国と見なす作戦計画「オレンジ計画」(4)を立案するようになる。１９０８年１月、この立案と並行する形でハワイに海軍基地を置くことを決めた（ＮＨＫ〝ドキュメント昭和〟取材班編『ドキュメント昭和　世界への登場５　オレンジ作戦――軍縮下の日米太平洋戦略』）。

同年、米国は世界一周周航練習計画と称して、大西洋艦隊のホワイト・フリートを日本はじめハワイ、オーストラリア、ニュージーランド、フィリピンなどの太平洋国家へ派遣した。日米両政府とも、それを日米親善の一大ページェントとして喧伝した。

しかし、そこにはもう一つのメッセージが込められていた。

朝河貫一は、日本の同胞にその意味を説いた。

（３）朝河貫一（１８７３〜１９４８）。歴史学者。米ダートマス大学講師、早稲田大学講師等を経て、１９３７年日本人初のイェール大学教授に就任。

（４）オレンジ計画。アメリカ海軍によって日露戦争後に立案された、将来起こりうる対日戦争に備えた戦争遂行計画。米国は、ワシントン会議後、オレンジ作戦の全面的見直しに着手。１９２４年に海軍の「基本オレンジ計画」および、「陸海軍統合作戦計画――オレンジ」を策定した。これは、米国が第一次世界大戦以来、初めて持つ本格的な戦争計画だった。その特徴は、日本を海上封鎖して経済的に孤立させるという点にあった。

「ルーズベルト大統領が大西洋艦隊を太平洋上に巡航させたのは、どのような意味なのか……ハワイ、フィリピンのような属地はもちろん、清国でさえも、米国に信頼する感情を強くするだろう……豪州に及ぼしている感化も、決して軽々しく見過ごしてはいけない。他日の伏線がここにあるのではないか」（朝河貫一『日本の禍機』２０２〜２０３頁）。

「他日の伏線」――日米開戦のシナリオとその際のオーストラリアの戦略的重要性がそこには投影されていたのである。

湛山の論説――8（社説、1915年5月25日号）

「先ず功利主義者たれ」

私はいわゆる人道という言葉は嫌いである。恩恵という言葉も嫌だ。イソップ物語の狼は羊を食べようとした時に、まず羊に向かって、俺はお前の無二の友、無二の保護者だと、恩を押し売りした。人間でも恩を押し売りする者にろくな奴はない。多くは偽善者である。腹黒い者である。人類の関係の中で、最も進歩の遅れた国際外交では、各国ともいまだにこの狼流の態度をとるが、他人は他人、自分は自分である。少なくとも、私は中華民国に対して、日本人一般のような態度をとることはできない。彼らは、本気でいわゆる人道に従って恩恵を与えているつもりなのかも知れないが、これを中国国民が聞けば、思った通りまた狼かと苦笑するだろう。そればかりではなく、このような考えで対中政策を定めることは、仮にそれが本心からであったとしても、日本にとっても、中国にとっても危険極まりないことだ。なぜなら、いかに恩恵を与えようとしても、相手がそれを信用せず、受け取ってくれなければそれまでだからである。

相手からみれば、恩恵を与えてくれるというのはありがたいことだが、それを受けては自分の体面にかかわるとも考えられる。また、恩恵などというものは、それを与える者の意志でいつ変更されるかわからず、安心して同意することはできないとも考えられる。

…

では、どうすればよいか。唯一の道は功利一点張りで行くことである。自分が利益を得ることを基本として一切を思慮し、計画することである。自己の利益を基本とすれば、自ずと、相手の利益も考えなければならないことになる。相手の感情も尊重しなければならないことになる。商人は儲けるために、決して取引相手の感情を損なったりしない。また、相手が損をすることを願わない。取引相手が自分に好感情を持ち、豊かに繁栄することが、いずれ自分の利益になることを知っているからである。相手の繁栄を願うのは、人道の考えからでも、恩恵を施すつもりがあるからでもない。ただ一つ、功利を考えそうするのだ。国際関係も同じである。功利の立場をはっきりとさせることで、自国と相手国は十分に理解し合い、信用しあうことができ、結果、感情の行き違いから衝突が生じるような危険は完全に避けることができる。

…

私はあえて国民に言う。私たちは曖昧な道徳家であってはならない。徹底した功利主義者でなければならない。そうなった時に初めて、外国との真の親善が生まれ、私たちの利益はその中に見つけることができるのである。

戦前の日本の外交の失敗例は多々あるが、「世紀の失政」と呼ぶべきは、1915年1月18日、大隈重信内閣が中華民国の袁世凱[5]大総統に提出した対華二十一カ条要求[6]であろう。1915年5月7日、日本政府は最後通牒を提示、中国側は屈服した。これをきっかけに中国の反日感情は劇的に悪化した。受諾の5月9日は国恥記念日として長く記憶されることになる。

湛山は徹頭徹尾、二十一カ条要求を批判した。

「このような権利だけを獲得して、わが国民はどうしようというのか、不思議でならぬ。国内の鉄道さえろくに敷けず、借金ができるかできないかなどと騒いでいる口の下から、他国に向かって、自分たちから金を借りろという。国際間では、このような奇態な算盤が弾けるはずもな

(5) 袁世凱(1859〜1916)。中国の軍人、政治家。清朝末期には内閣総理大臣を務め、清朝崩壊後、中華民国の初代大統領に就任。

(6) 対華二十一カ条要求。1915年、大隈重信内閣は袁世凱中華民国大統領に5号21カ条の要求を提示した。その内容は、山東省におけるドイツ権益の日本への移譲、旅順、大連の租借年限の99年延長、南満州・東部内蒙古における日本の優先権の承認を含むものだった。日中双方は、2月2日から4月26日まで25回に及ぶ交渉を行ったが、中国側は、満州の租借地と鉄道の期限延長を承認した以外は、要求を拒否した。

い」(「日支新条約の価値如何」社説、1915年6月15日号)。

それに、経済なら共存共栄、すなわちウィン・ウィンの関係もあるはずではないか。

「隣国が富強になることは、やがて日本の富強を増す原因である。今度の新条約は、この原因を遮断した……吾輩はかくの如く観察し、畢竟このたびの日支交渉は根本的に大失敗と断ずるものである」(「日支親善の法如何」社説、1915年6月5日号)。

有力者の間にも、二十一カ条要求に反対する声はあった。

元老の山県有朋[7]は、閣議決定後、加藤がその内容を山県に説明した際、中国がこのような「属国扱いの箇条」を納得するはずはないと根本的疑問を提起した。「日本の勝手のみ」の強圧的で「弱い者イジメ」の愚策だと非難した。最後通牒を発する直前、いわゆる第五号(日本人軍事顧問の招聘や相当量の日本製兵器の購入などの要請)の削除を要求した(政府は最後にそれを削除した)。

政友会総裁の原敬は、参戦に明確な慎重姿勢を示した。二十一カ条要求についても「失敗を極めた」外交だと酷評した。

加藤は二十一カ条要求のうち第五号を同盟国英国にも伏せたため、それが明るみに出ると英国は日本に裏切られたと感じた(奈良岡聰智『対華二十一カ条要求とは何だったのか』108頁、184頁、243頁、312頁、324頁)。

英国の駐日大使、コニンガム・グリーンは1916年秋、本国に送った長い電報の中で、「この戦争の前は、日本を国際社会の美徳のモデルとして見る傾向があった。英国では日本は最良で最も献身的な同盟国であると褒めそやされてきた。しかし、いまやわれわれは、日本は――日本の真実は――正直言って機会主義的な国であり……宇宙における自らの役割について大いに勘違いし、増長してしまったことを知るに至った」と書いた（Nish, Ian, *Alliance in Decline*, p. 193）。

山県も原も、加藤外交には対中外交の根本が欠けていると批判した。

実際、加藤にそれはなかった。彼だけではない、日本はすでに満州権益しか目に入らない視野狭窄に陥っていた。日本は、満州利権の要である旅順・大連租借期限の99カ年期限への延長を呑ませたものの、日本が失ったものはあまりにも大きかった。

それでは、日中関係をどのような考え方で経営すればよいのか。

湛山はこの論文で、功利一点張りに徹せよと説く。

そもそも、国際政治は基本的にアナキーの世界である。そこではむき出しの利害と感情と猜疑と嫉妬が渦巻く。国際法や国際規範や経済相互依存や文化交流によって、権力政治の獣性はいくぶんかは馴化できるとしても、その本質は変わらない。となれば、それを前提にどのように諸国間の関係をマネージ（管理）するかを身につけることである。

その際、互いに「功利の立場」で迫ってこそ、理にかなう国益で攻め合ってこそ、そしてそれを真剣勝負で行ってこそ、理解も、さらには信用も生まれる。

（7）山県有朋（1838～1922）。陸軍軍人、政治家、元勲。長州藩士から高杉晋作が創設した奇兵隊に参画。明治維新後は軍政家として活躍。陸軍大将、内閣総理大臣をつとめる。

「曖昧な道徳家であってはならない。徹底した功利主義者でなければならない」。

二十一カ条要求の本質的問題は、恐怖心（満州権益喪失）と支配欲（山東半島利権）と過信（英国何するものぞ）に突き動かされ、「開かれた国益」、つまりは自他ともに生かす功利主義に基づく対中戦略を欠いたことにあった。

湛山の論説 ⑨

「鮮人暴動に対する理解」

（社説、1919年5月15日号）

朝鮮の暴動[8]は、一時は重大事に見えたが、今は幸いなことに、ほぼ鎮圧された。しかし、問題は今後の善後策にある。

暴動の鎮圧は表面だけのことだ。警察の力で制圧したに過ぎず、今の鎮圧は、問題の解決にはいささかもなってはいない。

…

もし、表面的に鎮圧できたことに安心して、問題の根本的な解決を怠れば、やがて、一層戦慄すべき惨事を引き起こすに違いない。

（8）朝鮮の暴動。3・1独立運動のこと。1919年3月1日に日本統治下の朝鮮で起こった日本からの独立運動。「万歳事件」とも呼ばれる。

…世界のどの民族であれ、他民族の属国になることを愉快と思うことは、古来、ほとんどない。インドとエジプトの英国に対する反感は年々高まっており、アイルランドの独立運動は、今日に至って、いよいよ苛烈になってきている。朝鮮人も一民族である。彼らには彼ら独自の言語があり、長年にわたる独立の歴史を持っている。心の底から、日本の植民地であることを喜ぶ朝鮮人は恐らく一人もいないであろう。したがって、朝鮮人はその独立を回復するまで、日本の統治に対する抵抗を継続するに違いない。しかも、朝鮮人の知識が発達し、民族の自覚が深まるのに比例して、その抵抗運動は苛烈となっていくに違いない。

それは、個人の場合にあてはめて考えれば、すぐにわかることである。誰であれ、自己意識がある以上、他人の保護管理下での生活を強いられれば、その他一切の要求が不足なく充たされていたとしても、決して満足はできない。なぜなら、他者に支配されている限り、本当の意味での生活はないからである。他者の支配する所では、どんなに立派で美しいものであっても、意味はない。民族の生活も同じである。だから、日本の統治がたとえ善政であったとしても、朝鮮人は決して満足はしない。彼らは独立自治を得るまでは、絶対に抵抗を止めない。問題の根本はここにある。

…朝鮮人の抵抗運動を鎮静し、無駄な犠牲を回避するためには、朝鮮人に自治を認めるほかに道はない。

…

日本人は、彼らが朝鮮人に対して勝者の権利を横暴に振っていることに思いが至らないのであろうか。朝鮮人の生活、その根本は自治であるが、それを奪っていることに気が付かないのだろうか。その程度の理解では、（今般の暴動に対して）いかなる善後策もありうるはずがない。

1910年、日本は韓国を併合すると同時に朝鮮統治のための朝鮮総督府を京城（現・ソウル）に置いた。歴代総督には陸軍大将を据えた。総督は天皇に直属し、朝鮮の陸海軍を統率するとともに強大な政治権限が与えられた。

それは、朝鮮民族にとって耐え難い屈辱だった。反日感情が鬱積《うっせき》していたところへ、ウィルソンの民族自決の呼びかけが多くの朝鮮の人々の心をとらえた。

1919年3月1日、京城中心部のパゴダ公園において、天道教、キリスト教、仏教の民族代表33名が署名した独立宣言書を朗読した。「独立万歳」を叫ぶ示威運動には200万人以上が参加した。朝鮮総督府は武力によってこれを弾圧した。約7500人が死亡、4万6000人が検挙された。

日本では、この抗議運動の背後に民族自決を唱えるウィルソン大統領の米国が控えており、米国人宣教師が朝鮮人キリスト教徒の後ろで糸を引いているのではないか、との見方が広がった。

湛山は、その種の陰謀説を一蹴した。

問題の根本は「独立自治を得るまでは、絶対に抵抗を止めない」ことにあるのだから、朝鮮民族を「自治の民族」へと解放する以外に解決策はないと主張した。

「他者に支配されている限り、本当の意味での生活はないからである。他者の支配する所では、どんなに立派で美しいものであっても、意味はない」。

湛山と同じように日本の植民地支配を批判した少数の人々の中に、東京帝国大学教授の吉野作造がいた。

吉野は『中央公論』（1919年4月号）に、朝鮮の「暴動の原因が第三者の煽動であると考えている間は根本的解決に達することはない」とし、「日朝間の疎通機関としての米国人宣教師の活用」を提言した（長田彰文『日本の朝鮮統治と国際関係』267〜268頁）。

しかし、一般国民にとって朝鮮は遠かったし、関心も薄かった。「内に立憲主義、外に帝国主義」の大正デモクラシーの内実が、3・1独立運動への沈黙に雄弁に示されている。

3・1独立運動の鎮圧が一段落すると、原敬内閣は海軍大将、斎藤実を現役に復帰させて朝鮮総督に任命した。

西園寺公望は、斎藤送別の宴で「閣下、文明の政治を願います」と盃をあげた。

斎藤は「文化政治」を標榜し、憲兵警察を廃止し、米国人宣教師に働きかけて米国の世論を緩和させようと図った（今井清一「内閣と天皇・重臣」10〜11頁）。

しかし、3・1独立運動はその後、中国と朝鮮の「反日」連帯という新たな北東アジアの地政学的伏流をもたらす起点となった。

日本に留学する中国人の中には、日本の韓国併合を、日本の中国侵略への反面教師と見なす者も多かった。

後に中国共産党の創設者の一人となる李《り》大釗《たいしょう》[9]は当時、早稲田大学に通っていたが、二十一カ条要求を韓国併合と同じ文脈でとらえていたと言う。

先に触れた中国の5月9日の「国恥《こくち》記念日」では「国恥歌」が歌われた。

その一節にこうある。

5月9日　5月9日　国辱《こくじょく》何たる苦痛の極みぞ
韓を亡ぼせし手段を我に加う　我誓って両び立たず

日本に留学した中国人と朝鮮人が共に抱いた国家存亡と民族存亡への危機感がフューズし始めた。

（9）李大釗（1889〜1927）。中国の政治家。北京大学教授を経て中国共産党創設に参画。張作霖によって逮捕され、処刑された。

3・1後、朝鮮で創設された独立運動政党の新亜同盟党は、中国と朝鮮のこうした反日共通軸を背景に生まれたと言われる（小野容照『朝鮮独立運動と東アジア　1910―1925』）。3・1独立運動を凝視していたのが、コミンテルン[10]だった。コミンテルンは朝鮮独立テーゼをいち早く運動方針に組み込んだ。しかし、それは、朝鮮独立運動を民主系と共産主義系に切り裂き、結局、共産主義系が支配することになる。

（10）コミンテルン。共産主義インターナショナル（Communist International）の略称。第3インターナショナルとも呼ばれる。各国共産主義政党の国際統一組織。1919年モスクワにて創設され43年まで存続。

湛山の論説――⑩

「袋叩きの日本」

（社説、1919年8月15日号）

欧州大戦[11]の結果、世界の諸国から袋叩きにあった国が二つある。一つはドイツで、もう一つはわが国である。ところが、ドイツは戦争で袋叩きに遇いはしたが、連合国の課した講和の条件が余りに公正を欠くため、最近では世界の心ある者からは、同情を寄せられている。

…

わが国の袋叩きはこれとは違う。わが国は戦勝国となった。しかも、いわゆる五大国の一つに加わって、名前だけであったとしても英米仏伊と肩を並べ、世界に号令する位地を得た。巨額の賠償金を突き付けられ、領土を失ったドイツとは天地雲泥の相違である。し

（11）欧州大戦。第一次世界大戦のこと。

かし、その道徳的（外交上の）側面を見ると、最近のわが国が世界から受けつつある待遇は、話にならないほどに惨めである。条約の上からは確かにわが国の主張が正しい問題で、中華民国に非難され、米国の議会で散々な侮辱を与えられた。それでも、わが国政府は何の抗弁もできずに、自ら謝罪状を公表した。八月二日に内田外相が発表した陳述書がそれである。

なぜこのような惨めなありさまに陥ったかといえば、ドイツに対してはたとえ少数ではあっても、世界の識者には同情を寄せる者があるが、わが国に対しては、それが一人もいないからだ。のみならず、山東問題は、英米仏伊をはじめとして、すべての講和条約調印諸政府が承認したにもかかわらず、日本のために講和条約の取り決めを支持しようとする国は一つもない。まったくの孤立だ。これでは、いかにわが国の軍閥と帝国主義者が、歯ぎしりをして悔しがっても、手も足も出ないはずである。

……

問題は、果たして日本に、そのように、立派な国としての格があるかどうかにある。残念なことに、今の日本には、そのようなものはない。

……

私だって母国を悪くは言いたくない。しかし、実際のところ、公平に見て、日本ほど公明正大の精神に欠けた国はない。自由平等の精神の乏しい国はない。

……

もし、日本の政治が真に国民の手に渡されたら、日本の国としての格は、少なくとも今よりは数十倍も高尚なものとなることは間違いない。日本国民の国民性は昔から利に執着が薄く、公明である。これとは違った日本が出現したのは、特権階級が私利を得るためであった。

改革は、多くの場合、内からではなく、外から刺激されて起こる。明治維新はその最も近い好例である。

…

今日、明治維新の際のような外国からの脅威が、再びやって来た。国家の改革は、この脅威に対する必要からも、最早、待ったなしの時期に迫っている。

史上、戦争に敗れて、外交で勝った例はある。ナポレオン戦争で敗れたフランスがかのタレイラン[12]の巧妙な外交のおかげで、失地回復したのはその一例であろう。

その一方で、戦争で勝ったのに、外交で破れた例というのもある。

（12）シャルル＝モーリス・ド・タレイラン＝ペリゴール（1754〜1838）。フランスの政治家、外交官。フランス革命期以降、長期にわたってフランス政治に君臨し、フランス史上最大の外交官といわれる。

ベルサイユ条約締結のためパリ講和会議に出席した日本がそれだった。日本は第一次世界大戦に参戦し「勝ち組」に入った。

しかし、代表団の牧野伸顕[13]が述べたように日本は「対華政策に関し表裏多き不信の国」と見られており、代表団もそれは自覚していた（今井清一「内閣と天皇・重臣」10頁）。

もたつきがちな日本の外交に比べて、中国は機敏だった。

1919年1月28日の会議で、中国代表の顧維鈞[14]が演説に立った。

中国は、租借地のみならず経済権益も返還を求める、これら権益はいったん日本に引き渡すのではなく、直接ドイツから還付を求める、いわゆる二十一カ条をめぐる条約の効力は中国の対独参戦によって消滅した、と訴えた。「私は、4億の中国国民を代表して、今日、発言していま す……山東省は中国文明発祥の地であり、孔子と孟子の生地であり、中国人にとって聖地なのです」。

この演説を聞いた米国代表団の一人は「完璧な英語、冷静かつ明晰、そして理路整然とした主張だった。誰もがうなづいてしまった」と記した（Craft, Stephen G., *V. K. Wellington Koo and the Emergence of Modern China*, p.51）。とりわけ中国の立場に共感を抱いたのがウッドロー・ウィルソン米大統領だった（有馬学『「国際化」の中の帝国日本』175頁）。

これに対し、日本全権は、日本の要求が容れられない場合は条約に調印しないとの強い姿勢を示したため米国も折れ、日本に譲歩した。日本の山東省ドイツ利権の継承要求は、米・英・仏・日の首脳会議で認められた。日本はまた、南洋諸島の（赤道以北のドイツ領諸島）の委託統治も手に入れた。

にもかかわらず、日本代表団の多くも、日本国民も、高揚感はなかった。それどころか、「残酷な袋叩き」の敗北感を味わったのである。

日本代表団の団員だった外交官の沢田廉三[15]は、この時の外交敗戦をこんな風に回顧している。「日本はいわゆる体制順応主義で、傍観者的態度でしかなかったことは歯がゆい限りであった。他の列国より見れば、日本全権団は会議に列しても、自分の軒に火のつくまでは特に意見も示さず、思いつきも披瀝せず、問題解決のために別段協力してくれるまでもないので、これならば特に呼ぶ必要もあるまいというので、中途より自然に除外された」（武田知己『重光葵と戦後政治』49頁）。

とりわけ、日本は連盟規約に人種平等に関する文言挿入を求める日本提案が米国から葬り去られたことに挫折感を抱いた。

この提案に関して、湛山は「人種差別待遇の一日も早く撤去」を望む点では人後に落ちないとしながらも、同胞である台湾人と朝鮮人に対する差別待遇を設けながら、この提案をしたところで「何の権威があろう。何の力があろう」と日本政府の二重基準を批判した（「人種差別撤廃要

(13) 牧野伸顕（1861〜1949）。政治家、外交官。外務省勤務を経て、外務大臣、農商務大臣、文部大臣等を歴任。
(14) 顧維鈞（1888〜1985）。中華民国の外交官、政治家。国際連盟中国代表、パリ講和会議、ワシントン会議の中国全権代表、外交総長などを歴任。
(15) 沢田廉三（1888〜1970）。外交官。駐フランス特命全権大使、外務事務次官、世界経済調査会議長などを歴任。

求の前に」社説、1919年2月15日号)。

日本は、ウィルソン主義を偽善と感じた。ただ、ウィルソン主義への違和感は、それが藩閥、財閥、軍閥の権益を損ないかねない上、「国体」への脅威となると感じていたことからも来ていた(Dickinson, Frederick R., *War and National Reinvention: Japan in the Great War, 1914~1919*, pp. 3~4)。

戦略の可能性は、統治の能力の枠内でしか追求できない。外交の失敗は往々にして統治の失敗によってもたらされる。

湛山は、もう一度、明治維新のような国の一大改革を断行するべきだと唱えた。

いまのように特権階級が私利に走る政治を許しているから、日本は浅ましくも恥ずかしい外交に甘んじることになるのだ。

日本国民の性情は昔から利に淡く、公明なものである。だから、政治を国民の手に渡せば、日本の「国格」はいまよりずっと高尚なものとなる、と。

湛山の論説――⑪

「禍根を蔵せる講和条約」

（社説、1919年5月25日・6月5日・6月15日号）

5月7日、フランスのベルサイユでドイツの講和委員に交付された講和条約は、もし、条約の精神を遍く万国に適用することを目的として立案されたのであれば、これまでの世界の政治を一変し、永遠に正義と平和を人類にもたらす、歴史上類例のない条約である。しかし、もしこれが、ドイツとその同盟国にのみ適用しようという意志の下につくられたのであれば、これほど不公平で残酷をきわめた講和条約は、こちらも歴史上類例を見ない。

…

欲を言えば切りがない。けれど、今日の人類の状況、特に国際関係において嫉妬や我欲を抑制できない人類の現状では、この程度の規約以上のものを求めては、現実問題として国際連盟を打ち立てることは困難であろう。以前にも指摘した通り、一切の国際紛争は武力によって解決する前に、まず国際裁判所または国際会議で解決を図る義務を各国に課すことにするだけでも、国際連盟を設立する意義は十分あると、私は考える。

…独逸の領土は、この条約の結果、東西南北より狭められ、恐らく旧領土の3分の2になるであろう。

…この領土の放棄は、生粋のドイツ国民には限りない恥辱であろうが、放棄される領土に住む非ドイツ系住民には本望であろう。これこそが、この条約が、思い切った領土の放棄を、あえてドイツに要求しえた理由であり、また、この要求を正当と認める根拠となっている。

しかしながら、この要求は、果たして正当であろうか。

…どんなに正しいことであろうと、自らはそれを行わず、他者にだけそれを強いるとすれば、それは誤りである。いわゆる民族の自決は、正しいことには違いないが、それをドイツとその同盟国の領内にだけ強要し、連合国や他の諸国が、自らの領内での適用を拒むのであれば、これほどの不公平はない。

…連合国がドイツに課そうとしているこの条件は、将来の人類に「勝てば官軍、負ければ賊」の印象を強烈に与えるだけだ。私は連合国の条件は、そのようなものだと思う。裁判をするならば、是非とも交戦国すべての責任者を法廷に立たせるべきだ。開戦の前後と戦争遂行中の一切の事実を明らかにせずには、ドイツだけに罪があるとは言えない。

長い間、第一次世界大戦は、第二次世界大戦の陰に隠れ、その世界史的な意味合いも第二次世界大戦のそれに上塗りされ、その全体像が見えにくかった。

しかし、その後１００年を経て、21世紀に入ると、改めてそのレガシー（遺制）の大きさが再認識されるに至っている。

第一次世界大戦では、西部戦線に張りめぐらされた塹壕の総延長は地球を一周する距離に達した。総力戦（国民総動員体制）と技術革新（航空機、潜水艦、通信）により桁違いの致死性と全体性をもたらした。

そして、帝国が崩壊し、植民地が戦場と化したことによって、戦後、民族、宗教、地政学が噴出し、共産主義、全体主義、民族主義というイデオロギーが跳梁した。

湛山は、開戦から2カ月ほどした時点で、早くもこの大転換点を予期し、次のように記した。

「この戦争を転機として、やがて人類の思想・政策に一大革命のときが来るであろうことは、疑う余地はないと言わねばならない」（「戦争と徴兵制度に関する疑問」社説、１９１４年10月15日号）。

しかし、その「一大革命」は旧世界の崩壊を告げてはいたが、新世界に移行したということではなかった。

まず、ベルサイユ講和条約と国際連盟は永続的な世界秩序を約束するものなのか。

湛山は、「一切の国際紛争は武力によって解決する前に、まず国際裁判所または国際会議で解決を図る義務を各国に課すことにするだけでも、国際連盟を設立する意義は十分ある」と肯定的にとらえる。

しかし、そこで謳われる「民族自決」などの理念と原則は、勝者も敗者も隔てなく一視同仁に適用されなければ、将来に禍根を残す。特に、勝者の分け前として勝手に線引きされた独立国がその勢力圏に組み入れられれば、それは紛争の種を撒くことになる。「どんなに正しいことであろうと、自らはそれを行わず、他者にだけそれを強いるとすれば、それは誤りである」。

それでは、この講和条約で平和は確保できるのか。

敗者への復讐に駆られ、それを痛めつけ、再起の芽を摘むような講和条件は、今度は敗者の復讐心を掻き立てるから、持続的な平和をもたらさない。

「独逸を全敗させてしまうことは、日本のためにも、また世界のためにも、損失があるが利益はない」（「独逸は全敗せしむべき乎」社説、1918年10月15日号）。

湛山の主張は、ケインズが『平和の経済的帰結』で説いた「カルタゴ的平和」の不条理と同じ論理に基づいている。

そのような平和は経済的に成り立たないし、見合わない。だから、もたない。

日本の世界への参画は、世界の時勢に乗り遅れるな、といった反応的、そして機会主義的な色彩が強かった。

「大戦が始まり、はじめ連合軍の形勢がよくなかったとき、日本の『近眼者流』は、ただちに『個人主義』の滅亡と見なし、『軍国主義』を謳歌した。ところが、ドイツが敗れると、政治家も実業家も、学者も、いっせいにデモクラシー万歳と唱えている」(「大戦のもたらせる思想の変化」社説、1918年11月25日号)。

ところで、第一次世界大戦は複雑な同盟関係を持つ主要国が相手の意図や出方を読み間違え、誤算に次ぐ誤算の末の戦争だったと言われる。

この戦争では、為政者たちは、まるで夢遊病者(sleepwalkers)のように戦争に導かれていったといったイメージで語られる。

湛山も同じ見方を披露している。ただ、より重要なことはその根本原因ではないのか、と問いかける。

「これくらいの程度まで推しても、まだ戦争にはならないだろう、これくらい強く出ても、まだ相手方は耐えるだろう、こういう計算が各国にあって、そして、その駆け引きがあまりに綱渡りに過ぎるため、ついに各国とも心に希望もしなかった深谷に落ちた……それにしても、なぜ各国は、このような危険な駆け引き、計算をするのであるか。そこに原因を求めなければならない」(「戦争謳歌論を排す」『早稲田文学』1915年1月号)。

湛山の論説──⑫

「陸軍国家を危くす」

（社説、1920年1月17日号）

シベリア出兵は、二つの意味で人道に反する。第一は、他国の内政に干渉し、他国が行おうとすることを不当に妨げていること、第二は、そのような不当を行うために、同胞を広漠たるシベリアの野に送り、苦しめ、傷つけ、殺すことにおいてである。

また、シベリア出兵は二つの意味で無意味である。第一は、仮にロシア内の過激な一派の思想を非難するとしても、思想は思想によってのみ打倒できるのであって、軍事力で思想を撲滅しようとすることは、まったくの見当はずれであるから。第二は、一部の軍人が空想しているに違いないと想像できる、シベリアでの利権の獲得や領土の拡張は、日本がいかに大量の兵力を持って出兵したとしても、世界の諸国がそれを許すはずがないからである。

…

では、政府はなぜいまだに撤兵しないのか。撤兵どころか、さらに増兵さえしようとしているのはなぜか。陸軍が国論を無視して増兵を主張しているからである。そして、政府は内閣の安泰のために、陸軍の主張を退けることができないからである。現役軍人を陸海軍大臣に任命する日本の内閣官制のために、内閣は国民の声を恐れず、陸海軍の威嚇に服従している。原内閣は、陸軍の威嚇により、シベリア撤兵を断行できないのである。

…

幸い、現在は国会の会期中である。国民は速やかに力を合わせ、声を大にし、議会に撤兵を迫るべきである。

…

国民はよくよく考えてほしい。世界の諸国は、いくら日本がシベリアに出兵したとしても、シベリアを日本の勝手にはさせてくれない。諸外国は、日本が出兵している限り、それを（ロシアに対する牽制のため）利用するために黙認したり、場合によっては進んで後押ししたりするかも知れない。しかし、シベリアの利権の取り扱いを協議する段階では、日本を抑えつけることを躊躇しない。

…

わが国は朝鮮を植民地支配したために陸軍の大拡張を余儀なくされた。今シベリアには、日本軍が二師団以上駐留している。さらに、膠着状態のつづくシベリアを防備するには、陸軍を十師団は増派しなくてはならないだろう。そのような負担をしても、それを償えるだけの利益を得ることができると、国民は考えられるだろうか。

…

一部の軍人のために、国民全体が道に外れた行いをしていると世界から非難されることは、私には耐えられないことである。

私は繰り返して言う。日本は、今ここで立ち止まって考えなおさなければ、近い将来に、多大な困難に遭遇することになるだろう。帝国主義的野心を持って、シベリアに兵を留めることは、将来の困難のためにたくさんの種をまくようなことである。

1918年8月、日本はシベリア日米共同出兵の形で、シベリア出兵を行った。

その後、日本は続々と兵力を増強し、反革命派セミョーノフ[16]一派を支援して、シベリア鉄道を独占した。1919年に入ると、態勢を立て直したソビエト政府・赤軍の反攻が激しくなり、2月25日、シベリアのニフタで田中支隊が全滅した。このころ、米英仏は、ロシアの撤退の方針を固めつつあった。

シベリア出兵に関しては、『大阪朝日新聞』（1918年7月17日付）はじめ、出兵の目的が不明確であるとして、反対した（伊藤之雄『政党政治と天皇』99〜100頁）。

政府部内でも、意見が分かれた。山県有朋は当初は慎重論だった。高橋是清蔵相は反対だった。一方、本野一郎[17]外相は賛成した。本野は元ロシア大使。帝政ロシアへのノスタルジアがあった。後藤新平内相も出兵論に与した。後藤は、中国、満蒙、バイカル以東のシベリアを含めた「東亜経済同盟」の建設を夢見ていた（細谷千博『シベリア出兵の史的研究』14頁）。

湛山は、いち早くシベリア出兵に反対の論陣を張ったが、それにとどまらず、ソビエト政府を承認し、さらにそれを援助せよ、と踏み込んだ。

できたばかりの革命政権は一見、無秩序で弱く見えるが、熱情に燃える個々人に秩序が与えられれば、俄然、強い。フランス革命後、ナポレオンの軍隊が欧州を蹂躙したことを見てもそれはわかる、と説く。

「目下の混乱は、経済上の理由から発した国内の階級戦だと云うことを、強くわが国民に知ってもらいたい」。

そして、湛山は明治維新を持ち出し、その時、外国が幕府を支援するため、軍隊を派遣してきたら、日本国民はどう反応しただろうか、と読者の想像力を喚起する。

「明治維新の革命も一種の階級戦であった。そして混乱はずいぶん続いた。この時、外国の勢力が、幕府を助け、あるいは討幕党を圧迫することによって、その混乱を鎮めることが可能だっただろうか。たとえ一時は鎮めたとして、それで国民は満足したであろうか」（「過激派政府

（16）グレゴリー・セミョーノフ（1890〜1946）。ロシアの軍人。ロシア革命当時ザバイカル・コサック軍の統領。日本軍参謀本部によって反革命軍（白軍）指揮官として擁立された。

（17）本野一郎（1862〜1918）。外交官、政治家。陸奥宗光外務大臣秘書官、ロシア大使館を経て、寺内内閣の外務大臣を務める。

を承認せよ」社説、1918年7月25日号)。

要は、ロシアの主権を過激派政府が握っている。「これは議論ではなく、事実である。たとえ厭うような事実であったとしても、その存在を認めなければならない」。

「たとえ米国が不同意という事実がなかったとしても、大義名分なく兵をロシアに送り、ロシア国民の憤恨を買うようなことは、絶対にすべきではない」(「過激派政府を承認せよ」社説、1918年7月25日号)。

湛山がこの論考を発表した頃、再び増派をめぐって議論が戦わされた。

高橋は閣議で「西伯利に出兵は他日大なる負担を増し、国家を危殆に導くものなり」と述べ、反対した。しかし、原は支持した。「完全なる、しかも態度正しき撤兵は、増兵しなければ不可能である」。

加藤友三郎[18]海相が同調した。「居留人をとりまとめて、名誉ある退却を行うには、まずもって増兵が必要である」(井上寿一『第一次世界大戦と日本』132頁)。

「名誉ある退却」を可能にするにはその前にサージ(増派)が必要、との力学はベトナム戦争でもイラク戦争でも働いた。

湛山は、撤兵できず、増兵騒ぎをしている背景に、政府が陸軍を制御できず、「軍閥の威嚇」に服従しているところに問題の本質がある、と問い質すのである。

日本兵がシベリアから完全に撤兵したのはこの論文発表の5年後だった。

軍紀違反が多発したこともあり、陸軍批判がさらに強まった。無名の師(大義名分のない出兵）と言われたシベリア出兵では、軍紀が一段と弛緩し、軍人の非行が多く発生した（戸部良一『逆説の軍隊』235頁）。この間、派兵数7万3000名、戦費10億円、死者3500名、負傷者は全軍の3分の1に及んだ。

（18）加藤友三郎（1861〜1923）。海軍軍人、政治家。海軍省次官、第一艦隊司令長官などを経て海軍大臣。1922年内閣総理大臣就任、翌年在職中に死去。

コラム

私の新聞記者時代

もちろん、政党も悪かったし国会も悪かったが、そいつを面白おかしく、国会における醜態とか、政党のいろんな状況を新聞記事として、さかんに書き立てたことが、国民の政党や議会に対する信頼を失わせ、そこへ軍部が台頭する間隙をつくった。良いところを言わずに、悪いところばかり書き立てたことが、日本をこういうふうにした一つの原因になったと思っている。

…

時事新報を発行した福沢諭吉氏は、日本の新聞事業の先覚者であるが……池田成彬氏がアメリカから帰ってきて、一時、時事新報の論説を執筆していたとき、朝鮮問題について論説を書いて、福沢さんに出した。それは非常な強硬外交論だった。そのとき福沢さんが、それを見て池田さんを非常に叱った。お前はこんな強硬なことを書いているが、もしお前が外務大臣だったら、お前が言うようにやれるか、と言って、やれないことを新聞記事というものは書くべきじゃない……自分が局に当たったらやれるかやれないか、やれないことを要求することはいけないというその心がけ。これは普通の記事にしても、その気持ちがあるなら、それが当局者だったらどうかということをちょっと考えると、同じニュースであっても取り扱いが、よほど違うのではなかろうかと思う。

（『新聞協会報』1952年2月14・18・21日号）

第三章

ワシントン体制

湛山の論説──⓭（社説、1920年1月24日号）

「日米衝突の危険」

日米両国だけに限って見れば、米国は、日本にとって生糸、羽二重《はぶたえ》、雑貨の大きな輸出先であり、日本は、米国の綿花、鉄などの輸入国であり、両国は強い利害の紐で結ばれている。たとえ移民問題が紛糾して、友好関係に罅《ひび》が生じているとしても、ために武力衝突も辞さずとは思われていない。しかし、ひとたび、日米両国の間に、中華民国を入れて見てみると、日米関係はまったく違った色彩を帯びてくる。

欧州列強は、第一次大戦により疲弊しきっている。どのような事情があっても、当分、戦争をする気はない。しかし、強国を自認する国のうち、戦争をする余力を持つ国が二つある。米国と日本である。しかも、この両国は現在、資本主義経済の絶頂期にあり、特に両国の政治を支配する資本家階級は、経済上の幸運に恵まれ、隆盛を謳歌している。この戦争をする余力を持て余している両国民は、互いに驕りを持ち、資本主義全盛の波に乗って、外に向かって帝国主義的発展をさかんに試みつつある。そして、両国のその活動が中国大陸という一つの舞台でかちあって、衝突し、火花を散らしつつある。これが、中国を介して見た時の、日米関係の現状であろう。であるとすれば、ひとたび誤って日中間に紛争の火が点けば、その火はただちに米国に延焼することは疑い得ない。

では、日中関係はどうかと顧みれば、これは決して平安ではない。少なくとも中国国民の心情には、日本への憎悪がみなぎっている、燃えさかっている。日本を殴りつけたいという感情が渦を巻いている。もし、力さえあれば、中国はいつでも日本との開戦を躊躇しないであろう。

パリ講和会議の席で、中国代表が、山東問題の日中協約は破棄するとして日本を攻撃したときの態度や手法は、それが人類永久の平和を構築しようとする講和会議の席上のことでなかったならば、国交断絶の宣言としか考えられない。

…

そこに米国が介入してくる。日本と同じように、中国大陸に経済的な帝国主義的野心を抱いて、長年つけ入る隙をうかがっていた米国が、中国のこの統一運動の支持者として、援助者となって、介入してくる。なぜなら、米国にとって、日本排斥の形をとった中華民国の運動を助け日本を叩くことほど、米国の中国における経済的発展に好都合なことはないからである。すでに米国は、そのために頻りに中国に介入している。もし、ひとたび、日中間に戦いの火蓋が切られたときには、米国は、日本は第二のドイツであるとして、人類の平和を攪乱する極東の軍国主義を打倒しなければならないと公言し、日本討伐軍を送り込んでくるであろう。

戦前、日本と米国はなぜ、あのように最後は戦争に向かわなければならなかったのか。移民問題、建艦競争、極東の勢力圏、イデオロギー……そうしたさまざまな要因のうち、決定的な要因が、中国をめぐる理念と利害と感情の葛藤であり、日米は最後までそれを調整することができなかった。

湛山は、その危うさと怖ろしさを的確に見抜いた。

「ひとたび、日米両国の間に、中華民国を入れて見てみると、日米関係はまったく違った色彩を帯びてくる」。

日米とも、驀進中の台頭国である。双方とも第一次世界大戦に参戦したものの、「戦争をする余力を持て余している両国民」国民は、帝国主義的気分をムンムンさせている。そして、両国は、中国という舞台で、衝突し、火花を散らしつつある。米国は、中国の保護者のような形で臨んでおり、共和制になった中国を支援しつつある。最悪のシナリオは、日中間で軍事衝突が起こるケースである。そうなれば、その火はただちに米国に「延焼」する。そうなった場合、米国は、「日本は第二のドイツであるとして、人類の平和を攪乱する極東の軍国主義を打倒しなければならないと公言し、日本討伐軍を送り込んでくるであろう」。

その後の日米関係の帰趨を顧みるとき、湛山のこの言葉は、予言者のそれに近い。

日本はどうすればよいのか。

中国で、日米が戦う以外、ないのか。それは運命づけられているのか。

そうではない、と湛山は言う。

「極東の問題を日米が満足するように解決することだ。言い換えれば、そもそも米国が極東に武力を延ばす必要を感じるに至った日本の極東独占政策を撤去することだ。そうすれば、米国は太平洋上に大軍力を備える必要はなく、日本もまた対抗する用意を整える必要がなくなる。少なくとも太平洋上においては軍備の撤廃が実現し、したがって日米の衝突は避けられる」(「軍備の意義を論じて日米の関係に及ぶ」、社説、1921年9月10日号)。

しかし、湛山の米国に対する見方も厳しい。

「日本と同じように、中国大陸に経済的な帝国主義的野心を抱いて、長年つけ入る隙をうかがっていた米国」が排日運動を利用して「日本を叩くことほど、米国の中国における経済的発展に好都合なことはない」と述べ、日本の経済的ライバルとしての米国を描いている。

当時の日本の支配層はなぜ、米国がこうまで中国の肩を持つのか、が解せなかった。

「門戸開放、機会均等」の原則は理解できる。しかし、米国は日本の移民には門戸を開放していない。偽善ではないか、と不信感が募ったし、憤りを覚えた。

いや、米中が裏で結託しているのではないかと疑い、怨み、ある種の疎外感を抱いた。

そうした疎外感は、後に日中戦争に突入すると国民の中にも浸透し、一層、ささくれだっていった。

歌人の斎藤茂吉（1）に次のような歌がある。

宋美齢（2）夫人よ汝が閨房の手管と国際の大事とを混同するな

蒋介石夫人、宋美齢はその美貌と南部訛りの完璧な英語と才覚でルーズベルト大統領に取り入り、米国民をたぶらかし、米中反日連携を仕掛けている、ちょうど蒋介石を色仕掛けで籠絡したように……。

戦後、ある女流歌人は、この歌を「何としても正視できない歌」であると酷評したが、宋美齢の〝手管〟に対する猟奇的羨望を交えた反発は、その後、宋美齢が1943年2月、米下院で演説した際にも日本の中に現れた（加藤淑子『斎藤茂吉の十五年戦争』274頁）。

彼女は、この演説で、中国は日中戦争以降、日本の「サディスティックな猛威」の餌食となり、どこの国の援助もなくまったく単独でそれと5年半も戦ってきたと訴えた。「日本人は妥協ということを知らない国民（intransigent people）なのです」と述べ、日本を徹底的に敗北させる以外道はないと強調し、米国民に一層の対中支援を求めた。

彼女は魅惑的だった。黒地に金のサテンのチャイナ・ドレスの胸のところには中国空軍のバッジをつけた。演説中、何度も拍手喝采が起こった。

宋美齢は、フランクリン・ルーズベルト大統領の賓客としてホワイトハウスに泊まった。ハリウッドでは、銀幕のスターたちが次々と抗日戦争の義捐金拠出を申し出た。

(1) 斎藤茂吉(1882~1953)。歌人、精神科医。伊藤左千夫の門下でアララギ派の中心人物。歌集『赤光』など。

(2) 宋美齢(1901~2003)。中華民国の国家元首蒋介石の夫人。米国留学を経て1927年蒋介石と結婚。宋三姉妹(宋靄齢、宋慶齢、宋美齢)の一人。

湛山の論説――⑭

「一切を棄つるの覚悟」

（社説、1921年7月23日号）

尾崎行雄氏ら一部少数の識者を除き、わが国の与野党政治家には振り向きもされなかった軍備縮小会議の開催を、ついに米国が提案した。太平洋および極東問題も、この会議の議題とするという。政府も国民も愕然として困惑し、なすところを知らざる、の様子である。私の予測が的中した。

…

わが国のすべての禍根は、小欲に囚われていることだ。志の小さいことだ。私は、今日の世界情勢の中で、日本にだけ欲を持つなと注文をしているわけではない。右の類を打たれたら、左の頬を差し出せ、とまでは言わない。表面的にしか物事を見ることのできない古来の批評家によって、無欲を説いたと誤解されてきた多くの大思想家たちも、決して無欲を説いたわけではない。彼らは、ただ大欲を説いたのである。大欲を満たすために、小欲を棄てよと教えたのである。だからこそ、「仏者の『空』は『無』に非ず、無量の性功徳を円満具足するの相を指すなり」と言われるのだ。

しかし、わが国民にはその大欲がない。朝鮮や、台湾、中国、満州、シベリア、樺太などの、少しばかりの土地や財産に目を奪われて、その防備や割取にあくせくしている。したがって、積極的に、全世界に目を向けて戦略を立てる余裕がない。将棋でたとえれば、王将より飛車を大切にするヘボ将棋だ。結果は、せっかく逃げ回った飛車も取られて、王将も雪隠詰《せっちん》めにあう。いわゆる太平洋および極東会議は、まさにこの状況にわが国が陥ろうとする形勢を現したものである。

…

たとえば、満州を棄てる、山東を棄てる。その他、中国がわが国から蒙っていると感じている一切の圧迫を棄てる。その結果はどうなるか。また、たとえば朝鮮に、台湾に自由を与える。その結果はどうなるか。英国にせよ米国にせよ、大変な苦境に陥るだろう。なぜなら、日本だけがそのような自由主義の対外政策を実行すれば、両国とも、世界の規範たる地位を保つことができなくなるからである。その時には、中国をはじめ、世界の弱小諸国は一斉にわが国を信頼し、謝意を表すであろう。

…

わが国がこのような覚悟を持って会議に臨めば、英米は、少し待ってほしいと、わが国に懇願するであろう。ここに、「身を棄ててこそ」の面白味がある。遅きに失したといえども、今すぐにこの覚悟を決めれば、わが国は救われる。しかも、それが、(わが国が救われるための)唯一の道である。そして、この唯一の道は、わが国を救うと同時に、わが国の国際的地位を、これまでの守勢から攻勢に転じさせてくれる道でもある。

湛山は、この論文の中で、「小欲」を斥け、「大欲」のススメを説いている。大陸にいかばかりの利権を確保し、それを後生大事に囲い、ひたすらそれを耕していきたいという日本の欲は、農村社会的な小欲に過ぎない。

そんな「小欲」にこだわっているようではこの国は伸びない。世界に飛び出せ、資産にしても技術にしても人材にしても、世界のいちばんいいものを買え、自由経済システムが広がりつつあるのだから、資本がいちばんモノを言う時代になったのだ。土地で所有するのではなく、資本で所有すればいい。「資本は牡丹餅で、土地は重箱」と心得よ。「入れる牡丹餅がなくて、重箱だけを集めるのは愚かだ。牡丹餅さえたくさんにできれば、重箱は、隣家から、喜んで貸してくれよう。そして、その資本を豊富にする道は、ただ平和主義によって、国民の全力を学問技術の研究と産業の進歩とに注ぐことだ。兵営のかわりに学校を建て、軍艦の代わりに工場を設けることだ」(「大日本主義の幻想」社説、1921年8月13日号)。

湛山の「小日本主義」は、戦争で勝ち得た権益や植民地を棄てても、資本を蓄積し、人材を育て、平和を構築すれば、日本は4つの島で十分にやっていけるという考え方だった。

この「小日本主義」の思想はもともとは、19世紀半ば、英国のマンチェスターの製造業者から生まれた「小英国主義」をヒントにしている。

彼らは、英国の植民地であるカナダがマンチェスターの綿製品に対する輸入関税を引き上げ、締め出そうとしていることに強く反発した。

〈英国の製品を排除する植民地になぜ、国民の税金をつぎ込まなければならないのか〉

〈それに、貴族階級の子息へのさまざまな特権をなぜいつまでも許しておくのか。そんなカネがあるのなら、マンチェスターの製造業者に対する税制優遇措置を施すべきではないか〉

自由放任経済論と反帝国主義を結びつける思想は、もともとはアダム・スミスに源流を持つが、それを発展させたのはジョン・スチュアート・ミルである。

マンチェスター学派は、この理論を発展させ、「本国の過剰人口のはけ口としての植民地の現実的価値」を否定することにより、小英国主義を確立したとされる（増田弘『石橋湛山――リベラリストの真髄』63頁）。

政治指導者では、自由党のウィリアム・グラッドストーン[3]がこの立場を標榜した。自由貿易には賛成、しかし、英帝国の領土拡張主義と植民地主義には反対の立場である。

湛山も、自由貿易には賛成だが、日本の帝国主義と植民地主義には反対の立場をとった。

（3）ウィリアム・グラッドストーン（１８０９～１８９８）。イギリスの政治家。自由党党首として4度にわたり首相を務め、多くの自由主義的改革を実行。

湛山にとって、この年の夏の米国主導のワシントン会議開催は、いわば再チャレンジであった。

ベルサイユでのパリ講和会議で、日本の外交は「道徳的側面」で敗北した、と湛山は大いなる失望を隠さなかった。

それでも国際連盟が誕生し、「旧外交」の盟主である英国から「新外交」の旗手である米国へとパワー・シフトが起こりつつある。

その米国が主導するワシントン会議において日本はもう一度、弱小国を代表し、世界改造のイニシアティブをとるべきであり、それに向けて日中は提携するべきだと説いた。

「私は、パリ会議開催の際、わが国は宜しく外政上の伝統をなげうって、歴史上の一切の行きがかりも捨て、弱小国、すなわち虐げられている有色人種を代表して、その解放の旗印をかざしてこの世界改造の大会議に臨むべき、と勧めた。しかしわが当局にはその覚悟はなく、ついには中国に恩を仇で返されるという悲劇を引き起した。当時私は千秋一会の大機を、このように逃してしまったと、地団駄を踏んで痛嘆したのであった。にもかかわらず、天はなおわが国を棄てず、今回の太平洋会議は、再びわが国に大悔悟の機会を与えてくれた。しかしもしこの機会を失えば、恐らく三度はないだろう」(「支那と提携して太平洋会議に臨むべし」社説、1921年7月30日号)。

湛山の論説――⑮

「大日本主義の幻想」

（社説、1921年7月30日・8月6日・13日号）

朝鮮台湾樺太も棄てる覚悟をせよ。中国や、シベリアに対する干渉は、もちろんやめよ。これこそ、対太平洋会議対策の基本である――という、前号に掲載した私の主張に反対する者は、その理由として次の二点を指摘するだろうと思う。

（一）わが国はこれらの地域をしっかりと抑えておかねば、経済的、国防的に自立できない。少なくも、それを脅かされる恐れがある。

（二）列強国はいずれも海外に広大な植民地を持っている。さもなければ、米国のように自らの領土が広大である。にもかかわらず、列強は広大で資源豊富な土地に障壁を設けて、他国民が入ることを許さない。その状況下で、日本にだけ海外の領土や勢力範囲を棄てよというのは、不公平である。

私は、この二つの反論に対し、次のように応える。第一の反論は幻想である。第二は小欲に囚われ、大欲を遂げる方法を知らないものの主張である。

…

私の主張に反論する論者は、朝鮮台湾樺太などの地域をわが国の領土とするか、勢力範囲としておくことが、国防上必要だと言うが、それは間違いである。本当は、これらの地域を領土や勢力範囲にしておくために、国防が必要になるのである。これらは軍備を必要とする原因であって、軍備の必要から起こった結果ではない。であるのに、多くの人々がこの原因と結果を取り違えて、台湾、中国、朝鮮、シベリア、樺太はわが国の国防の防波堤である、と言う。その防波堤こそが、最も危険な燃え草であることが、なぜわからないのか。

…

私がわが国に、大日本主義を棄てよと主張するのは、決して小日本の国土に縮こまって、世界に遠慮しながら生きよ、という意味ではない。そうではなくて、わが日本国民が世界をわが国土として活躍するためには、大日本主義を棄てなくてはならないと言っているのである。それは、決して国土は小さいままでよいという主張ではなく、日本の活躍の場を世界大に広げるための策である。

…

わが国は、人道のためなどという立派なことではなく、単に自国の利益のために、海外領土はすべて解放し、諸民族に自由を与える政策で、列強国の急先鋒となるのが得策である。

…

朝鮮、台湾、樺太、満州などの僅かばかりの土地を放棄することで、より広大な中国の全土を私たちの友として、さらに進んで東洋の全体を、さらには、世界の弱小国全体をわが国の道徳的支持者とすることができれば、どれほどの利益であるか知れない。もし、それを実現させてなお、米国が横暴であり、あるいは英国が驕慢であって、東洋の諸民族や世界の弱小国を虐げるようなことがあれば、その時こそ、わが国は是非とも虐げられた国々の盟主となって、英米を征伐し、懲らしめればよい。

「朝鮮台湾樺太も棄てる覚悟をせよ。中国や、シベリアに対する干渉は、もちろんやめよ」。湛山、よく言った。よくぞ、言い切った。

明確、鮮明で、かつ力強い。

心の中にわだかまるカタルシスを清々と浄化してくれる文章である。

恐らくはそれゆえに、この文章は、湛山を湛山たらしめた不朽の一文となった。

脱植民地の小日本主義は全世界的な軍縮の予定調和ともいうべき平和構想を思い描いていた。その理念はウィルソン主義（「民族自決」「平和主義」「公開外交」）とそれに基づく「新外交」に象徴される時代の潮流をしっかりと踏まえていた。植民地が20世紀には死滅したことを思えば、湛山のこの構想は時代を2つも3つも先取りしていたことは間違いない。

それは単なる夢物語ではない。それは戦略ビジョンだった。時代の流れと国際環境の変化によりよく適応し、長期的な国益を追求するための戦略構想にほかならなかった。

実際その後、若槻礼次郎内閣の時、駐華臨時代理公使を務めていた重光葵は、租界の一部を中国へ返還し、日本が不平等条約撤廃を率先して行うことを幣原喜重郎外相に提案した。重光は「中国本土に対する譲歩によって、満州問題の解決を図り、さらには日中の衝突を未然に防ぐ」対中政策を構想していたのである。しかし、幣原はそれを採用しなかった。幣原は、日本の一国主義的な対中譲歩が対英米協調を崩すことを恐れたのである。重光は後に「幣原外交は、外交上の正道を歩む誤りのないものであったことは疑う余地はなかったが、その弱点は、満州事変のような日本の死活問題について、国民の納得する解決案を持たないことであった」と振り返っている。それが「悲劇の序幕であり、日本自由主義破綻の一大原因であった」とするのである（重光葵『昭和の動乱　上』、58〜59頁）。

話が満州事変後まで飛んでしまったが、1920年代に戻すと、湛山のビジョンは、圧倒的少数派でしかなかった。大隈内閣の外相として対華二十一カ条要求を突きつけた加藤高明憲政会総裁は、「世上には中国において有する特権をことごとく還付すべきという淡泊な人もいるが、そんなことをしては、日本は何のために中国と戦い、何のためにロシアと戦ったのか」と演説し、放棄論を一蹴している。

湛山は後に『湛山回想』でその頃の時代風潮に関して、次のように述べている。

「もっとも熱心な軍縮論者尾崎氏でさえも、壮丁百万の血をそそぎ、20億の国費を費やした満州を、今日放棄するというごときことは祖先に対して申し訳ないという主張であった」。

同じ回想の中で、湛山は、一切の植民地を棄てよとの主張は「空論であったかもしれないが、しかしもし、当時こういう考えに日本がなっていたら、果たしてそれは日本の不幸であったろうか」と問いかける。

「この主張は非実行的に聞こえるかもしれない。しかし事実は決してそうではない。戦争が起こる源を絶たないで、単に軍備という末を制限すべきだと主張するのは、あたかも病原菌を根絶せずに疾病を治せと説くに等しい。これほどの非実行的な主張があろうか。ひとたび戦争の起こる源を絶てば、もはや軍備は制限の必要はなく、ただ撤廃あるのみである。私の主張はこの簡単な実際的考慮に基づいている」（『湛山回想』160〜161頁）。

湛山の「小日本主義」のビジョンは、戦後の軽武装国家路線が定着する中で、再発見されることになる。戦後の自由・無差別・多角的なGATT貿易システムとドルの基軸通貨を中核とするブレトン・ウッズ体制が生まれて初めて、「小日本主義」が根付くスペースが生まれた。そして、日米同盟があってこそ、そのスペースを維持し、発展させることができたのである。

ただ、おそらく湛山の時代、「小日本主義」を実現する国際的なスペースはなかっただろう。「空論であったかもしれない」と湛山が言うように、その戦略ビジョンはビジョンに終わっただろう。幣原外交という「中日本主義」でさえ、世界恐慌とブロック経済化によってその息づくスペースは閉ざされたのが世界の権力政治の苛酷な現実だった。

湛山の論説――⑯

（社説、1921年12月3日号）

「海軍七割主張無根拠」

日本の海軍は、米国の海軍に比して七割の主戦艦を保有しなければならない。この説は、ワシントン会議におけるわが国全権の主張と、新聞紙上を賑わせている海軍情報の宣伝記事によって、今やほとんどわが国の国論のようになりつつある。

しかしながら、この説は、果たして本当に根拠あるものなのか。私は前号の「小評論」で、わが国の全権が、仮に七割論を主張するにしても、なぜ米国の軍艦をさらに削減する方向で交渉しなかったのか、なぜわが国の軍艦を増やすという、軍備縮小の根本趣旨に反する行動に出たかを非難した。しかも、この七割説には、私の見るところでは、何ら確かな根拠はないのである。

…

海洋で日米両海軍が交戦となれば、日本は、米国の海軍十に対し、矢張り十の勢力が無ければ勝利の公算はない。ただ、太平洋上の米国海軍の根拠地がどうなるかで、形勢が異なる可能性はある。しかし、その問題については、ワシントン会議の議題とはなっていない。七割論者は、何の根拠があって、あえて七割でよしとするのか。主戦艦が1隻でも多ければ、それだけ米国に対して分が良くなるという以外、何の根拠もないのである。

私はあえて主張する。日本は仮に七割の海軍力を持ったとしても、絶対に米国と戦うことはできない。それどころか、米国と同等の海軍力を保持したとしても不可能である。そうであるならば、何を苦労して一割の差を争ってワシントン会議を停滞させ、わが国の国際的地位を危うくする必要があるのか。

わが国が今、唯一選択できる道は、絶対に米国と戦わず、もちろん、他の国とも戦わないという方針である。未熟なわが国の一般国民は、軍備さえあれば、兵隊の備えさえあれば戦争ができると思っている。一般国民は、軍艦を動かす石油がどこから来るのか、また、戦争が長期化した場合、軍艦や兵器を補充する工業力がわが国には備わっていないことを知らないのである。最終的に戦争を遂行する目的を抱くことになるにせよ、わが国はまず隠忍自重して、工業力を育てることが必要である。また、燃料やその他の原料をどのように確保するかについての研究が必要である。戦争は目的ではなく、ただ国民の福利を保護するためのやむを得ない手段であることを考えるとき、そして、米国が少なくとも今後十年間は戦争をしない決意をして、すでに軍備縮小を提案し、さらに何らかの国際的機関の設立を提案しようと計画しつつある今、わが国のみが、何の必要があって頻りに戦争準備に焦っているのであろうか。（焦っていないとしても）少なくとも、焦っているように振舞うのであろうか。政府と国民が反省し、考え直すことを切に願う。

ワシントン会議は、1921年11月12日、ワシントン市内の「DAR（独立戦争の娘たち）ホール」で開かれた。このホールは現在は、コンチネンタル・メモリアルホールと名前を変えている。ホワイトハウスから17丁目通りを3、4分歩いたところである。

日米英仏伊のほか中国など計9カ国が参加し、太平洋、海軍、中国の3つの主題に関して、同年11月から翌年2月まで交渉が行われた。

その結果、太平洋についての権利を相互に尊重する4カ国条約、海軍軍備制限を決めた5カ国条約、中国の主権尊重、門戸開放、機会均等を定めた9カ国条約など5条約と13決議を採択した。

開催直後に、ヒューズ[4]米国務長官は海軍軍縮制限について「爆弾提案」を行った。建艦を10年間禁止して、米、英、日の主力艦保有量を5：5：3にするという案である。交渉の結果、1922年2月、日本、米国、英国、フランス、イタリアは、海軍軍備制限の5カ国条約に調印した。

日本国内には5：5：3ではなく10：10：7をあくまで主張する加藤寛治軍令部次長のような強硬派もいたが、加藤友三郎はそれらを押さえ込んだ。ただ、加藤はその見返りとして、5カ国条約の第19条に米国、英国、日本が太平洋島嶼に要塞や海軍根拠地を建設しないとの合意を取り付けた。

当初、米政府がワシントン会議を提案してきたとき、日本側の反応は冷ややかだった。政府も軍部もメディアも、日本がパリ平和会議でひどい目にあったとの苦い思い出があった。米国が会議では日中両国を公正に扱うとの言質を入れたこともあり、重い腰を上げたのが実情だった。

ただ、原敬首相や原が全権首席を委ねた加藤友三郎海相ら政権中枢の現実主義者たちは、この会議を渡りに船ととらえていた。

なぜなら、日米間の太平洋をめぐる海軍覇権競争と建艦競争がこのまま続けば、日本の財政が持たなくなるからである。ただ、それを日本側から言い出すわけにはいかない。だいいち軍部がそんなことを許すわけがない。この年の7月、日本海軍は88艦隊の海軍拡張計画を打ち出したばかりである。

加藤友三郎のホンネは、東京の井出謙治海軍次官に送った伝言に端的に示されている。

「平たく言えば、金がなければ戦争はできないということだ」。

1917年からの5年間の平均値で、日本の軍事費は全歳出の44%に上っていた。対GDP

(4) チャールズ・エヴァンズ・ヒューズ(1862~1948)。アメリカの政治家。弁護士、コーネル大学ロースクール教授を経て、ニューヨーク州知事、国務長官、最高裁判所長官などを歴任。

比約8％。米国の23％、2％に比べて、日本の軍事費の財政圧迫の度合いは高かった（井上寿一『第一次世界大戦と日本』71頁）。

誰もが、総力戦という言葉を使うようになったが、その本質を理解している軍人は少なかった。

湛山は嘆いた。

「軍備さえあれば、兵隊の備えさえあれば戦争ができると思っている」。

「武力だけで勝てるものではない。不可欠の条件は、背後に強大なる財力があることである。その財力を養うためには、わが国は今軍備の拡張などをしていられない。一切の人力資力を産業につぎ込んでも、なお財的に米国と対抗できるようになるのは、容易ではない」（「米国は不遜日本は卑屈」社説、1924年4月26日号）

総力戦体制に不可欠な重工業生産能力の拡大は軍備の大幅削減による経済への投資が必要だったし、原材料をも含む日中経済圏は中国の政治状況と日中関係によって不透明のままだった。日本に米、英、中を相手に総力戦を戦う能力はなかったし、短期決戦で戦争目的を達成できる時代は過ぎ去っていた。

湛山は、軍備全廃を望んでいたが、それでもワシントン会議の海軍軍縮協定を高く評価した。後に『湛山回想』で次のように記している。

「建艦競争を、それ以降15年にわたって防止した功績は偉大であった。ことに日本においては、1923（大正12）年に関東大震火災が起こった。もし1921（大正10）年のワシントン条約がなく、無制限の建艦競争を続けていたら、わが国はさんさんたる窮状に陥ったであろう。ワシントン会議は日本にとってまさに救いの神であった」(『湛山回想』162〜163頁)。

湛山の論説――⑰（社説、1923年2月24日号）

「外交立て直しの根本観念」

今般、世上に外交刷新あるいは立て直しの声が反響しつつある。その要旨は、従来の追従的で他動的な姿勢を一新して、自主的で発唱的なそれに改めなければならない、ということであるらしい。

…

いわゆる外交刷新論なるものの本旨は、要するに対中外交強硬論にほかならない。ワシントン会議において、海軍力の制限が協定され、世界的には人道主義と平和論が高まっているが、英国はもちろんのこと、米国も欧州や欧州近隣の問題に忙殺され、極東、特に中国問題に目を向ける暇はないようである。一方、中国では、各地で紛争が繰り返され、とどまるところを知らぬ様相である。

そこで、対中外交強硬論者たちが、持ち前を発揮して考えていることは、次のようなことだ。中国と握手したくても、中国には握るべき手がない。その手はいつになったら出てくるのかわからない。そうである以上、わが国は従来の方針に則って、満州を基礎にして対中経営を拡張発展させるのが最善の策である。そして、それこそが、極東の先進国たるわが国に認められた使命である……。こうした主張は、言うまでもなく従来通りの帝国主義的領土拡張論である。

…

日英同盟の終焉を、はっきりと理解しなければならない。その理解には一点の曇りもあってはならない。なぜなら、日英同盟の終焉をわが国の側から見れば、国際政局の根本的変化を具体的に示した代表的な事実に他ならないからである。私はこの事実から次の二点を結論できる。①国際政局の中心勢力は英国から米国に移ったこと、②中国を舞台とする国際外交は、日英の分離以後、中心勢力を失ったこと——。であるとすれば、これはきわめて重大な変化である。この国際政局の変化をどう理解し、どのように善処するかが、外交立て直しの根本にほかならない。

…

ひょっとすれば、満州の開放問題も起こるであろう。朝鮮・台湾の自治または独立問題も沸騰して来るであろう。……私は中国を舞台とする日米の関係の前途は、きわめて多難であると考える。

…

この重大な変局に対応して、わが国の孤立を真に名誉と栄光のあるものとする道は、幸いにもわが国が、世界の被征服民族、弱小民族、広く言えば有色人種の諸国の中にあって、唯一の先進国である地位を利用して、有色人種の国々を白人の国の統治または圧迫から解放する運動の旗手となる他にない。まずは、中国国民と手を握ることだ。中国国民の心からの信頼を得ることだ。その為ならば、わが国が中国に有する利権など、すべて譲っても惜しくはない。また、一日も早く、ソビエト連邦と手を握るべきだ。私は、幸いにもわが国が（日英同盟の消滅により）ようやく英国の走狗から免れたことを深く喜んでいる。同時に、米国は恐らくわが国をその走狗にさえしないであろうと思う。対中強硬論者は米国との戦争を覚悟しているのだろうか。

日英同盟(5)は1911年に改定された。

その際、その年限を10年と決めたが、ロシアが日露戦争で敗れ、代わりに標的となったドイツも第一次世界大戦で敗れたため、主たる脅威対象が消滅した。

国際連盟が誕生すると、日英両国は、連盟規約が同盟条約に優先する旨をともに通告した。

「同盟漂流」が始まっていた。

しかし、米国は日本が日英同盟を拡張主義の〝隠れ蓑〟に使っていると見て、その更新に神経を尖らせていた。英国も全神経をそばだたせて、日米関係を注視していた。英国は日米対立に巻き込まれることを恐れていた（五百旗頭真編『日米関係史』90頁）。

大英連邦では、オーストラリアとニュージーランドが、日本の侵略を抑止するために日本を日英同盟の枠内にとどめることを主張したのに対して、カナダと南アフリカはそれを英米協調の障害と見なし、廃止を求めた。

英国支配層の意見は割れたが、英連邦会議でカナダ首相が日英同盟更新に反対を表明するとともに新たな平和をつくるための太平洋会議を提唱した。それに米国が飛びつき、ワシントン会議を召集したいきさつがある。

ワシントン会議への日本の参加を決めた原敬首相は、日英同盟が継続できるのであれば、それに連結する形で日米協商を結びたいと考えていた。

原は1908年から09年にかけて米国を訪れた。その時、米国の桁違いの産業力に深い印象を受けた。

原は日記に記した。「米国は経済不況というが、全国で経済活動が行われている。将来恐れるべきはこの国だ」（佐道明広・小宮一夫・服部龍二編『人物で読む近代日本外交史』238頁）。

しかし、1921年11月、原は暗殺され、原の死によって、日米英協調ビジョンも消え去った。その翌月の12月、4カ国条約が調印された。その第4条には日英同盟の廃棄が明文化された

（5）日英同盟。1902年に日本と英国の間で締結された軍事同盟。アジアにおけるロシアの膨張に備えることを共同の目的とした。

（１９２３年8月、４カ国条約の発効とともに日英同盟は廃棄された）。

湛山のビジョンは原とは異なった。

湛山は、「私は、幸いにもわが国が（日英同盟の消滅により）ようやく英国の走狗から免れたことを深く喜んでいる」と言うとともに、日本は英国の「極東の番犬」から脱却し、日米協力して極東の「最大障碍」である英国勢力を排除すべきであると論じた。

湛山によれば、米国が要求する「極東の経済的解放」によって最大の脅威を受けるのは、日本ではなく英国である。日本はただ満蒙の利益を失うだけだが、英国は勢力範囲下に置いている中国全土の大半での特権的地位を失う。

「この障碍が除かれることは、日本にとっても決して損失ではなく、利益である。このように考えれば、日米の利害は実は一致するのが本筋で、衝突するのは間違いだ」。

湛山は論文を次のように締めくくった。

「極東開放政策をとって、米国と手を握れ。……太平洋は、かくて初めて、永遠に太平なるを得よう」（「軍備の意義を論じて日米の関係に及ぶ」社説、１９２１年9月10日号）。

湛山が期待した日米による中国安定策は、生まれなかった。

１９２０年代を通じて、中国は一段と混迷の度合いを強めていく。蔣介石率いる国民革命軍が北伐を開始、漢口や九江の外国租界での実力行使に及んだ。日本の財界、なかでも関西財界は在華権益への危機感を強め、「日英同盟復活論」が唱えられるようになった（細谷千博『両大戦間の日本外交』91頁）。

しかし、日英同盟の復活はなかった。

国際連盟の事務次長を務めた新渡戸稲造は、晩年、日英同盟の解消を悔やんだ。新渡戸はウィルソン主義を信奉し、日英同盟廃止論を主張した。しかし、新渡戸のような日本の国際主義者たちは、国際連盟とワシントン条約の「新秩序の理念」にあまりに多くを望み、日英同盟のような「旧秩序の残滓」を弾劾するのに余りに急だった。そのため、新秩序が崩壊すると、行き場を失った（Thomas W. Burkman, "The Geneva Spirit," p.202）。

湛山の論説――18（社説、1924年4月26日号）

「米国は不遜日本は卑屈」

米国の上院が、わが国の埴原大使の書簡中にある一、二の文句にこだわって、にわかに排日的移民法を可決したというのが事実ならば、大人気ないことである。

特派員電によれば、リード氏は「埴原大使の抗議によって、上院は『重大なる結果』(grave consequences) という文言にとらわれ、他国の命令のままに行動するかどうかを決定する重荷を負わされた。そのため、私もまた排日条項に賛成せざるを得なかったことは誠に遺憾である。排日条項のために、数十年来、円滑に行われてきた外交も夢となり、4国協定の成果も水泡に帰し、日本の震災以来の友交関係はほとんど破られることになるだろう」と述べたそうだが、一大使の一書簡は、しかも、その中の「重大なる結果」という唯一言が、「数十年来、円滑に行われてきた外交」や「4国協定の成果」、「震災当時以来の友交関係」を、何の躊躇もなく破り棄ててしまうほど重大なものであろうか。

……しかし、同時にわが国の態度に対してもまた、私は非常に不満を感じる。その理由はほかでもなく、わが国の主張が、米国のそれに劣らず、非常に利己的であることである。

……仮に今回、わが国の希望が聞き入れられ、帰化不能移民排斥条項が削られたとしても、埴原大使が言う「差別的規定」は、依然として日本人以外のアジア人には残るのである。在米朝鮮人委員は陳述書を発して、「われわれは日本移民排斥法案を承認する。なぜなら米国は同法によってすべてのアジア人を同じ地位に置き、従来のように日本のみに有利な条件を許さないことにしたからである」と言ったそうだが、このような所感は、他のアジア人も同じように抱いていると思われる。日本に悪意を抱く朝鮮人の陳述だからといって看過してはならない。四隣の同胞はみな米国から排斥されつつあるのに、日本だけが、それも、かろうじて紳士協約で、かすかな面目を維持したところで何になろう。

……中国人はどうなっても、朝鮮人はどうなっても、日本人さえ、白人の間に同等の待遇を得られれば満足であるとする心は利己的であり、卑屈である。世界から尊敬を受けられる態度ではない。

……もし、わが国の国民が米国を懲らしめてやりたいと思うならば、まずその準備として、軍備を大幅に縮小せよと、私は勧告する。逆説的ではあるが、そのようにしてわが国が丸腰になって産業の発展に努力し、東洋の諸国民と手を携えて文明の発達を図るならば、今日、国民が不満を持っていることは、戦争に訴えなくても解決するであろう。

湛山は、日米が移民問題でもめるのは「つまらぬこと」だと断じた。

この問題がこうまで日本で熱を帯びるのは、日本では、対米移民の扱いが、日本が真に「一等国」として遇されているのかどうかのリトマス試験紙と受け止められているからである。だから、政府も、米国内の排日移民運動をただ座視するわけにはいかない。

1924年は大統領選挙の年だった。米連邦議会は、失効目前に迫った現行移民法に代わる恒久的な移民法の審議に入っていた。日本人移民を遮断するため、カリフォルニアの排日勢力は、連邦議会へのロビー活動を精力的に行っていた。

そうする中、同年4月14日、埴原正直[6]駐米日本大使がヒューズ国務長官に宛てた書簡の末尾にあった「重大なる結果」という字句が、突如、議会上院外交委員会でヤリ玉に挙がった。法案が通過すれば、「重大なる結果」をもたらしかねず、くれぐれも注意されたし、との趣旨だったが、これは恫喝だ、となって、その声を背に排日移民法は成立した。

共和党政権は油田疑獄で傷つき、大きく揺らいでいた。議会共和党指導部は、危機を乗り切るため、排日勢力の西部の議員の抱き込み作戦を図り、排日移民法を彼らへの餌として使ったのである（五百旗頭真編『日米関係史』98頁）。

このあまりにも政局的な議会の振る舞いが、米国の世界における指導力を損なったことは言うまでもない。それは「数十年来の円滑に行われたる外交」「4国協定の成果」「震災当時以来の友交関係」に計り知れない打撃を与えることになった。

湛山は、日本の過剰反応を恐れた。「今回の米国の態度から、あるいはわが国内に軍備拡張論の勃興を見るに至るのではないかという点である。『討てや懲らせや米国を』という思想の宣伝を行う者を生じはしないかということである」。

もう一つ、湛山が懸念したのが、排他的なアジア主義への傾斜だった。

湛山は、「対米反感の激昂　世界の平和脅かされん」（社説、1924年6月14日号）で、「思慮深いと思われていた日本人でも、今度のことにはかなり激しい言葉を発している」と記し、内村鑑三(7)と徳富蘇峰の「亜細亜連盟」論を紹介している。

この頃、「日本よ、亜細亜に帰れ」を唱え、一躍、時代の寵児となったのが『時事新報』の記者、伊藤正徳(8)だった。

（6）埴原正直（1876～1934）。外交官。外務事務次官、駐米大使、ワシントン会議全権委員などを歴任。

（7）内村鑑三（1861～1930）。キリスト教思想家、伝道者。札幌農学校卒業後、アメリカ留学、教員、新聞記者を経て伝道活動に。日露戦争下では非戦論を唱える。

（8）伊藤正徳（1889～1962）。ジャーナリスト、作家。時事新報社では海軍通の記者として名を挙げ、戦後は共同通信社初代理事長、日本新聞協会初代理事長などを歴任。主著『連合艦隊の最後』。

日本よ、汝は亜細亜にそむくこと余りに長きに過ぎた。然れども潔く帰れ。
亜細亜は故郷である。
日本の生命の源は此の天地以外には求め得ないのだ。
亜細亜に帰れ。

日本は、国際連盟体制とワシントン体制に十分に馴染めなかった。虎の子（大陸権益）を取り上げられないよう、個別の利害にこだわり、受け身の姿勢で臨んだ。全体の理念、規範、機構、人材にはほとんど関心を寄せなかったし、提案もしなかった。国際秩序はつねに誰かに、外から、押しつけられ、テストされるものと見なされた。こうした内向的受容の過程で沈潜した疎外感と被害者意識が、排日移民法によって露呈し、対米軍拡競争とアジアモンロー主義の情念を噴出させた。

しかし、こうした反動的なアジア主義がアジアで歓迎されることはない。

「もし不幸にしてこのような目的で東洋諸民族の一致提携が成り立つなら、その結果は東西洋の大衝突を予想するものであって、世界の平和は、いまだかつて経験したことのなき大脅威を感ずるであろう」（「対米反感の激昂　世界の平和脅かされん」社説、1924年6月14日号）。

だいいち、人種、移民、アジアに関する日本の関心はあまりにも身勝手で、独りよがりである。

「中国人はどうなっても、朝鮮人はどうなっても、日本人さえ、白人の間に同等の待遇を得られれば満足であるとする心は利己的であり、卑屈である。世界から尊敬を受けられる態度ではない」。

湛山は、アジアの連帯を信じたが、日本のアジア主義の虚妄を冷徹に見抜いていた。

湛山の論説――⑲

「ああ遂に対支出兵」

（時評、1927年6月4日）

田中首相兼外相は、とうとうその希望の通りに中国に出兵した。去る28日の外務省の声明によれば、出兵の理由は、中国の動乱が済南地方にまで波及した状況の中、南京漢口などで起こったような「不祥事件の再発を予防」し、同地方の「在留邦人の生命財産を保護する」ためと言うのである。一応もっともな理由に聞こえる。では、その済南地方にどれほどの在留邦人がいるのかといえば、外務省の声明によると「2000の多数」に上るという。なるほど、いかにも「多数」である。が、その2000の多数を保護するために、どのくらいの兵を送るのかといえば、これも外務省の声明で見ると「約2000」、陸軍の発表によると満州守備軍歩兵第33旅団の約2000人である。在留邦人1人につき、1人余の陸兵をつけようというのである。なんという手厚い保護であろうか。

…

振り返ってみると、わが国の対中外交は、大隈内閣の二十一カ条要求で完全に行き詰まった。当時の加藤外相は、後年になってさすがにその失敗を悟ったと見え、自身が首相となった加藤・憲政会内閣では幣原外相に厳命して、対中和親の方針をとらせた。若槻内閣もまたこの方針を踏襲した。そのために多少の犠牲も払った。が、大局的にはその外交は成功し、一時険悪であった中国国民の対日感情を柔らげることができた。

しかし、今や田中首相兼外相によって、和親の方針は投げ捨てられた。去る4月末の田中首相の登場により、心ある国民が等しく恐れたことがついに実現したのである。その結果はどうなるか。もし、田中首相が今回の方針でどこまでも進むならば、中国の動乱が続く限り、わが国の軍が撤退する時期はなく、また動乱が拡大する限り、さらに兵力を増強しなくてはならない。田中首相は以前、陸相としてシベリアに出兵し大失敗を招いたが、恐らくは今回の中国出兵も同じ轍を踏むことになるであろう。

しかし、問題はそれだけではない。政府は、そもそもどのような財源によってこの出兵を賄うのか。1927（昭和2）年度の予算のなかには、そのような費目はない。責任支出で賄うのであろうが、そのようなことが許されるであろうか。政友会は、以前、金融大恐慌の起こる危険のあった時にさえ、台銀救済のためには臨時議会を召集すべきだと主張した。それなのに、なぜ対中出兵には臨時議会を召集しないのか。

…

しかし、残念なことに、田中首相には到底そのような臨時議会を召集する勇気はないと推察する。そして、それだけに記者は、この出兵が国民に大災害をもたらすものであることを知るのである。

１９２７年５月、蒋介石率いる国民革命軍が山東半島に接近すると、田中内閣は在留邦人保護を理由に在旅順の陸軍兵力の２０００名を青島に派遣した。

いわゆる第一次山東出兵である。

国民革命軍とは国民党の軍隊のことである。背景に、蒋介石[9]の率いる国家統一のための北伐がある。

広東省を中心とする中国南部では、孫文[10]死去後、蒋介石が頭角を現し、国民革命軍総司令に就任。国民革命軍は１９２６年７月、国家統一に向けて北伐を開始した。

北伐軍は快進撃を続け、同年末から１９２７年初めにかけて揚子江流域の漢口と九江の英国租界を武力回収し、世界に衝撃を与えた。

当時、日本国内では、北伐を「労農露国（ソ連）の赤化運動」の影響とする受け止め方が一般的だったが、湛山はそれを「東洋の国際関係を根本的に変化すべき重大なる事件」と見なした。「たとえ、いかにロシアが宣伝煽動をしたとしても、中国の民衆がそこまで燃え上がる素地がなければ、どうしてこの根強い利権回収が起こり得よう。ロシアの共産主義は、あるいは中国南方の国民運動に多少の油をそそぐ役目は果たしたかも知れないが、火は、もともと燃えていた」。

その本質は中国の民族主義にある、と分析したのである。

すでに湛山は1923年に著した「支那はどうなる」（小評論、1923年6月23日号）で、彼らの革命運動と民族主義を「中国国民、中でもその若い人々の国民的自覚に根ざす運動」と肯定的に評価し、中国の国家統一は「ただこの勃興している国民的自覚を代表するに足る英雄によって進められる。……外国の力は、いかに巧妙に仕組まれたとしても、その代わりはなさない」と英雄待望論を説いている。翌1928年5月、日本軍は済南へ入城した国民革命軍と衝突した。

日本政府は、日本人居留民の保護以外には「何らの意図」は持たないし、南北両軍の軍事行動には干渉しない、と言明したが、湛山はそのような説明で中国人が納得するはずはない、と政府を批判した。

「中国においては、内外人を問わず武力を用うるものは、すべて反感を買い、公盗として、私盗より賤しまれ排斥せられる。この点を、わが国民は深く考えねばならない」（「無用なる対支出兵」社説、1928年5月5日号）。

湛山は即時撤兵を主張した。

（9）蒋介石（1887〜1975）。中華民国の政治家、軍人。孫文の後継者として中華民国の統一を果たして最高指導者に。中国共産党との内戦に敗れて1949年より台湾に移る。初代中華民国総統、中国国民党永久総裁。

（10）孫文（1866〜1925）。中国の政治家、革命家。初代中華民国臨時大総統、中国国民党総理。1911年辛亥革命を起こし、清朝を倒して中華民国を建国。中国の「国父」と呼ばれる。

「さしずめ、まずわが国は田中首相を済南に送り、岩倉旅団あたりの一兵卒にすることだね……田中さんが居なくたって、首相の代わりなどはいくらでもあって困る」（週刊寸評、1928年5月19日号）と辛口のコラムものしている。

結局、日本軍はさらに1万5000人の増援部隊派遣を迫られることになった。

第三次山東出兵である。

湛山はこの山東出兵について次のように論考している。

「時に戦争もやむを得ぬとしよう。しかしそれは、ただ国家存亡の大事の場合にのみ許さるべきだということは、恐らくどんな戦争好きでも承認せざるを得ないだろう。今度の山東出兵の事情を見て、これは果たして国家存亡の大事の場合ということができるだろうか」（「戦死者を思え」社説、1928年5月19日号）。

米国のイラク戦争を批判した際に、リチャード・ハース米外交評議会理事長が使った表現を借用すれば、第二次世界大戦のような国家存亡の戦いである「必須の戦争」（war by necessity）とそうではないイラク戦争のような「選択の戦争」（war by choice）の違いをわきまえよ、と説いたのである。

第三次山東出兵を前に、北伐軍は日本軍との戦闘を回避し、北京の張作霖政権打倒を最優先課題とした。

南北両軍の全面対決が必至の情勢となった。日本政府は、張作霖に対し根拠地東三省への帰還を要求した。しかし、張の帰途中の6月4日、張作霖爆殺事件が起こった。

湛山の論説――⑳（社説、1928年8月4日号）

「駄々ッ子支那」

どんなに中国に同情を寄せて考える人であっても、その政府が、突如として条約を破棄し、臨時弁法施行を声明して、またその政府のある者が対日開戦をさえ主張するような、軽薄な態度を見せられては、驚き呆れるほかはない。

中国が現行のような不平等待遇の条約に縛られるに至ったのは、外国の圧迫があったからであることに相違ないが、しかし、さらにその根本の原因は、中国国民自身の怠慢にある。内に充実した力があれば、いかに外国の圧迫があっても、不平等条約を強いられることはない。現に日本は中国よりはるかに遅れて世界の舞台に出で、その初めにおいては中国同様に列強から不平等条約を強いられた。しかし日本国民は臥薪嘗胆して力を養い、その不利な状況からすぐに脱出した。日本にできたことが、なぜ中国にはできなかったのか。それだけではない。中国は日本よりも早く世界と交渉があったのだから、日本よりも早く立派な独立国になっていなければならなかったのに、なぜ、今まで後れたのか。実を言えば、中国国民が、今さら、後進国日本に圧迫されて困っているなどとは、日本人なら恥ずかしくて言えないところである。

確かに、その原因は単純ではなかろう。が、記者はその最も根本的な原因として次の一つを挙げる。それは中国国民が、内に自ら実力を養うことをせずに、常に他に頼って得をしようとしていることである。たとえば駄々っ子が、自分に何の力もないが、駄々さえこねれば、両親や近親が一時ちやほやしてくれることに図に乗って、ますますやくざな駄々っ子になっていくようなものである。過去の歴史はしばらく置くとして、世界大戦以後の中国は明らかにそれであった。日本の対中発展をそねむ列強があることを利用して、中国はワシントンで、またその他の場面で、散々に駄々をこねた。

…

しかし、記者は、中国に対してこのように忠告するとともに、また列強に対しても反省を求める。中国を実力を養うことをしない駄々っ子にしたのは列強である。

…

列強の態度がどうであれ、わが国はわが国として確固たる方針を立て、自力で対中問題を解決する覚悟が必要である。そしてその方針として最も大切なことは、国民がしばしば主張するいわゆる満蒙の特殊権益を棄てることである。

…

日本はその政治的特権を中国に対して保持するため、従来、どれほどの損失をしてきたか計り知れないが、利益はまったく得ていない。にもかかわらず、わが国の政治家は依然としてそれに気付かず、満蒙の特殊利益にこだわって、いたずらに中国国民の反感を挑発し、野心国の汚名を受けている。これほど馬鹿げたことはない。

1928年6月8日、国民革命軍は北京へ入場した。蔣介石の南京国民政府は北伐を完了し、十数年ぶりに国家統一を成し遂げた。

7月7日。国民政府は、宣言した。

「一切の不平等条約を破棄する」。

日本に対しては7月19日、日華通商航海条約の破棄を通告した。

新条約の締結によって関税自主権が回復されるまでは、臨時弁法（暫定措置）を導入するというのである。

ちょっと待ってくれ、と湛山は異議を申し立てた。

統一事業はまだこれからではないか。それなのに突如、条約破棄を宣言したとして、世界のどの国がこれにハイハイと応じるだろうか。中国では所有権も人権も確立していない。中国の裁判、税制、警察にこちらの生命財産を託すわけにはいかない。もし、中国で「立派なる政治」が行われ、「世界の文明国」並みに経済と社会が機能していれば、列強も不平等条約を中国に強いることはできなかっただろう。その「実力」がないのに、不平等条約の破棄を要求するのは、「駄々っ子」に等しい。

湛山は、日本だけでなく欧米列強も不平等条約の破棄には反対するだろうと読んだが、この読みははずれた。

7月下旬、米政府は他国に先駆けて新中国政府と新関税条約を締結し、中国の関税自主権回復を認めた。湛山は「中国の駄々を募らせ」る米国を非難した（8月4日号）。しかし、12月には、英国、フランスも米国の動きに追随した。その結果、日本だけが取り残されることになった。

中国は一筋縄ではいかない。こちらがどのような構想、政策、アプローチで臨んでも、中国はそう簡単に想定通りにはまらない。中国の内政は複雑であり、そこから投影される意図も計算もパワーも時にさまざまに乱反射する。他国もまた、それぞれ自らの政治的意図に都合のよい中国発のシグナルと未来図に反応しようとする。湛山の「駄々っ子支那」は、その一筋縄ではいかない中国にむき出しにさらされたときの湛山の深刻な違和感の表れでもあった。

湛山の「駄々っ子支那」論文は、湛山ファンにはあまり評判がよくない。あの湛山にして、中国の民族主義の息吹が理解できないのか、帝国主義時代の特権的残渣を自ら進んで棄てる米国の方がよほど歴史の流れに沿った判断をしたのではないか、と。

しかし、当時、同じように「駄々っ子」中国に苛立ちを感じ、米国政府の一方的な対中関税自主権回復に異論を唱え、本省にその旨進言した米外交官がいた。

ジョン・マクマレー駐北京米国公使である。彼はその後、一時退官し、1935年「米極東政策に影響を及ぼす展開」と題するメモを国務省に提出するが、その中で、中国の諸勢力、なかでも蔣介石南京国民政府は民族主義を権力闘争の道具としてワシントン条約を亀裂させる闘争をしてきた、と指摘した上で、9カ国条約の中国以外の締結国はそれに対して一つの声で中国に当たり、この体制を守ることが大切であること、また、ワシントン体制を守る上で決定的に重要な日本の関与を維持するためにも米国は抜け駆け的な対中妥協策を採るべきではないこと、を説いた。しかし、国務省要路は聞く耳を持たなかった（Arthur Waldron. ed., *How the Peace Was Lost: The 1935 Memorandum "Developments Affecting American Policy in the Far East,"* p. 40, p. 48）。

ワシントン体制が、日本の満州事変によって崩壊したことは間違いない。しかし、そこに至る道は初めから運命づけられていたわけではない。

その時代、米国は包括的なアジア太平洋政策を打ち出せず、対中政策と対日政策を中国派と日本派が対立しつつ個別に追求する状況の中、ワシントン体制を柔軟に守り切れなかった。幣原外交とのより深い、実りある政策協調は可能だったが、それにも関心を持たなかった。ワシントン体制署名国は、中国の内戦と混乱に建設的に対応できず、その真空にソ連とコミンテルンの挑発者たちがつけ込み、彼らの新秩序をつくろうとした。1925年以降は、国民党と共産党が広める排外主義と過激主義の潮流に対抗するのはもはや不可能となった。それは入江昭米ハーバード大学名誉教授が言うようにワシントン体制にとっての「失われた機会」だった（Irie, Akira, *After Imperialism: The Search for a New Order in the Far East 1921-1931*, pp. 55-56）。

湛山の論説――㉑

（社説、１９２８年12月１日号）

「対支強硬外交とは何ぞ――危険な満蒙独立論」

……この特殊地位は、戦勝によって、ロシアから関東半島[11]の租借権と南満鉄道を譲り受け、これを基本にして、さらなる投資や事業経営によって、さまざまな権益を樹立しているという事実に基づいている。以上の事実を根拠として、わが国と満州とを特殊関係にある地帯だと主張し、満州を他の支那領土と区別して、ここでは中国政府はわが国に相談なく自由勝手な処置をしてはならない、という特殊地域として見る感情が、わが国に強く根をおろしている。手っ取り早くいえば、満州はわが国の保護領土であり、中国の完全な統治権下の領土ではない、という見解である。この見解、この強い感情が、わが対中国政策を支配している伝統にほかならない。しかしこれを、対中国外交という広い立場から見れば、いうまでもなく、その全体ではなく、一部に過ぎない。

…

中国の軍閥が勢力争いの紛争を続け、統一政府が樹立されていないうちはよいだろう。とくに、満蒙がこの統一政府とは別の国として独立している間はいい。だが、ひとたび中国に強固な統一政府ができ、満蒙がその権力下に包括されたなら、わが対中国外交の伝統と衝突せざるをえない。つまりは、三民主義の南方政府が北伐に成功するか否かは、わが対中国外交の伝統維持にとって、実に重大な問題だったのである。わが対中国外交の伝統からいえば、不幸にして、南方政府の北伐は成功した。さらにいえば、満州住民の八割は漢民族が占めているのだから、いうまでもなく、彼らも南方政府の下での統一を望み、三民主義に加担するに違いない。早く何とかしないと、わが対中国外交の伝統は、事実上維持できない。これにおいて、わが対中外交は、万難を排して、従来の伝統に固執して進むか、それとも大きな転換を行うか、という瀬戸際に立たされているのである。

…

今の南方政府による中国統一がますます有力に、強固に進むかどうかは、今後の問題だ。しかし、そう遠くない将来に内紛が起こり、この政府が転覆することがあったとしても、それは、さらに有力な統一政府実現への過程と見るべきだろう。

…

（11）関東半島。遼東半島のこと。1905年、日露戦争の講和条約であるポーツマス条約により、ロシアから日本へ租借権が移行した。

久原遞相[12]の対中国外交強硬意見がどのようなものなのか、内実はわからないが、もし田中首相を手ぬるいと評するほどの強硬論者だとすれば、恐らく満蒙を中国から切り離そうというのであろう。しかしこれは、いうまでもなく帝国主義の出遅れであって、引っ込みのつかない夜明けの幽霊のようなものだ。幽霊に手引きを頼むほど危険なことはない。このような主張は、直接利害があるのでなければ、一人として相手にするものはいないだろう。

1921年のワシントン会議は、アジア太平洋の平和と安定に関して、4カ国条約（極東秩序）、9カ国条約（中国）、5カ国条約（海軍軍縮）の三本柱から成るワシントン体制を送り出した。

しかし、そこには数多くの矛盾が含まれていたし、想定外の要素をはらんでいた。最大の矛盾は、中国の民族主義の要求を抑制して成立したものだったことである。そもそも、中国に統一主体が出現することを想定していなかった。

9カ国条約による集団的安全保障によって中国問題を処理できると考えること自体、希望的観測に等しかった。それによって独立と領土保全が保障されるはずの中国が国民革命の途上にあり、近代国家としての行政機能も満足に働かない現実を過小評価していた。

ワシントン体制はもう一つ、ボルシェビズム革命を経たソ連をアウトローとして扱い、除外した。

1920年代半ば、ワシントン体制から疎外された中国の民族主義とソ連の共産主義が孫文の容共政策によって結合する。

日本にとって最大の誤算は、その延長としての北伐だった。

それによって従来の対中政策を根本から見直さなければならなくなった。

湛山の分析は透徹している。

「ひとたび中国に強固な統一政府ができ、満蒙がその権力下に包括されたなら、わが対中国外交の伝統と衝突せざるをえない。つまりは、三民主義の南方政府が北伐に成功するか否かは、わが対中国外交の伝統維持にとって、実に重大な問題だったのである。わが対中国外交の伝統からいえば、不幸にして、南方政府の北伐は成功した」。

湛山が言う「わが対中国外交の伝統」とは、日露戦争の結果、ポーツマス条約によって獲た満州における地位を特殊的地位として、国際的に承認させる外交のことである。

1908年の高平・ルート協定[13]と1917年の石井・ランシング協定[14]はいずれもその成果

(12) 久原房之助（1869～1965）。実業家、政治家。久原鉱業所や久原財閥の総帥として「鉱山王」と呼ばれた。第一次世界大戦後に政界進出。逓信大臣などを歴任。

(13) 高平・ルート協定。日本の高平小五郎駐米大使と、エリフ・ルート米国務長官との間で1908年に調印された、日露戦争後の太平洋・中国問題に関する日米間の協定。太平洋地域における両国の現状維持、清国の独立・領土保全・商業上の機会均等などが定められた。

(14) 石井・ランシング協定。日本の特命全権大使、石井菊次郎と米国務長官ロバート・ランシングとの間で1917年に締結された協定。日本の中国における特殊権益の承認と、中国の領土保全・門戸開放・機会均等などが定められた。

だった。

米国は石井・ランシング協定において、日本の満州における特殊な地位を認めたが、これは日本の第一次世界大戦への参戦を期待し、やむなく日本に譲歩した一種の取り引きであり、日本の特殊権益を公式に認めたわけではなかった。9カ国条約の四原則、なかでも中国の門戸開放と領土保全の尊重と、日本が死活的利益と見なした満州の特殊的地位は、容易に調和するものではない。

にもかかわらず、日本は「腹の中ではその実際的運用は別だと独断的に決めていた。石井・ランシング協定のような先例があるのだから、実際の適用ある場合には何とか妥協ができるものと思っていた。そこに大きな誤断があったのである」と国際政治学者の蠟山政道は記している（蠟山政道「満州問題をめぐる日米外交の争点」548〜550頁）。

1920年代の日本には、中国の「門戸開放」をめぐる米国との根本的対立という戦略面での危うさとともに、政党政治の幕開けという統治面での不確かさがあった。

政友会は野党時代、憲政会（さらには民政党）内閣の外交を「軟弱外交」と罵倒し、帝国の威信や利権擁護を叫び、「自主強硬外交」を国民にアピールした。1927年、その政友会が田中義一首相を擁立し、政権に就いた。田中の最初の外政が山東出兵だった。

その田中が張作霖爆殺事件の処理で天皇の不興を買い、総辞職し、再び、若槻礼次郎民政党内閣となった。

湛山は、あくまで醒めている。

「幣原外相は田中外相のような無茶はしないだろう……しかしながら、幣原男も南満における わが既得権益問題に関しては、現状通り中国に尊重させる立場に固執し、一分一厘も譲るような 道理はないという見解をとっている点を見れば、その体質は、田中外交と間一髪の相違に過ぎな い」(「対支外交は益々困難期に入る」社説、1929年7月27日号)。

そして、満州事変勃発。日本は、満蒙既得権益に呪われ続けることになる。

コラム

「日本人と外国語」

もう一人は佐藤安之助という古い陸軍少将で、後藤新平の知遇を受けて、その下で働いたこともある才人であった。外国語は、何カ国語かを自由に使えるという話であった。この佐藤氏の意見は、はなはだ変わっていた。日本人が外国語がヘタなのは、元来日本語がヘタだからだというのである。コトバは、すべて同じもので、日本語が上手に話せるならば、どんな外国語でもまた、上手に話せるものである。しかし日本では、子どもの時から、文字は教えるが、コトバを教えない。だから日本人は外国語ができないのだ。これが佐藤氏の説であったが、私は、ここに、いかにも一面の真理があるなと感じたわけであった。

…

私は、日本人が生まれつき外国語がヘタだというのはウソだと思う。しかもこのウソは、われわれのよい逃げ口上になり、ますます日本人を外国語ベタにするのである。

…

やはり日露戦争頃のことであるが、秋田県に武田千代三郎という知事がいて、役人たちの秋田弁のズーズーをなおす努力をしたという話がある。彼はまず、県庁の役人を、用事をつくっては東京に出し、そのズーズー弁の不便不利を感じさせることから始めたという。今は多くの日本人が、私と同じく、英語の話せないことの不便不利を感じていると思うから、外国語教育の改善には、まことに好機だろう。

（『東洋経済新報』一九五一年新年号）

第四章

デモクラシー

湛山の論説――㉒

「民心に希望を与えよ」

（社説、1920年3月20日号）

なぜ普通選挙制は施行されなければならないか。それは単なる権利の問題ではない。国家の安全の問題である。私はこのことを、来るべき総選挙で投票権を持つ300万の同胞に、明確に理解してもらいたい。

最近の普通選挙運動を見て、あれは煽動政治家の煽動で出てきたものに過ぎない、と言う者がいる。そうかも知れない。しかし、たとえそうであったとしても、民衆はなぜその煽動で動いたのだろうか。なぜ、その運動に興味を持ったのだろうか。普通選挙に反対する人々も、反普通選挙熱を民衆に煽ろうとしたことは、明白な事実である。しかし、その煽動はまったく役に立たなかった。普通選挙主張派の運動は、3、4人の青年が主催したものでも数万の民衆を集め、熱狂させ得たのに、反普通選挙の運動は、金品で動員した運動員で、辛うじて上野から日比谷までの行列をつくったに過ぎない。

……幸いにして日本の政治は議会制になっているから、民衆は普通選挙要求という形で、その要求を提出したが、もし議会がなかったら、あたかも明治維新のように、ただちに政府や権力階級の打倒の運動になっていたかもしれない。

……最近の海外特派員からの報道は、英国の労働組合大会が、炭鉱国有問題について、直接行動をとることを否決したと伝えている。直接行動とは、議会という中間の機関に頼らず、労働者のストライキによって社会を脅迫し、直接的に政治を左右しようとする運動である。民衆が議会政治に失望したら、その結果はこのような運動となるのである。しかし英国は、私がこれまで何度も指摘してきた通り、現在の世界で、このような運動が起こる危険が最も少ない国である。なぜなら、英国の労働者は、来るべき総選挙において労働党議員が議会の多数を占め、労働党内閣が実現できるとの希望を持っているからだ。この希望があるため、労働者らは慎重に行動しているのである。

……民衆にその要求を貫徹することができる希望を与えよ。そうすれば、いかに過激な議論が現れても、民衆は決してそれに賛同することはない。しかし、それに反して、民衆からその希望を奪ってしまえば、その結果、何が起こるのかは想像もつかない。普通選挙の施行は、民心にこの希望を与えるもの、施行の拒否はその希望を奪うものである。

日本で最初に護憲運動が盛り上がったのは、1913年、桂太郎内閣時代である。桂内閣打倒を叫んだ人々は、普通選挙導入を争点にした。

当時の日本の総人口は5175万人である。このうち選挙権を持っていたのはわずか3％の154万人にすぎなかった。

湛山は、この時以来、普通選挙支持の旗幟《きし》を鮮明にし、以後一貫して、その立場から論陣を張った。

そもそも、財産が多いか少ないかを選挙権の基準に据えるのは、「金のある者は国民だが、金のない者は国民ではないということであり、それが不道理であることは識者に聞くまでもない」(「選挙権拡張案の提出」社説、1913年3月15日号)。

もし議会がなかったら、ただちに政府ないしは権力階級の「打壊」の運動を見ることになる。明治維新の際に見たような状況が再現されることになるだろう。

湛山は、普通選挙は国民の権利を保障するためのものであるが、同時に、国の安全のためでもあるのだ、と「来るべき総選挙で投票権を持つ300万の同胞」に訴えた。

1919年3月に記した社説(「日本最始の大示威運動」1919年3月15日号)では、直前の3月1日、東京市で行われた普通選挙制要求の大規模デモをルポタッチで取り上げている。日比谷の会場には5万人の市民が詰めかけた。そのうち一定の腕章を付け、行列に参加した者は1万人を超えた。彼らは銀座から二重橋に出て、国会に向い、そして日比谷に帰った。

当局が学生の参加を規制したこともあるが、この日、集まった人々の多くは商人であり、番頭であり、職工であり、勤め人だった。

普通選挙への要求が、どれほど国民の間に浸透しているかを鮮烈に示すとともに、それが社会階層を超えて、支持されていることを具体的に証明したものといえよう。

もう一つ、このデモは、初めて官憲の許可を得て、行われた一般市民の政治的デモンストレーションだった。日本にはまだ、この種の運動に必要な労働組合のような組織がないにもかかわらず、一般市民は秩序正しくデモを行った。警察はもはやこうしたデモに対して干渉する口実を失った。

ポーツマス条約の際、日比谷焼き打ち事件があった。

明治憲法において「始祖言論の自由」は、保障されている。「にもかかわらず民衆は、この憲法の条章を無視し、暴力に訴えて他の言論を圧迫し、他の思想を迫害しようとした。彼らは代議士を脅した。新聞社を襲った」。

この「恐るべき現象」がなぜ、起こったかというと、彼らの言い分をすくい上げる機会と機関がないからである。

普通選挙を導入することがまさにその機会であり機関なのである（「民衆暴動の意義を知れ」社説、1913年2月25日号）。

英国の労働者は、そうした機会と機関を持っている。

「英国の労働者は、来るべき総選挙において労働党議員が議会の多数を占め、労働党内閣が実現できるとの希望を持っている。この希望があるため、労働者らは慎重に行動している」。

国民の当事者意識こそが、民主主義を、そしてその土台となる政党政治を成り立たせるのである。

この時代、大隈重信内閣も寺内正毅内閣も、さらには平民宰相と呼ばれた原敬の内閣においても、普選導入に慎重だった。

湛山は、彼らを手厳しく批判した。

大隈首相は「実に立憲代議制の今日とまったく相いれないところの専制時代の思想である」（「大隈首相の誤れる君権論」社説、１９１６年1月15日号）。

寺内内閣は「国民の意志を無視する元老の奉薦に従って首相に就任し……純然たる超然内閣を組織した。この意味から、寺内内閣は実に不良内閣といわねばならぬ」（「不良内閣の出現と政党」社説、１９１６年10月15日号）。

さらには、原内閣の場合は「普選主張者は、社会の安寧《あんねい》を破壊する危険思想家だなどというつくりごとを流布した。これが都市以外の善良な選挙民を、どれほど惑わしたかわからない」（「臨時議会と普選案」社説、１９２０年6月5日号）。

湛山の論説――㉓

「原首相の横死に就て」

（社説、1921年11月12日号）

原敬氏の政治的思想と行動については、非難すべきところが少なからずある。このように気の毒な死を遂げたからといって、にわかにその功績を無条件に褒めたてる軽薄は、私の潔しとするところではない。しかしながら、その功罪を顧み、かつ、それを現在の他のわが国の政治家と比較してみるとき、私はやはり、今日、原氏を失ってしまったことを、大きな損失と思わざるを得ない。

…

原氏の存命中は、欲には欲が生まれて、さまざまな注文もしたが、死なれてみると、あれでもやはりいてくれたほうがよかったということになる。明白には意識していなくても、世間の公平な見方ができる人々の思いは、おそらく皆同じであろうと思う。原氏からいえば、あるいは死に花であったかも知れない。

…振り返ってみると、明治維新以来、日本で暗殺された政治家は少なくないが、伊藤博文公の場合は別として、新思想家が旧思想家のために受けた難でなかったものはない。大村益次郎氏の死も、大久保利通氏の死も、森有礼氏の死もそうであった。板垣退助、大隈重信の両氏は、幸いにも死は免れたが、前者を襲った者は、反自由主義の勤皇愛国論者であって、後者に爆弾を投じた者は、内地雑居反対の国粋論者であった。大隈侯には、つい数年前にも爆弾を投じた者があったが、これもまた、対中外交の軟弱か何かに憤慨した保守党の犯行であった。

…わずか19歳の青年に、(原敬氏に対して)それほどの深い憤怒があったとは思えないが、恐らくは何かに感化されて、ある種保守的な思想に影響を受けたのであろう。本当にそうであるなら、私は今日の政治家、特に床次内相[1]のような政治家に、強く警告しておきたいことがある。内相らはしきりに、今日の民主主義、社会主義、国際主義などを危険視して、その思想の流布を禁じ、それに代えて国粋主義や懐古主義などを流布しようとしているが、実は偏狭な国粋主義や懐古主義ほど危険な思想はないのである。

…私はその原因の半分は言論の自由がないことであり、残りの半分は、正当な言論によって政治を動かすことができるという希望が持てないことだと思う。言論の絶対的な自由が保障され、興味ある討論が縦横に行われるようになれば、誰が好き好んで政治家の暗殺などで人生を棒に振るであろう。もしそういう輩がいたとしても、世間は顧みはしないであろう。しかし、わが国には言論の自由がない。のみならず、たとえ若干の言論が戦わされたとしても、それによって政治を動かす望みは絶対にないと言ってよい。内閣の更迭は、いつも言論以外の力によって行われている。

1921年11月4日。

原敬首相は、京都で開かれる政友会近畿大会に列席するため東京駅に行った。夜7時半発の列車に乗車するため改札口（現在の丸の内南口）に向かったところで、いがぐり頭の青年が短刀を握ったまま、原めがけて突進してきた。

原は右胸を刺され、倒れた。駅長室に運ばれたが、すでに息は絶えていた。

犯人の中岡艮一は、18歳。山手線大塚駅の転轍手だった。

中岡の供述によれば、疑獄事件や弱腰外交などに憤り、天誅を下そうとしたのが動機だった（黒幕説もある。歴史家の伊藤之雄はそれに触れながらも「真相はわからない」と述べている。

（1）床次竹二郎（1867〜1935）。官僚、政治家。大蔵官僚、内務官僚、鉄道院総裁を経て政界へ。内務大臣、鉄道大臣、逓信大臣を歴任。

伊藤之雄『原敬――外交と政治の理想　下』424〜425頁)。

原は1914年、西園寺公望の後の政友会総裁に就任した。

1919年9月、寺内正毅内閣が米騒動で行き詰まり、瓦解した。米よこせデモには70万人が参加したと言われる。

元老の山県有朋は「従順な羊のような国民も、一朝にして兇漢暴徒と化す」ことを恐れ、原を首班とする政友会内閣をつくることにした。衆議院に議席を持ち、爵位を持たない首相は、原が最初であり、原は「平民宰相」と呼ばれ、一般国民の期待を集めた。

その原が、テロで命を奪われた。

日本の政党政治のカーテンを開けた最初の「平民宰相」が、現職で暗殺された最初の首相となったのである。

明治維新後の日本の政治はつねにテロと背中合わせだった。

明治維新によって生まれた新政府は、太政大臣三条実美[2]以下上位17名の大臣、参議のうち、横井小楠[3]、大村益次郎[4]、広沢真臣[5]、岩倉具視[6]、西郷隆盛[7]、木戸孝允[8]、大隈重信、板垣退助[9]、大久保利通[10]、井上馨[11]、伊藤博文[12]の合計11名までがテロに遭っている(室伏哲郎『日本のテロリスト』18頁)。

湛山は、それらのほとんどが「旧思想家」による「新思想家」の抹殺を謀ったものであり、「反自由主義かつ国粋主義の思想に禍せられたる」ことを特徴としていると言う。

「たしかに新思想家は常に大きな世界を見る者である。将来に輝く希望を認める者である。彼らは多数の民衆を率いて、社会制度の改革革命を進めようとするが、個人を殺そうなどという、けち臭いことは考えない。これに反して保守主義者は、思想的の落伍者である。彼らには、多数の民衆を率いて、将来の新世界を設立すべき希望はない。世を挙げて滔々として彼に逆行する。即ちその鬱憤をもらすにも方法がなくて、ある個人に向かうのである」(「原首相の横死に就いて」

(2) 三条実美(1837~1891)。政治家、元勲。公家出身、右大臣、太政大臣、内大臣、貴族院議員などを歴任。

(3) 横井小楠(1809~1869)。儒学者、政治家、元勲。熊本藩士を経て福井藩政治顧問に。幕政改革や公武合体の推進等で活躍。

(4) 大村益次郎(1824~1869)。医師、西洋学者、兵学者、元勲。長州征討と戊辰戦争で長州軍を率いて勝利に導く。

(5) 広沢真臣(1833~1871)。政治家、元勲。長州藩士から討幕運動に参画。明治維新後は海陸軍務掛、内国事務掛、参議などを歴任。

(6) 岩倉具視(1825~1883)。政治家、元勲。公家出身。公武合体を唱え大久保利通らと王政復古を画策。明治維新後は参与、大納言、右大臣などを歴任。

(7) 西郷隆盛(1827~1877)。軍人、政治家、元勲。坂本龍馬の仲立ちにより、薩摩藩代表として、長州藩代表の木戸孝允と薩長同盟を結ぶ。明治維新後、西南戦争で薩軍大将として政府軍と戦うが敗れて自害。

(8) 木戸孝允(桂小五郎、1833~1877)。政治家、元勲。長州藩代表として西郷隆盛と薩長同盟を結び、倒幕勢力の結集を図った。明治維新後は政府の中枢に参画。

(9) 板垣退助(1837~1919)。政治家、元勲。土佐藩士から倒幕運動に参画、明治維新後は参議となる。後に自由民権運動の主導者に。

(10) 大久保利通(1830~1878)。政治家、元勲。薩摩藩士から倒幕運動に参画。明治維新後は版籍奉還や廃藩置県を推進し、新政府の基礎を固める。

(11) 井上馨(1836~1915)。政治家、実業家、元勲。長州藩士から討幕運動に参画。明治維新後は外務大臣、農商務大臣、内務大臣などを歴任。

(12) 伊藤博文(1841~1909)。政治家、元勲。長州藩士から倒幕運動に参画。明治維新後は大日本帝国憲法起草の中心となる。内閣総理大臣、韓国統監などを歴任。

社説、1921年11月12日号)。

原が暗殺された時、世論は原に対してどちらかというと冷たかった。テロを非難する一方で、原にも責任があるという反応が多かった。

中岡艮一は、国粋主義者の朝日平吾[13]が安田財閥の当主善次郎を暗殺したことに刺激を受け、犯行に及んだとも証言しているが、その朝日は次のような遺書を遺している。

「政友会は、満鉄と阿片とによって軍資を調達し、その他の政治家や顕官《けんかん》はことごとく姦富《かんぷ》と通じ私利に汲々としている……」(室伏哲郎『日本のテロリスト』105~106頁)。

湛山は、生前の原に対しては、シベリア撤兵にしても普通選挙にしてもあまりにも漸進的対応であるとして、また権謀術数を厭わぬ政治手法にも違和感を感じて、相当手厳しく批判した。しかし、原が亡くなってみると、その喪失感の大きさを痛感せざるを得なかった。

「原氏の存命中は、欲には欲が生れて、さまざまな注文もしたが、死なれてみると、あれでもやはりいてくれた方がよかったということになる」。

「原がなくなった将来の憲政会は、恐らく一層堕落するだろう。政友会もまた同様だ。元老、軍閥、官僚といった勢力が再び台頭する。またしばらくは時代逆転のありさまが出現するかも知れない」。

(13) 朝日平吾(1890~1921)。政治活動家、国粋主義者。1921年実業家安田善次郎を大磯の別邸で刺殺、その場で自殺した。

湛山の論説――24（小評論、1922年2月11日号）

「死も亦社会奉仕」

山県有朋公は、去る1日、85歳で亡くなられた。先に大隈侯を失い、今また山県公を見送る。維新の元勲が次々と去り行くことは寂しい。しかし、大隈侯逝去の折にも述べたように、世の中は新陳代謝だ。急激ではなくて、しかも絶えざる、停滞せざる新陳代謝があって初めて、社会は健全に発展する。人がふさわしい時期に去りゆくのもまた、社会の発展のために意義のある社会奉仕でなければならない。

特に山県公は、大隈侯と違い、最後まで政治的に大きな影響力を持っていた。山県公にしてみれば、それは国家を憂えての至誠の結果であったことは疑い得ない。事件当時も申し述べたと記憶しているが、宮中の某重大事件(14)といわれる事件も、山県公はただ皇室を思い、国を思ってしたことだと確信する。のみならず、その考えは決して間違ったものではなかったと、私は思う。しかし、いかに至誠から出で、いかに考えは正しくても、一人の者が、長い間にわたって絶大な権力を占めていると、弊害が起こる。舞台で踊る人形は変化しても、操る者が一人であれば、自ずと踊りに新鮮味は出ない。わが国の政治が、とかく一定の範囲をぐるぐる回っているだけで、飛躍できなかった理由は、もちろん、さまざまな要因もあったであろうが、山県公の引く糸に制限せられたためであったことは、疑いを得ない。引く人の意志に罪は無かったとしても、糸そのものに、自ずと弊害が伴った。

しかし、今や、糸を操る者はいなくなった。人形は放たれた。これからは、彼らの自由に踊りを踊ることができる。老練な操師のなくなった人形は、時にとんでもない醜い踊りを踊るかも知れない。混乱を引き起こすかも知れない。けれども、その踊りは活気を帯びるだろう。新しい様式の工夫が起こるだろう。真の技量の競争により、栄枯盛衰が現れるだろう。人形そのものは駄目だけれども、操師の権威で舞台に上がり得るというような者は、いなくなるであろう。その意味で、山県公の死はわが国の政界に一大転機を画するものである。

山県公は1日に死んだ。政友会は2日に陸軍縮小建議案を議会に提出した。偶然であるかも知れない。しかし、私はこの二つのことに、少なくとも、知らず知らずの関係が存在することを直感する。後に、憲政会の加藤総裁は陸軍縮小を唱えたとはいえ、憲政会の総裁でさえ、一時は、政権を目指す政党は、軽々に陸軍縮小などとは主張できない、と言わなければならなかった世の中だ。なぜ、軽々には主張できないのか。その背後に絶大な政治権力を持った山県公が控えていたからだ。彼らは、国民の支持は得られても、山県公の機嫌を損じては、政権の望みは遂げられないと思っていた。だから、軽々に陸軍縮小は主張できないのである。にもかかわらず、憲政会よりも一層事なかれ主義、一層八方美人（ただし、国民の一方だけを欠いた）主義の政友会が、事もあろうに陸軍縮小の建議をする。山県公の死、少なくもその予感がなくてはできないことだ。まして、大岡[15]が行った陸軍縮小の建議の主旨説明演説においてはなおさらである。人形はかくも即座に放たれたのである。

元老山県有朋の遺骸は、小石川護国寺に葬られた。墓柱がその上に建てられた。「枢密院議長元帥陸軍大将従一位大勲位功一級公爵山県有朋之墓」明治から大正にかけて日本の政界に君臨した山県が、どれほど位人臣をきわめたかをこの墓柱は物語っている。

山県の死は、藩閥と陸海軍と官僚と枢密院の幾重にも重なりあった重苦しい明治の政治の伝統の終わりを告げた。政界の最も隠微で薄暗い奥の院でつねに軍服を着用しながら、後継首相と閣僚の人事を操っていた操師が逝った。

（14）宮中某重大事件。1920年に起きた皇太子妃決定をめぐる紛糾事件。皇太子妃として久邇宮良子が内定したことに対し、元老山県有朋らが、母系に色覚異常があるとして反対した。翌年内定不変更で決着。

（15）大岡育造（1856〜1928）。政治家、弁護士。1890年衆議院議員初当選。1900年の立憲政友会発足に参加。文部大臣、衆議院議長を歴任。

かくして、人形は放たれた。これからは、彼らは自由に自分の踊りを踊ることができる。

湛山の文章は、そうしたある種の解放感を湛えている。

「老練な操師のなくなった人形は、時にとんでもない醜い踊りを踊るかもしれない。混乱を引き起こすかもしれない。けれども、その踊りは活気を帯びるだろう。新しい様式の工夫が起こるだろう。真の技量の競争により、栄枯盛衰が現れるだろう」。

死もまた社会奉仕、には違いない。

山県は晩年、宮中と枢密院に自分の息のかかった配下を送りこみ、権勢を培養し続けた。目をかけて引き立てた桂太郎にしても寺内正毅にしても、足繁くご機嫌伺いに顔を見せないとむくれ、意に沿わないと邪魔をし、仕返しし、官界で声望を上げるものを嫉んだ。

社会主義者を病的に恐れ、西園寺公望内閣の取り締まりを不満としてその方法を上奏した。労働組合を嫌い、人口の都市集中のデータを調べさせた。米騒動の再発を恐怖し、米の値段を丹念に追った。そして、普通選挙の実施は「国を滅ぼす」と敵視した。

椿山荘の居室には、ビスマルクとモルトケの黒い小像を置いていた。

几帳面で、時間にやかましく、訪問者が少しでも遅れるととたんに不機嫌になり、ひとを往訪するときは、外出2時間前から服装を整えて、時間を待った。

「死もまた社会奉仕」などと激辛の見出しをつけながらも、湛山は、山県には礼節を持って接している。衆議院がこの国葬予算を審議した際、大阪選出の2名の議員が山県を政治的罪人であるように非難したのに対して「公は罪人ではない。社会が公に求めたところのものを、公は立派に成し遂げている」と山県を弁護した。

おそらく湛山の山県への一定の評価は、山県が対華二十一カ条要求と対シベリア出兵に慎重論で臨み、対米政策と対中政策（満蒙権益堅持を除き）では「防衛的かつ協調的」な外交政策を志向したことから来ているのだろう。徳富蘇峰は、山県は「武力侵略の頭目」などではなくむしろ列強の力を買いかぶりすぎる「怖外病」にかかっていると述べたことがある。

原敬政友会内閣の産婆役となったのも山県だった。原のほうは、米騒動にまったく無力だった寺内正毅率いる官僚内閣への山県の幻滅感が理由だろうと見なしたが、そこは原のことである。憲政会の加藤高明総裁が普選に前のめりになっていることや、普選を即時実施した場合、東京は「混乱の巷」となるだろうと山県にささやき、山県と加藤の離間を図り、政友会への山県抱き込みにぬかりなく手を打っていた。山県はといえば、原の頻繁な相談掛けや、労働組合対策に長けていることや、原が普通選挙のやり方に慎重であることを知って、頼もしく感じていた。

山県の国葬は、日比谷公園で取り行われた。午前10時、品川沖に碇泊した軍艦から19発の弔砲が轟くとともに、文武の高官参列の下、厳かに葬儀が行われた。不参者多く、空席が目立った。その1カ月半前、この同じ日比谷公園で行われた大隈重信の国民葬の時は、一般の参列者でごった返した。

岡義武の古典的名著『山県有朋』は、山県の国葬の悄然たる本質を次のように描いている。

「民衆は、彼にとっては、支配の単なる客体にすぎず、したがって、彼の権力意志は支配機構を掌握することへと集中されたのであった。彼は終始民衆から遊離したところの存在であった。

彼から見捨てられていた民衆は、それゆえ、また彼を見捨てていた」(岡義武『山県有朋』194頁)。

湛山の論説――㉕（社説、１９２３年10月１日号）

「此経験を科学化せよ」

今回の震災と火災は、もちろん悲しい出来事であるが、しかし、過ぎてしまったことは、いくら悲しんでも仕方がない。努めるべきことは、ただ、善後の処置を間違えないこと、そして、再びこのような災害を蒙らなくて済むような工夫をめぐらせることである。

今回の災害は、地震という、誰にも防ぐことのできない自然の力が及ぼしたことは言うまでもない。しかし、地震への対策が十分に尽くされていたなら、被害は決してこのように甚大ではなかったであろう。東京は、地震より火災によって、この惨状を呈したのである。もし、十分な防火施設があったならば、東京の大部分は無事であったに違いない。数万の市民が焼死しなければならなかったのは、対策が不十分だったからだと言わざるを得ない。

…

さて、震災火災の他はどうであったか。震災地と他地方との交通と通信は完全に途絶した。一羅災地内のそれさえも困難に陥った。警察はまったく無力になった。流言飛語はさかんに走った。そして、その流言飛語はむしろ警察や軍隊によって伝播した。それらが今回の災害を、どれほど甚大にしたかわからないほどだ。

…

警察の狼狽に至ってはほとんど論外である。平時において、いかに警察の訓練が不十分だったかを、この上なく露呈した。そして、警察が率先して流言飛語を伝播してしまったのは、日常的に見当違いの思想取り締まりなどに没頭し、その幹部らの頭脳がすっかり偏見に塗《まみ》れていた結果である。

…

しかしながら、以上の非難は、もちろん、ただ政府や警察にだけ向けられるべきものではない。私の見るところでは、今日のわが国の国民は全体として、このような場合に、とても信頼できない国民である。

…

要するに、日本国民は、わっと騒ぎ立てることは得意だが、落ち着いて深く考え、協同して静かに秩序を立て、地味な仕事をすることは不得手である。また私の見るところでは、その原因の多くは必ずしも日本人の国民性の短所だけではなく、平常の教育訓練が間違っていることにある。

このように考えると、わが国は、今回の災害を機に、人為の及ぶあらゆる方面で、改善すべきことが大であることがわかる。この災害はとても苦い経験ではあったが、その経験を活かすことができれば、禍を転じて福となす道は多いのである。では、この経験を活かす方法は何か。それは、この経験を科学化することに尽きる。なぜなら、すべての経験はそれを科学化してのみ、その意味を正確に理解し、将来に利用できる形として保存できるからである。……『この経験を科学化せよ』。

1923年9月1日午前11時58分、関東地方で余震を伴う激しい地震が発生した。関東大震災である。

地震と火災による死者・行方不明者は10万5385人に達した。

加藤友三郎首相は、震災直前に死去した。山本権兵衛内閣（第二次）が発足したのは、9月2日夜のことだった。

9月2日。戒厳令施行。軍と警察による治安維持が行われた。しかし、被災地では朝鮮人が来襲するとのデマが広がり、自警団による殺傷事件が発生した。警察や軍もデマを否定せず、自らも殺傷に手を染めた。関東大震災の朝鮮人犠牲者は約7000人と言われる。

湛山は、この論説でいつかの重要な点を指摘している。

まず、災害は人災でもあったという点。

地震そのものは「自然力」という天災で防ぎようがないが、もっと準備をしておけば被害はもっと少なくて済んだはずである、その意味でこの災害は人災でもある。

とりわけ防火施設が絶対的に不足していた。「数万の市民が焼死しなければならなかったのは、対策が不十分だったからだと言わざるを得ない」。

次に、危機の中、通信が途絶し、メディアが機能せずに、正しい情報が伝えられなくなったため、流言飛語の洪水が起こった。警察は正しい情報を入手できず、まったく役に立たなかった。警察も軍も逆に、その流言飛語を伝播する側になり、災害を大きくした。

危機にあって、ファースト・リスポンダー（警察、消防、軍）の初動対応が遅れたり、間違ったりすると、大混乱を招きかねない。

湛山は警察が流言飛語の「走狗」となったのは、「日常的に見当違いの思想取り締まりなどに没頭し、その幹部らの頭脳がすっかり偏見に塗れていた結果である」と分析している。

そのようなアナーキーの状況になると、人々は社会的に弱い集団を攻撃の標的にしがちであるという恐ろしい社会心理を、朝鮮人虐殺は物語っている。

それから、「騒ぎ立てることは得意だが、落ち着いて深く考え、協同して静かに秩序を立て、地味な仕事をする」のは苦手な日本の国民の課題。それは国民性の欠点もあろうが、その原因は「平常の教育訓練が間違っていることにある」。

子供のサッカーのように皆、同じ方向に向かって走る習性や、異論をじっくり聞き、議論を尽くして、結論を出す熟議の不足、多数の関係方面の利害関心を織り込み、しかも優先順位をつけて決定し、実行するガバナンスの不具合、そして「最悪のシナリオ」を忌避するリスクのタブー化と日頃の教育訓練の欠如、に問題がある。

最後に、禍を転じて福となす「善用」、つまり逆転の思想である。

どうやって、それを行うべきか。

「この経験を科学化することに尽きる。なぜなら、すべての経験はそれを科学化してのみ、その意味を正確に理解し、将来に利用できる形として保存できるからである。……『この経験を科学化せよ』」。

レジリエンス（復元力）をつけるには、経験を「科学化」することだ、と説くのである。

それには真実の検証が必要であり、検証に基づいて教訓を引き出さなければならないし、教訓を踏まえた備えと反省を身につけなければならない。

湛山は「亡びゆく国民なら知らぬこと、いやしくも伸びる力を持つ国民が、これくらいの災害で意気阻喪してはたまるものではない。心配はむしろ無用だ」と述べている（「精神の復興とは」小評論、１９２３年10月27号）。

国民の「伸びる力」こそが、最後はモノを言うのである。

大災害や大戦災や大失政や大敗北などの民族的悲劇の後、日本は文化を復興し、文明を再建してきた。

歴史家の林屋辰三郎は次のように語っている。

「日本人の生きがいは復興にあるのかもしれない。そして災害という一歩後退と、復興という二歩前進のなかで、日本は進歩してきた。いわば文化創造の旗印として復興があったといえるだろう」（林屋辰三郎・梅棹忠夫・山崎正和編『日本史のしくみ』２０２頁）。

湛山の論説――㉖（社説、1925年2月21日号）

「治安維持法は国家を危くす」

政府は今期議会に治安維持法を提出するという。

…

私は、自ら共産主義や無政府主義の旗を振り廻したいと言うのではないが、もし、社会の福利のために、これらの説を主張することが必要だと認められる場合には、所謂不法の手段に訴えるのではない限り、それを主張できる自由だけは、社会を憂うる人のために保留しておきたいと願う。

しかしながら、政府の改正案を見ると、兵役、納税の2項が削られたのはよしとして、同時に「暴行脅迫其他不法の手段を以て」という制限が除かれた。したがって、改正案では、国体や政体を変革し、または私有財産制度を変改することを目的とする結社運動は、その手段や方法のいかんによらず禁止され、罰せられるのである。これは、わが国の社会の改革を志す憂世家にとっては特に、危険この上ない法律である。なぜならば、たとえ所謂共産主義者や無政府主義者でなくても、少しでも私有財産制度の弊害を論じたり、あるいは議会政治に疑いを抱いたりする思想家は、ちょっとした集まりを開いただけで、官憲の認定によりただちに重刑を科される恐れがあるからである。

……

まず国体の変革について言えば、若槻内相と小川法相の説明によれば、それは天皇から主権を奪うことを意味するのだという。本当にそうであるならば、私はわが国においてそのような企てが起こると想像し、それを取り締まろうとする政府の愚を笑うものである。

……

政体の変革とは何か。これもまた、内相らの説明によれば、立憲政体の変革を意味する……今日実行的な政治思想で、何かの形式で立憲的代議機関の必要を認めないものが、世の中にあるであろうか。

……

その代議政体を否定する実行的政治思想が本当にあるとして、むきになってそれを禁止しようとするのは、ドン・キホーテが風車を巨人と思い込んで、真面目に戦いを挑むのと同じだ。私は、今回の治安維持法（改正案）は、ドン・キホーテ式法律と呼ぶのが相応しいと思うのである。

……

私有財産制度の擁護に至っては、さらにまた、戸惑いが大きい。

……

わが国において私有財産制度の確立を見たのは、つい数十年前の明治維新からのことである。しかも、その私有財産制度は今日においてすでにさまざまな破綻を現し、どの国であれ、それにある程度の制限を加えていない国はなくなっている。

……

以上、要するに治安維持法の制定は、あたかも徳川の末期に、幕府が封建制度を維持するために、所謂新儀停止で、あらゆる進歩を社会から阻もうとしたのに等しい。……私は断じて言う。治安維持法は国家の前途を危うくすると。

戦前の悪法の中の悪法と言われる治安維持法が施行されたのは、1925年4月、第二次護憲運動の熱気のさ中だった。加藤高明憲政会、高橋是清政友会、犬養毅革新倶楽部のいわゆる護憲三派連合政権の時代である。

この法律は「国体を変革し、及び私有財産制度を否認せむとする」一切の結社及び運動を禁止し、違反者は懲役十年以下の刑に処するという内容で、同年5月12日から実施された。

護憲三派連合政権が、この時点で治安維持法を制定したのは、その年3月に成立した男子普通選挙法との交換条件、いわば「アメとムチ」という側面と、同政権がその年1月に締結した日ソ基本条約と日ソ国交樹立を契機に共産党・コミンテルンの宣伝取り締まりという側面があるとされる。

もう一つ、1923年の関東大震災の際の混乱を受けて公布された緊急勅令「治安維持の為にする罰則に関する件」もその素地となった。政府は治安維持法が成立した際、この勅令を廃止している。

湛山も、「とにかく、普選実施、日露国交回復等のため、一部権力者が多大な悪夢に襲われていることを看取するに難くない」とその法案の背景を推測している（「普選案と治安維持法案の提出」『財界と事業』1925年2月28日号）。

治安維持法が、言論の自由と政党活動の自由を制約するのではないかとの懸念は、法案審議の過程でもたびたび、表明された。

革新倶楽部の清瀬一郎[16]、星島二郎[17]、政友会の有馬頼寧ら衆議院議員13名は治安維持法に反対する声明を発表。彼らは貴族院改革を進めようとしており、そのような議会を通じて合法的に「政体」を改革することまで取り締まりの対象となることを恐れた。

なかでも、清瀬一郎は「政体」を削除するようべきであると主張した。清瀬は、議員の立法権を広く認めることこそが、「立憲政治の趣意」である、政府は言葉の上では衆議院を尊重しつつ議員の立法権、代議士の活動、政党の結社を制限しようとしている、と批判した。清瀬は、戦後の極東軍事裁判の日本側弁護団副団長を率いることになる（中澤俊輔『治安維持法』59頁）。

湛山は、正面からこの法律を批判した。

なぜなら、「思想は思想をもって導く」（社説、1922年3月11日号）のが筋であるからである。

「わが国において、国体の変革を企てる者が生じるのを防ぐのであれば、その根本的な原因を取り除く方法は、まず国体を私利に濫用する者を厳刑に処し、その跡を絶つことである。言うまでもなく、この法律ができれば、諸政党が国体問題で政権争奪を企てるようなことは、最も重く罰せられなければならぬ。本当に日本の国体を大切に思う者は、共産主義者を死刑に処する勅令を出す前に、まず国体濫用防止法をつくるべきだ」（「国体を私利に濫用する者を厳刑に処すべし」時評、1928年6月2日号）。

1928年2月、普通選挙法に基づく第1回の総選挙が行われた。日本共産党はこの機会をとらえて公然と宣伝を行った。

先に触れたように、当局は翌3月15日、党員とシンパを一斉に検挙した。

それとともに、政府は同年、治安維持法を早くも改正した。

「国体変革」を目的として結社を組織した者やその指導者を最高刑死刑とした。

1941年、再度、同法を改正した。

(16) 清瀬一郎（1884～1967）。政治家。弁護士として小作争議裁判等を手がけた後に政界へ。極東国際軍事裁判では東条英機の弁護人を務めた。文部大臣、衆議院議長などを歴任。

(17) 星島二郎（1887～1980）。政治家。弁護士を経て衆議院議員へ。戦前は自由主義の立場を貫き、戦後は商工大臣、衆議院議長などを歴任。

「国体変革」を支援する結社や「組織を準備することを目的とする」結社などを禁じる規定を設けた。官憲が「準備行為」を行ったと判断すれば誰でも何時でも検挙できるようにした。治安維持法は、もともとは暴力や革命の発生源となる「結社」を取り締まることを意図した。しかし、本来は暴力から保護されるべき言論への暴力と化していった。

治安維持法は、終戦後も「共産革命」への危機感から維持された。

１９４５年10月４日。ＧＨＱはこの法律と特別高等警察（特高）の廃止を求める人権指令を公布。同10月15日、幣原喜重郎内閣はそれを廃止した。

湛山の論説――㉗

「民衆政治家の出現を待つ」

（社説、1925年4月18日号）

政友会は、高橋是清氏が総裁を辞し、陸軍大将田中義一氏を新総裁とした。

……

護憲三派の連合である加藤内閣が倒れて、田中大将内閣が登場するのも、さほど遠い将来ではないかも知れない。

……

政友会は、今回の人事を軍閥の降伏と称しているそうだ。一面から見て、確かにそう言えないことはない。……さらに政権転移の実態をみると、何といっても、いまだに元老や准元老の影響力が大きい。それは各政党の領袖が、競って西園寺詣でをしていることからもよくわかる。田中氏はおそらく、その方面の覚えが相当めでたいのであろう。

……

しかし、私見では、田中氏がこのように思い切って政党に乗り込んで来ることができ、政友会がまたそれを歓迎し得た根本の原因は、わが国の政界の行き詰まりにある。換言すれば、真に民心を捉え、民衆の力を組織化できる政治家や政党がないことである。

早い話が、政友会だ。もし政友会に今議会を通過した普通選挙で増加した千何百万の有権者を引き付けて、支持者とできるような政治家がいれば、何を好んで、縁もゆかりもない陸軍大将を総裁に担ぐ必要があろうか。また、たとえば憲政会だ。加藤総裁が本当に民衆政治家で、大多数の国民が加藤総裁を仰望し、その内閣の継続を望むという状況であれば、いくら田中氏に政権の野心があって、元老の御覚えがめでたくても、成功の望みは到底ない。

…

古来一代を風靡した政治家必ずしも金持ちではない。外国のことはしばらく置くとして、わが国において明治維新の大改革を遂げたのは、貧乏武士の働きであった。彼らが強く持っていたのは、倒幕と王政復古、そして諸外国に負けぬ国力の発展を図らなければならないという思想だけであった。そのように、人心を動かす最大の力は思想である。ところが、今日のわが国を顧みれば、民衆の勢力を組織化すべきことには、多くの者が気づいているようだが、それを組織化できる思想がない。各政党は、普選が議会を通過した、さあこれから、新制度に対応すべき新政策を考えねばならないと慌てているありさまである。が、決して政党だけを責めることはできない。すべての者が実は同様、何物も持っていない。これではいくら金があっても駄目である。

私は以前、政界の最大の欠陥は、民衆の勢力を組織化する中心人物がいないことだと述べたが、実は人物がいないのでなくて、思想がないのである。ここに、わが国の政界の最大の欠陥があると言わなくてはならない。


戦前の日本の「失われた機会」を振り返る時、原敬や浜口雄幸や犬養毅のような政治的人間にもっと生きながらえ、思う存分指導力を発揮してほしかったとつくづく思う。英米協調主義者の原が生きていれば田中義一内閣の時のような山東出兵はなかっただろうし、浜口が不慮の死に見舞われなければ若槻礼次郎内閣（第二次）の時の満州事変に対するあの優柔不断な対応はなかったに違いない。犬養が後一年でも政権を維持すれば、満州国の正式承認を遅らせただろうし、国際連盟からの脱退はせずに済んだかもしれない。そして、政友会、民政党ともにもう少したくましく自分の力で立つ政党に育ったのではないか。

同時に、高橋是清や幣原喜重郎のようなテクノクラート・リーダーシップを備えていたリーダーをなぜ、もっと活用できなかったかと残念に思う。金融・財政も外交も、専門的な業績と知見を踏まえた信用がモノを言う世界であり、戦前、この二人ほどそれぞれの分野で信用力のあるリーダーはいなかった。

湛山に高橋是清と幣原喜重郎を取り上げたコラムがある。

「高橋是清氏はその晩年、名大蔵大臣として全国民に尊敬され、親しまれた。しかし、この高橋さんも、政治家としては資質を欠くといわれた時があり、実際にまた内閣の首班、あるいは政党の総裁としては、成功しなかった。その理由の、おそらく一つは、高橋さんの性質が、いわゆる政治家たるにはあまりに公正であり、無私であり、淡泊であったからであろう。とすると、この高橋さんに無限の敬意を抱いた幣原さんも、また、いわゆる政治家たる資格が十分でなかったかも知れない。

しかし、もし、そうであったとするならば、そこにこそ、まさに幣原さんの値打ちはあり、かの幣原外交を押し通し得た理由もあったろう。幣原さんが、もし、いわゆる政治家であったら、幣原外交に対する、あの当時の悪評に、あるいは耐え得なかったであろうからである。日本には、こういう人が常にほしい」(「幣原さんの思い出」『東洋経済新報』１９５１年３月24・31日号)。

ところでこの論考(「民衆政治家の出現」)は、１９２５年3月の普通選挙法制定を踏まえて書かれている。

普通選挙制が導入されるということは、政治が大衆化するということに他ならない。そうなると、一般大衆の心をつかみ、彼らに届く言葉とメッセージに長け、そして何よりもこれだけは成し遂げるのだという大きな思想を語り、それを政策として実現できる民衆政治家が求められる。

田中義一政友会総裁は、果たしてそうした民衆政治家になりうるリーダーなのか。

この人事に関して、政友会の中からは、軍閥が政党に降伏したのだとの声が聞かれる。湛山は、そうした見方に一面の真理はあるとする。

なかでも、政友会は社会に根ざした政治基盤を固めつつある。

この点で、湛山は、政友会と民政党を比較し、「真面目」民政党に比べて、政友会は「不真面目かつ放漫」のイメージを持たれているが、それでも原敬が政友会を率いていた時代は、その支持は揺らがなかった。その理由は、「政友会は力を持っていると言う抽象的感じ」を投影することに成功したからである（「民政党と政友会両党に対する世の評判」時評、1927年10月8日号）。

当時の選挙民は「力の信者」だった。その力が具体的にどんな力ということよりもその政党の輪の中に入ることである種の力を感じ、そこに政治参画の喜びを見出したのである。

湛山はこの論考の最後で「わが政界の最大欠陥は、民衆の勢力を組織立てる中心人物がいないことだと述べたが、実は人物がないのではなく、思想がないのだ。ここにわが政界の最大欠陥はあるといわなければならない」と断じた。

湛山が待ち望んだ「民衆の勢力を組織立てる中心人物」と「思想」は、国民的背景を持つ政党を率いる構想力のある民衆政治家でなければならない。

戦前、そのような政治家は、原敬と浜口雄幸と犬養毅を最後に、出現しなかった。

湛山の論説――㉘

「総選挙の題目」

（時評、1928年1月28日号）

読者諸君、衆議院は、とうとう解散になった。そしていよいよ普通選挙による衆議院議員総選挙が2月20日に行われる。本誌はわが国において最も早く、かつ、最も頑強に普通選挙を主張してきた。もし、普選実現の陰の功労者を挙げるなら、本誌はおそらくそのいちばんの候補であろう。今、いよいよ普選による総選挙が行われようとしているのを見て、記者は過去を振り返って感慨無量である。と同時に、どのようにしてもこの選挙が、なるほど普選を実現しただけのことがあったと、言われるものにしたいと切願する。

が、世の中の実際は、思想家が願うようには急速に変化するものではない。普選の効果もまた、1度や2度の総選挙でそうはっきりするものではなかろう。確かに選挙人はほぼ4倍に増加した。その新選挙人の中には、おそらく、わが国の政界を改革するだけの力が潜んでいるだろう。が、困ったことに、これを受け止めるべき政党のほうが変わっていない。たとえて言えば、お客様の数は増えた、その質も変わった、が、売り出された品物は前と一向変わらない、といった調子である。せっかく増えた変わり種のお客様も、それでは、どうにもその新趣味が発揮できないわけである。おそらく、普選は、1度2度と総選挙を重ねるに従って、少しずつ政党を変化させるであろう。そこに至って初めてその効果は発揮されるのであるから、まずは気長に将来を待つ覚悟が必要である。

が、そうはいっても、今度の総選挙も、もし選挙人と政党とが、この選挙の争点をはっきりと理解したら、決して無意味な選挙ではない。

記者はその争点を政友会の地租委譲と、民政党の義務教育教員給全額負担であると思う。もっとも、実業同志会や無産派諸政党は、この外にも種々雑多の政策を掲げ、その中には傾聴すべき主張もあるが、しかし、それらは諸党の候補者が著しく少数であるため、全国各地の選挙人の投票の争点とはならない。

…

地租委譲と教員給全額負担との争いがなぜそのように意味を持つのかは……一言にすれば、地租委譲は反対者が何と言おうとも、地方分権、市町村自治の発展を促進する政策であり、教員給全額負担はこれに反する中央集権政策だ。そして、もしこの二つの政策がそのような意味を持つとすれば、今度の総選挙は、わが国の将来の文化の方向を決定するほどの重大な選挙であって、普選第1回の総選挙にふさわしいと言えよう。なお、2月20日は月曜日であるが、政府は当然これを公休日とすべきである。

日本で最初の男子普通選挙法に基づく総選挙がいよいよ、行われる。

その選挙のため、衆議院が解散された。

「読者諸君」と語りかけずにはいられない胸の高鳴りを覚えながら、湛山は文章を書き出している。

『東洋経済新報』が普通選挙のキャンペーンを始めたのは第一次護憲運動のときだから、もう15年ほどが経つ。それがようやく報われたのである。

「本誌はわが国において最も早く、かつ、最も頑強に普通選挙を主張してきた。もし、普選実現の陰の功労者を挙げるなら、本誌はおそらくそのいちばんの候補であろう」。

さあ、これからだ、という自負と気負いとともに、

〈自分を褒めてあげたい〉

珍しく、湛山がそんな感傷に一瞬、浸っている。

この時の普通選挙法は、あくまで男子に限った普通選挙であり、婦人参政権は除外されていた。また、朝鮮人と台湾人には参政権を認められなかった。さらに、生活困窮者や季節的に移動する労働者も排除された。しかし、納税額による制限を撤廃した日本最初の選挙法であることは間違いなかった。

有権者が一挙に１０００万人も増えた。この巨大な新票田をつかもうと各政党の争奪戦が始まった。

田中義一政友会総裁はこの総選挙の応援演説のために、蓄音機を活用した。

1928年2月20日、総選挙。審判は下った。

政友会　217議席

民政党　216議席

無産政党　8議席

政友会が勝ったものの、わずか1議席差でしかない。政権党であることを考えれば実際は負け戦だった。

政友会と民政党はそれぞれ政策を掲げた。政友会は地方分権ビジョン、民政党は中央集権のビジョンである。いわば「国の形」をめぐってめいめい有権者に訴えたわけで、第1回の普通選挙にふさわしい総選挙になったと、湛山は評価した。

ただ、湛山は8議席を獲得した無産政党の行方に目を凝らしている。

無産政党の諸陣営は、鳥打帽に背広姿の実直そうな運動員が宣伝ビラをさげて寒村を回った。文壇の大御所、菊池寛の出馬もあって、各地の立会演説会場は、聴衆があふれ出るほどの大盛況だった（井上寿一『吉田茂と昭和史』60～61頁）。

8議席では何もできない。しかし、政友会と民政党が議席数で拮抗しているため、彼らは「天秤」を握る絶好の位置にいる。

彼らが果たして、議会政治の要諦である「妥協と譲歩と漸進」の政治文化を身につけることができるかどうか。「もしも最初から一歩も自己の主張を譲らない人がいたら、そのような人は議会政治に参画することを断念すべきであり、もちろん議員であるべきではない」（「政友民政以外の議員は大同団結せよ」社説、１９２８年２月25日号)。

無産政党の議員たちはいずれも、経済と社会の現状に強い不満を抱き、改革と変革の情熱に駆られて、政治に飛び込んできたに違いない。その志やよし。

ただ、そこにはかつてバートランド・ラッセル(18)が言った「貴族政治的謬見《びゅうけん》」の落とし穴がある。

「今日の社会主義者の夢想する新社会は、往々にして彼ら自身を支配者の位地に置く考えで少数支配階級にとって都合の良い構想だというのである。これは単に社会主義者に対してばかりでなく、一般に社会改造を唱える者に対する実に痛烈な批評である」。

ゆめゆめ「自分を支配者の位地に置いて、物事を考える弊に陥る」ことのないように(「無産党の前途」社説、１９２８年３月10日号)。

もう一つ、湛山の懸念は、政党政治そのもののあり方にも向けられていた。

今回、初めて一票を投じた新たな選挙民の中には、日本の政治を改革するだけの力が潜んでいるに違いない。

しかし、肝心の政党のほうはそれに十分に応えることができるだろうか……。

(18) バートランド・ラッセル(１８７２〜１９７０)。イギリスの哲学者、論理学者、数学者。１９５０年ノーベル文学賞受賞。55年アインシュタインとともに、核兵器廃絶・科学技術の平和利用を訴えた「ラッセル＝アインシュタイン宣言」発表。

湛山の論説――㉙（社説、１９３１年４月18日号）

「近来の世相ただ事ならず」

浜口首相の再入院第三手術を機として、停滞していた政局がにわかに動き出し、浜口内閣は総辞職し、若槻後継内閣が組織された。記者にはこの際、一言しておきたいことがある。

浜口首相の遭難(19)後、首相は意識を回復された際に、辞意を決し、辞表を捧呈すべきであった。しかし、首相は辞職せずに偸安姑息《とうあんこそく》を貪った（目先に囚われその場しのぎをした）ために、この大きな国難のときに、わが国の政界をこの通りの道に外れた議会無視の状況に陥れた。その第一の責任は、何と言っても、遭難直後に去就を誤った浜口首相にある。

(19) 浜口首相の遭難。１９３０年11月14日、浜口雄幸首相が東京駅ホームで右翼団体構成員に至近距離から銃撃された事件。大怪我を負い一命はとりとめたものの、この傷がもとで翌年８月26日に死去した。

浜口氏の遭難は同情に堪えないが、わが国をこのような状況に陥れた罪は、死後なお鞭打たれても仕方のない罪悪と言わなければならない。

最近の最も良識を疑う顰蹙すべき事件は、井上蔵相と政友会実力者の数氏との会見である。会談したのは、いずれもわが国を代表する政治家だ。井上蔵相は会見の10日前までは、議会において野党の質問に対し、1930（昭和5）年度実行予算の歳入見積もりは決して過大ではない、歳入不足による赤字を公債で埋め合わす恐れはないと答弁したにもかかわらず、議会閉会後の4日目に、歳入不足補填のために公債を発行し、4800万円の赤字を出したことを明らかにした。そこで、政友会の実力者数氏は、膝詰め談判で蔵相の責任を追及し、蔵相は、不明は謝罪するが辞職はしないと突っぱねた。簡単に言えばそれだけのことである。しかしながら、衆議院に議席を持つ野党の実力者が顔を揃え、議会外の席で閣僚の一人に対し、議会での言明の責任を追及し、辞職を迫る膝詰め談判を試みたというような（議会軽視の）出来事は、世界の有議会国史上、かつてない事例であろう。

…

井上蔵相は議会を愚弄した、というのは今や一般の定評だ。議会で明言したことを、議会閉会後にすぐに、古びた靴のように棄てて顧みないのであれば、議会はあってもないのと同じだ。

…

政府は不信の標本と化し、議会は愚弄され、野党の実力者により政府へ問責が（議会の外で）直接行われている。道理をわきまえている者は、最近の世相は異常であると、ただごとならず、ひそかに深く眉をひそめている。

首相は職責を全うせず、政府の言明に信用はなくなり、議会は愚弄され、国民を代表する代議士は暴力団のように振る舞っている。以上を一言に括れば、ほとんど乱世的時相と評して差し支えない。

…

世の中で道義を無視することほど怖いものはない。国民が理性に信頼を失えば何をするかわからない。記者は、最近の世相を諦視するに、誠に深憂に堪えない。

1931年4月13日、浜口雄幸首相は内閣総辞職を決意した。後任は、若槻礼次郎。前年11月、国粋団体の暴漢に銃撃された際に負った傷が命取りとなり、浜口は8月26日、死去した。「浜口氏の遭難は同情に堪えない」と言いつつ、湛山の筆致はまことに厳しい。あの事件の後、浜口は意識が戻ったところでただちに辞任するべきだったのだ。国難の時だというのに、5カ月にわたってまともに国務を担うこともできなかった。しかも、この間3カ月は最も重要な議会会期中だった。かくして「わが国をこのような状況に陥れた罪は、死後なお鞭打たれても仕方のない罪悪と言わなければならない」。

「無道、無議会」とはどういう状況を指しているのか。

湛山は、その頃、問題となった井上準之助蔵相の議会軽視事件を例に挙げる。井上は、議会答弁では、1930年度予算の歳入見積は過大でなく、公債発行で埋め合わす必要はないと答えた。しかし、議会閉会後4日目に、歳入不足補填のために公債を発行したことを明かにした。野党政友会はカンカンになって怒った。

久原房之助幹事長、森恪[20]総務委員ら5名が院外で井上と会い、責任をとるよう要求、井上は遺憾の意を表明したものの、辞職を拒んだ。

議会における答弁は、議会を閉じれば弊履のごとく捨て去られるようでは、議会はあってもないに等しい。政友会が怒るのもムリはない。そこで彼らは、院外で直接行動に訴え、政府問責を問うた。そんなごり押しの議会外乱闘も情けないが、議会を愚弄した政府の責任ははるかに大きい。そもそも、民政党は「議会中心主義」を標榜してきた政党ではなかったのか。

湛山の沸々とした怒りが伝わってくる。

湛山に言わせれば、浜口内閣の金解禁政策は間違っている。これまで一貫して反対の論陣を張ってきた。しかし、ここで湛山が提起した問題は、浜口内閣の政策の是非についてではなかった。

「浜口内閣は、果たして国民に十分の言論を尽さしめて金解禁を行ったであろうか」。問題は「結果についての批判ではなく、その結果に到達する手続きである。そこに果たして政府専断のきらいはなかったか、国民のある部分に不平を醸成する原因とはならなかったかということである」(首相遭難の根因」社説、1930年11月22日号)。

ロンドン軍縮会議で締結した軍縮案についても同じことがいえる。

1930年4月の特別議会での論戦では、政友会は統帥権干犯問題をタテに政府攻撃を行った。湛山はこの時は、浜口内閣を支持し、統帥権干犯を持ち出した政友会を批判した。

ただ、この論戦の中で、浜口や幣原喜重郎外相の木で鼻をくったような答弁が目に付いた。政友会は幹事長名で声明を発表した。

「浜口首相は全然口を封じて答えず、ために政友会は浜口首相の態度をもって憲政を逆転せしむるものである」(井上寿一『政友会と民政党』106頁)。

そうした不満を募らせたのは国民も同じだった。「政治に対する不満が社会に起こると、乱を国民が望む」(「首相遭難の根因」社説)、そうなってからでは遅い。

浜口が、暴漢に襲われた時、浜口は「これは男子の本懐だ」と意気軒昂だった。湛山は、この心意気は「古来殉教者に共通する」ところであり、浜口の「厚き風格を躍如たらしめている」と大いに敬意を表した(「首相遭難の根因」社説)。

しかし、そのことと、浜口の出処進退の過ちとその「罪悪」とは別のことだった。

戦後、湛山が政界に入り、首相となり、そして病に倒れた時のこと。すなわち1957年2月23日、石橋内閣総辞職の日。

(20) 森恪(1882~1932)。政治家。三井物産勤務を経て衆議院議員に。外務政務次官、書記官長などを歴任。軍部と結んで侵略政策を推進した。

病室の湛山は、まくら元に詰めていた副官の石田博英官房長官の手を握りしめて、言った。

「きみ、何事も運命だよ」。

そう言って、目を閉じたという。

あの「罪悪」という言葉が、湛山の脳裏に去来したのではなかったか。

コラム

「原氏を政治家から再び新聞記者に引き戻したい」

原首相は、先日、『時事新報』の組織変更記念号に、原氏としては最近では珍しい文章談を載せている。その中で、原氏は次のように指摘している。福沢諭吉翁は、明治の初年において、すでに、文章の口語体化に苦心努力された。文化を世に広めようとする者の当然の努力である。しかし、最近のわが国の一般紙の論説は、まるでその努力をしていない――。

…

私は、最近世に出ている原氏の議論(それはすべて政治についての議論であるが)に、共鳴を感じたことがない。しかし、この文章論だけには、深く感服した。

…

あれだけの文章論を語る原氏はその心底に、並々ならぬ進歩思想を潜めていると見なくてはならない。

…

私は、原氏を政治家から再び新聞記者に引き戻したい。今日のわが国の社会の百弊を改める道は、取るに足らない策略を隠密裡に弄することではなくて、ただ言論文章の力によって国民を覚醒させることにある。そしてそれは新聞記者の職分である。
原氏は、福沢諭吉が文章の口語体化に苦心した見識を称賛するが、なぜ、福沢が終生一教師として、一記者として社会に尽くした見識を称揚し、自らまたこれを実行する態度に出ないのか。

（「原首相の文章論」『小評論』1920年10月16日号）

第五章

デフレ論争

湛山の論説――30（社説、1924年3月15日号）

「円貨の崩落と其対策　正貨無制限払下を断行せよ」

対米為替の崩落はますます甚だしくなり、最近はついに43ドルを切って42ドル丁度の声を聞くにさえ至った。この調子では、為替はどこまで低落するか予想できない。日米の物価から試算すると、所謂購買力平価[1]は100円対34ドル余という数字が出る。

……

いずれにしても42ドルでは、まだまだ下値があり得ることだけは想像できる。本当にそうであるなら、わが国の経済界は、今よりさらに円価の変動による不安に襲われねばならず、特に、輸出品産業は大きな困難を感じるであろう。

……

対米為替は必ずしも49ドル85の金平価[2]に引き上げる必要はないけれども、速やかに為替を適正価に安定させることが急務だ。その方法は三つある。第一は、以前より私が主張している通り、金の輸出禁止を解く[3]ことである。第二は金の輸出禁止は解除しなくてもよいが、政府は、今後一切正貨[4]の払い下げを行わないことである。

…

一体、金は何のために保有しているのか。必要の物資を買うときに使用しない金ならば、あってもないに等しい。日本にはこれだけの正貨があると誇るだけなら、余りに贅沢な装飾である。こうした観点からすれば、結局同じ結果を得るにしても、そのために正貨を死蔵するという方法をとるのがいかに愚かな選択か、くどい説明をするまでもなく明白である。

…

上記二つの方法の間をとった第三の方法が考えられる。それは金の自由輸出の禁止は現状のままとし、一方で、政府と日銀は為替相場の現状を標準にした一定の相場で、正貨を無制限に払い下げる方法である……この方法を採用すれば、まず第一に為替はその定められた位置で即座に安定する。したがって金の輸出を解禁する場合のように、いったんこ

（1）購買力平価。ある国である価格の商品が、他国ならいくらかを示す交換レート。ある商品が日本では200円、アメリカでは2ドルであれば、購買力平価は1ドル＝100円。
（2）金平価。金本位制度下で、本位貨幣に含まれる法定の金量を比較して得られる各国間の通貨の交換比率。法定平価。
（3）金の輸出禁止を解くとは、金の輸出許可制を廃止して、金本位制に復帰することを意味する。
（4）正貨。本位貨幣。通常は、金本位制度の下で、金貨のほかに金地金・金為替を含む意味で用いられる。

まで崩落した対米為替を、にわかに金平価までに引き戻すことから起こる輸入品に対する打撃がない。換言すれば、国内の物価に急激な変化を生じ、財界を混乱に陥れる危険が少ない。第二に、しかしながらこの方法では、金の払下げは、一定価格で無制限に行うため、金の輸出と払下げを禁ずる場合と異なり、正貨を死蔵する愚には陥らない。

…

いずれにしても、欠点のない方法はないが、わが国で実行するとすれば、この第三の方法が最も無難だろう。理想は第一の方法だが、今に至っては期を逸した。まず第三の方法によって、内外の物価を前述の水準に安定させた上で、第一の方法に近づくほかはあるまい。

この社説は、1919年から1931年に至る13年間のいわゆる金解禁論争の一方の立役者となった石橋湛山の記念碑的論文である。湛山、このとき40歳である。

ここで、湛山は、新平価による金解禁を主張した。金解禁とは、禁止された金輸出（金本位停止）をふたたび自由にし、金本位制に復帰することである。

日本は1897年に金本位制を導入したが、第一次世界大戦中の1917年9月、金輸出を禁止した。米国はじめ世界各国が金輸出を停止する中で日本だけが金輸出を続けると急激な円高になることを恐れたのである。

金本位制時代は、金平価は100円＝49・84ドル（つまり1ドル＝2円弱の水準）に固定されていた。金本位制が停止されてからは、円相場は常に変動するようになった。

第一次世界大戦の中で、日本は大いに繁栄を謳歌した。アジアの市場を制覇し、輸出が急増し、貿易黒字をため込んだ。日本は債務国から債権国へと転換し、新興工業国家として台頭した。

ただ、それらは欧米の輸出が大戦で一時的に減退するという要因によるものであり、日本の競争力が欧米を凌駕したためではなかった。したがって、大戦が終わると、欧米の対アジア輸出能力が回復し、日本は再び、貿易赤字に転落した。円の為替相場も下落し、1924年末には100円＝38ドルまで暴落した。それに、日本が競争力を持っていた対中綿製品輸出も、その原綿は米国から輸入していた。要するに、米国頼みの対中貿易だったのである。

日本は、1920年の株価暴落をきっかけに不況に入り、貿易収支は再び赤字基調となった。しかも、1923年に関東大震災が起こり、財政状況も悪化した。

為替の安定が「急務」だったし、日本経済のひ弱な体質を克服するための構造改革が必要だった。それには金輸出禁止を解禁し、つまり金本位制に戻り、企業の整理・合理化を促すべきであるとの考えが官民問わずに強まった。1924～25年にかけて、ドイツと英国が金本位制に復帰したことも、金解禁論者には追い風となった。

ただ、その金解禁を1円＝49・846ドルの旧平価でやるか、それとも円の実勢である新平価でやるか。

政府や財界指導者たちの多くは、円の切り下げ状態での解禁は「国辱問題」であるとして、できるだけ円切り上げ状態に持っていき、旧平価で解禁することにこだわった。

これに対して湛山は、旧平価ではなく新平価での解禁論を提唱した。金解禁、すなわち金本位制には、為替相場を安定させる働きがある。その点において、湛山も金解禁実施を支持する。

しかし、外貨準備も積み上がっていた第一次世界大戦時の好況の時であればともかく、いま、この不況のただ中で、旧平価で金解禁するのはタイミングが悪すぎる。旧平価による解禁を断行すれば、物価は下落する。それによって賃金は低下し、消費も減退する。

湛山は、そのように説き、金解禁は、現時点での為替市場の実勢相場を踏まえて行うのが現実的である、と主張した。

5年後、旧平価による金解禁をシングル・イシューとする浜口雄幸内閣が登場した。

湛山は敢然、反対の狼煙を上げた。

結果は、湛山の警告したとおりになった。大恐慌が日本を襲ったのである。

経済史家の長幸男は、「金解禁問題ほど、鮮やかに決着のついた論争はない。新平価解禁論者の決定的な勝利であった」と記した。

その「勝利」の意味は、湛山たち〝町の経済学者〟が経済の体温と脈拍を誰よりもよく読んでいたというにとどまらなかった。

「1930年代を画期とするいわゆる管理通貨制度への移行という国際通貨体制の帰趨につい

ても彼らが正しい直感的展望をもっていた」点がまさに勝利だったと言うのである。

長は、湛山がこの論考で主張した「第三の方法」に秘められた「直感的展望」に透明な理性を見たのである（長幸男『石橋湛山の経済思想』36頁）。

湛山の論説――㉛（社説、１９２７年１月１日・15日号）

「物価下落を希望する謬想」

経済の堅実な回復を図るためには、まず物価を引き下げなければならない。これが、過去数年のわが国の経済界の輿論であり、そして事実、物価は著しく引き下げられた。

今年は、もし片岡蔵相の予定通りに事情が進行するならば、今年の中頃には金の輸出が解禁されるだろう……物価がさらに下落することに疑いはない。

…

物価の下落は、換言すれば不景気ということにほかならないから、もし本当に今年の物価の動向が上記の通りとすれば、今年の日本経済は、残念ながら昨年に引き続いて不景気を免れないと結論するしかない。

…

世の中には今でも、物価を安くすることが国民の生活を楽にするかのように説く者が少なくない。収入（金額で計った）が変わらなければ、物価が安くなると確かに暮らしは楽になるであろう。しかし、現在の社会の大多数の人々には、そんなことは許されない。物価が下がるとともに収入も減る。しかもその減り方は物価の下がる率よりも大きい。そしてついには、多数の失業者が生じる。

…

これまでの経済界が、健全であると自任してきた輿論が、常に物価の高騰を悪とし、その下落を推奨してきた唯一の根拠は、対外関係にある。ある国の物価が、外国の物価に比して高騰すると、貨物の輸出が減少し輸入が増加するため、金が流出する。そして、金が流出することは、金本位国においては紙幣兌換の基礎を脅かす現象であるため、紙幣兌換が不可能になり不換紙幣を通貨とすることになれば、それはこの上なく不健全な経済状態だとされてきた。ここに、健全であるべき経済界の輿論が、常に物価下落に加担してきた理由がある。しかし、この理由は、果たして無批判に承認してよいものであろうか。

説明するまでもなく、その理由は、金本位制の維持、即ち紙幣金貨兌換の維持が唯一の根拠である。が、金本位制がなぜそれほどまでに大切なのかを考えると、ただ歴史上にそれが比較的経済社会の幸福に資した時代があったという以外には何もない。

…

世界各国で、第一次世界大戦前から言葉通りの金本位制を実施していたのは、恐らく英国だけで、わが国はもちろん、他のどの国でも、名は金本位制といいながら、実は通貨の人為的管理を行っていた。戦後は英国もまた同様になった。人知は最早死物である金に頼らず、自ら通貨の管理を行い得る域に進んだのである。わざわざ大害のある物価の下落を強行して、今さら金本位制に戻る（それも実は名ばかり）必要がどこにあろう。

湛山はデフレが嫌いだった。

「従来一般の経済常識は不思議と常にインフレーション（通貨膨張物価騰貴）を不健全だとして排斥するが、デフレーション（通貨収縮物価下落）を無条件に健全なる現象として推称する」と疑問を呈し、「整理とか緊縮とかいう言葉を、まるで偶像を崇拝するかのようにありがたがる」金解禁派の信念を「俗見」であると批判した（「新平価金解禁論に対する反対論を駁す」社説、1929年3〜5月）。

なぜ、「健全なる経済界の輿論」はつねに物価上昇を嫌い、物価下落を喜ぶのか。

その理由はただ一つ、対外関係への考慮から来ている。日本のインフレが外国のそれより高いと、輸出が減り、輸入が増え、金が流出する。政府も経済界も、それを嫌う。なぜなら、金が流出するということは、金本位国においては紙幣兌換の基礎を脅かすことになるからである。しかし、この理由づけは、金本位制を守るための論理でしかない。金本位制をそんなにありがたがらなければならない理由などない、と湛山は主張する。

なぜ、要路が金本位制をそれほどありがたがるのか。それを確立することが、一等国の証しだとする「国威発揚」論がそこにあったことは間違いない。

その昔、松方正義[5]は「兌換銀行券条例」（１８８４〈明治17〉年）を発布し、事実上「銀本位制」を確立した時、次のような歌を詠んだ。


白がねの世とはなれどもいつかまた黄金花咲く春を見んとは

金本位制の確立が、松方（そして金融支配階層）の見果てぬ夢だったのである（小島直記『異端の言説・石橋湛山』２２０～２２１頁）。

ただ、政府・経済界が金本位制への復帰（金解禁）を急いだことの理由としては、１９２０年代初め、日本の国債発行の海外保有が3割近くを占めていた背景もある。当時、日露戦争の際、発行した大量の外債の借り換え時期を迎えており、借り換えを円滑に行うためには金本位制に旧平価で復帰しなければならないという切迫した気持ちに駆られていた（岩田一政『デフレとの闘い』21～22頁）。

金解禁論議では、「政府・大資本対中小企業・労働者」および「金融資本対商業資本」という対立軸が立ち現れた。

（５）松方正義（１８３５～１９２４）。政治家。渡仏して財政を学んだ後、大蔵卿就任。１８９１～92年と１８９６～98年には首相を務めた。

後に湛山は、浜口民政党内閣を金解禁問題で手厳しく批判することになるが、その際に、浜口雄幸首相は「大金融資本家かぶれ」であり、井上準之助[6]蔵相に至っては「大金融資本閥内に遊泳している人物で、その思想がそこから一歩も外に出ていないことは言うまでもない」と切り捨てている（「金解禁が農村に及ぼす影響」『改造』１９２９年９月号）。

その逆に、東洋経済新報社は、金解禁論者の笠信太郎[7]からは「金融寡頭政治下にひしがれた、産業資本のいぢけたカリカチュアでしかない！」と罵られた（上田美和『石橋湛山論』80頁）。湛山はあくまで勤労者の生活から経済をとらえようとした。円高不況を引きおこした場合、賃金低下、待遇劣化など直接、打撃を蒙るのは中小企業と労働者であると見なしたし、実際、そうなった（「金解禁実施後の楽悲両観」社説、１９２９年11月30日号）。

金解禁派の国家観の底には、恐らく士農工商的秩序観が横たわっていたかもしれない。「武士は食わねど高楊枝」の官僚や金融機関はデフレ派であり、「商人や屏風は直には立たぬ」の商社や自営業者はリフレ派である。そして、この秩序観は、日本の経済風土に根強く残っているように見える。１９９０年代からの「失われた20年」で特徴的だったバブル憎しの善玉デフレ論などはこのデフレ「偶像崇拝」の典型だっただろう。

21世紀には、そこにさらに世代間対立が絡みつく可能性が強い。

過去の蓄積に基づく今の資産を目減りさせまいとするデフレ派の高齢層と今の負債をできるだけ減らすような将来の展望に賭けるリフレ派の若年層の対立である。

湛山の論説――㉜（付録、1927年4月23日号）

「大恐慌遂に来る」

わが国においてはもちろん未曽有、世界においても恐らくは未曽有な大恐慌がついに来た。どこの国に、平時において、全国的モラトリアム（支払猶予令）を施行したところがあろう。今はまだ、大恐慌は金融界に限られているが、その影響は商工業界に波及するであろう。今は最早、一切の処置が手おくれである。

記者は、3月初めに衆議院で震災手形処理法が、実業同志会と政友会にしきりに非難攻撃を受けていた際、もしもこの法案を一政商の救済に過ぎないとして否決すれば、財界に

（6）井上準之助（1869～1932）。銀行家、政治家。横浜正金銀行頭取、日銀総裁、蔵相を歴任。血盟団の小沼正によって暗殺される。

（7）笠信太郎（1900～1967）。ジャーナリスト。朝日新聞社論説委員などを歴任。著書『ものの見方について』など。

恐るべき影響を与えることになると警告した。

　実業同志会と政友会は衆議院で多数を占めていなかったため、この法案は通過したが、それでも政友会などが企てる無謀な攻撃は、無知である世論の支持を受け、鈴木商店を潰し、台湾銀行を傷つけ、(8) 法案通過の効能をほとんど無に帰した。これが、今回の大恐慌を引き起こしたそもそもの原因である。

　が、もし、実業同志会と政友会の策動がそれで止まっていたならば、怪我はまだ少なかったかもしれない。しかし、彼らはまた、若槻内閣が台銀救済のために立案した2億円補償の勅令発布にも反対した。そして枢密院は、その反対論に乗ってこれを否決した。震災手形処理法の惨々な体たらくと鈴木商店の破綻暴露で、諸銀行から短期資金の引き締めにあった台銀を成るがままに放置すれば、廃業に至らざるを得ないのは当然である。しかも、それは実に差し迫った問題である。どこに臨時議会を召集する暇があろうか。政府に手落ちがあるとすれば、その責任は別に問うこととして、この際はただ政府を支持して経済界の破綻を防ぐ、それこそが公明な政治家のとるべき手段であったのに、実業同志会と政友会と枢密院とはまったく逆の態度に出た。そして、ついに大恐慌を起こしたのである。

　彼らがこのような愚挙に出たことには、二つの原因が想像できる。第一は、彼らの経済的知識の浅薄であることだ。そのために彼らは、自らの愚挙が財界にどれほど重大な結果をもたらすかを予見できなかった。第二は、彼らの政権欲である。これは政友会について言えることである。彼らは若槻内閣を倒し、政権を奪取するためにはどのような手段を弄することも厭わない……若槻内閣を攻撃し失敗した彼らは、格好の材料として震災手形および台銀事件を選んだ。しかもその選択は、彼らの目的に対して、予想より大きな成功を収めた。経済的知識の浅薄な実業同志会、枢密院議員、および世論は、彼らを支持した。そして、政権は政友会の手に帰した。しかし、そのために経済界は大恐慌の代償を払わされた。政友会は、経済界に大恐慌という貢ぎ物を出させて、内閣を買ったのである。

1927年3月14日。

議会は若槻礼次郎内閣が提出した震災手形整理2法案を審議していた。

片岡直温(9)蔵相は、答弁した。

「ごらんなさい、あなた方がいろんなことをいうもんだから、東京渡辺銀行が本日正午支払いを停止したんです」。

不正確な発言だった。東京渡辺銀行は行き詰まってはいたが、預金者への支払い停止はしていない。

(8) 片岡直温蔵相の失言(後述)をきっかけとした取り付け騒ぎにより、台湾銀行は商社鈴木商店への新規融資を打ち切り、鈴木商店は4月5日に営業停止へと追い込まれた。

(9) 片岡直温(1859~1934)。実業家、政治家。日本生命社長、都ホテル社長、衆議院議員。商工大臣。大蔵大臣などを歴任。

が、時すでに遅し。「渡辺銀行倒産！」のニュースが、金融パニックを引きおこした。

震災手形整理2法案は、「財界の癌」と言われた「震災手形」を抱え、不良資産に苦しんでいた全国銀行を救うため、震災手形を処分することを意図していた。

ただ、その真のねらいは鈴木商店と台湾銀行の救済にあり、野党の政友会と実業同志会はそれ故に法案に反対していた。

湛山は、同法案は鈴木商店という「一政商」の救済に過ぎないとして否決することのないように警告を発していたが、結局、恐慌になだれ込んでしまった。

政友会と枢密院の救済反対の動機は湛山が言うように「政権欲」だっただろう。しかし、そこには一企業を救済するのに公的資金（つまり国民の税金）を導入するにあたって、必然的に問われる公正の問題があった。湛山の言葉を用いれば、「ややもすれば個人の損は連帯主義で社会に帰し、利は個人主義で自分が占めようとする」のは不公平ではないのか、という問題である。

鐘紡社長の武藤山治[10]（実業同志会）はこの法案に猛反対したが、その理屈はこのような疑問からだった。それに対して、片岡直温蔵相はそれでは「財界が攪乱されるおそれがある」と反論した。

湛山は、「今日の社会を眺める原理としては、片岡蔵相の主張に同意せざるを得ない」とする。今日の社会機構は、団体主義と社会連帯主義を組織原理に組み込んでおり、もはや絶対の個人主義、自由主義の適用を許し得ない。だから次の心構えで臨めと諭した。

「小の虫を殺して大の虫を助けるという諺があるが、これは小の虫を生かして大の虫を助けるのである」。政商などを国民の税金で救済するのは感情の上では納得できないが、そこは「大の虫」（社会全体の利益）を守るために「小の虫」（「不都合者」）を生かすべきだというのである。同時に、湛山は、個人の過失を連帯責任で社会がおわねばならぬとすれば、さらに個人の功績もこれを社会に回収する必要が生まれてくる。団体主義と社会連帯主義はそこまで行ってこそホンモノであると説いた（「震災手形問題に現れたる両原理」社説、1927年3月12日号、「震災手形法案可決の条件」時評、1927年3月19日号）。

翻って、1990年代以降の日本の「失われた20年」である。

1992年夏、宮澤喜一[11]首相が住宅金融専門会社（住専）に対する公的資金導入を模索した際、大蔵省は「母体行の責任で対応する」との姿勢を変えず、それを阻んだ。大蔵省は公的資金導入の国庫負担を嫌った。

政府・自民党は、公的資金導入は農林系（金融機関）をめぐる政治家と官僚の腐敗や金融系（市中銀行など）と財政・金融当局との癒着に激しい憤りを募らせていた国民の総反発を恐れ、その後5年近く、問題を解決できなかった。

1997年11月に起こった深刻な金融危機によって、政府は否応なしに公的資金導入に追い

（10）武藤山治（1867〜1934）。実業家、政治家。鐘淵紡績社長として成功をおさめる。その後、実業同志会を結成、政治家に。
（11）宮澤喜一（1919〜2007）。政治家。大蔵官僚を経て政界へ。経済企画庁長官、通産大臣、外務大臣、大蔵大臣、内閣総理大臣などを歴任。

込まれたが、導入規模は中途半端に終わり、事態をかえって悪化させた。１９９８年春には信用不安が拡大、同年秋には日本長期信用銀行が破綻した。

結局、公的資金枠は、10兆円、30兆円、60兆円、そして１９９９年12月には70兆円へと膨れあがった。

「失われた20年」の最初の10年は、金融機関と日本政府が、バブル破裂後、金融機関が背負い込んだ巨額の不良債権に対する迅速な処理に失敗したのが原因だった（船橋洋一編著『検証　日本の「失われた20年」』４１２〜４１３頁）。

湛山の論説――㉝

「現今の我国の不景気と新産業革命の必要」

（『地方行政』１９２８年８月号）

わが国の産業は、明治維新以来

一、東洋に従来知られなかった西洋近代の産業技術を利用し、

二、わが国以外の東洋諸国が産業的に著しく遅れていた隙に乗じ、

西洋先進国も驚嘆する急速の進歩を遂げました。しかし、このような事情によるわが国の産業の進歩は、およそ第一次世界大戦前までに、ほぼ到達しうるところまで到達し尽くしました。これからは是非、日本独特の工夫を産業の上に施し、単なる西洋のまねでない仕事をしなければ、発展の余地がないところまで来てしまったのです。

（人生にたとえるならば）わが国の産業は、ちょうど世界大戦前頃に大学か、専門学校を卒業したところです。

…

ここにきて、わが国の一部には近年非常な悲観論が現れてきました。わが国は領土が狭く、天然資源は乏しく、到底産業の発展に見込みがないとの主張がそれです。が、私は、このような悲観説には全然承服致しません。

…

この状態を救うには、個人の創意に任せることです。個人個人に、その思うままに力を振るわせ、生産をさかんにし、生活を豊かにして彼らの不満を取り除くこと。これがすなわち産業革命であったのです。でありますから、産業革命は自由主義、個人主義の経済組織の採用であったとも言えるのです。

私どもが子どものころ、サミュエル・スマイルズ氏[12]の『自助論』がさかんに読まれたものでした。「天は（自ら）助くる者を助く」がこの本のモットーで、内容は世界の有名な発明家、学者、芸術家らが、いかに勉強苦心して成功したかを記したものであります。……なぜこの本は、内外でそれほど多くの人に読まれたのか。それは個人の創意、勉強努力の福音を説いたものであったからです。いわば近代産業革命の精神を高唱した経典であったからです。

…

年月を重ねるに従って、そこからまた固定した一種の組織ができ、個人の創意を取り入れるのに不便な状況が現れてきました。

…

これを立て直す指導原理は、やはり個人の創意の自由な発揮のほかにないと信じるのです。すなわち産業革命を、もう一度繰り返すのです。新産業革命を行うのです。

新産業革命は、何によってこれを行うのでしょうか。

最も有効な手段は、常に地方自治制の権力拡充——権力というと、あるいは語弊があるかも知れませんが——つまり地方自治体に本当に自治の実体のある活動の自由を与えること——を主張します。言い換えれば中央集権性の打破であります。


湛山にはマクロ経済の論考が多いが、その際の視点は、先に触れたように企業の活動と個人の生活にしっかりと注がれていた。決して、ミクロ経済を軽視していたわけではない。この論考もミクロの観点から、日本経済の革新と構造改革の必要性を訴えている。

湛山はここで言おうとしていることは、明治以降の日本は、西洋近代の産業革命の成果をいち早く活用し、発展を短縮化させることで生まれる「後発の利点」と、日本以外のアジアの国々がこの動きについていけないその間隙を日本が衝き、そこでの市場で優越的な立場を築いた「先発の利点」の双方の利点を上手に生かしたことで目覚ましい発展を遂げた、ということである。

しかし、それらの利点の賞味期限は第一次世界大戦前までには切れた。したがって今後は、

(12) サミュエル・スマイルズ（1812～1904）。イギリスの作家、医者。主著*Self Help*は、中村正直訳によって『西国立志篇』として邦訳され、その思想は広く影響を与えた。

日本独特の工夫を凝らし、西洋の模倣から脱却しなければ、発展は滞る。

日本の発展が欧米の模倣、つまりはキャッチ・アップ型であり、それゆえに底が浅いことを湛山は痛切に感じていた。

たとえば、野口英世[13]が十数年ぶりで帰国した際、日本の朝野の歓迎ぶりについて、まことに結構なことであるとしながらも、これでいいのか、と問いかける。

第一に、野口博士の業績を発見したのは日本ではなく欧米だった。欧米で博士の功績を高く評価された後に、日本はその尻馬に乗って「博士は偉い偉いと騒いでいるに過ぎない」。

第二は、野口博士は、自分がもし日本にとどまっていたら、せいぜい検疫医ぐらいにしかなれなかっただろう、おおらかな米国で研鑽を積んだおかげで何とか学者としてひとかどになれた、とある人に述懐したという。「もしロックフェラー研究所という所を得なかったら、果たして今日の野口博士はあっただろうか」（「野口博士の名声」小評論、1915年9月15日号）。

その後、日本が日中戦争の泥沼に足をとられ、経済が軍事化し、活気を失っていく中で、湛山は、「日本の病気」として「勇敢に現実を直視しない病気」と「自己の力量を計らざる病気」を挙げた（「期待に反した新内閣の声明」社論、1940年8月10日号）。

キャッチ・アップ型発展を続けてきた結果、欧米から力量を計ってもらい、評価してもらうことに慣れ、自ら自己の力量を計り、自らを的確に評価するのが苦手になってしまった。

キャッチ・アップ型発展の次に踏み出すには、企業と社会の双方で革新を生み出さなければならない。それこそが「産業の変化とともに生まれてくるサムシング・エルス（何物か）」である。

そして、その革新を生み出すのは、自助（セルフ・ヘルプ）の精神にほかならない。キャッチ・アップ型発展の「次」への希求は、戦後も何度も輪郭を現した。

１９７９年にエズラ・ヴォーゲル（ハーバード大学教授）が『ジャパン・アズ・ナンバーワン』[14]を出版した頃には、キャッチ・アップ過程がいよいよ終わったとの意識が強まった。大平正芳首相[15]が描いた「環太平洋国家」や「田園都市構想」などの新国家ビジョンはそれを多分に意識しての試みだった。

冷戦後もこのテーマとの格闘は続いた。

日本は、欧米へのキャッチ・アップ型発展をほぼ達成した後も、その先のビジョン形成と政策展開が十分にできないまま、グローバル化とデジタル化の波に投げ込まれた。そこでは先進的事物への適応条件と適応時間に革命的変化が生まれた。日本より後発の国々（台頭国）が一気に先進的事物にアクセスし（グローバル化）、世界大規模の市場を手にし（デジタル化・ネットワーク効果）、しかも適応懐妊期間を一気に短縮する（蛙跳び発展）ことが可能になった。日本は、キャッチ・アップ型発展での「後発の利点」はもはや期待できない一方、キャッチ・

（13）野口英世（１８７６〜１９２８）。細菌学者。黄熱病や梅毒などの研究で知られる。ノーベル生理学・医学賞の候補として3度名前が挙がった。
（14）『ジャパン・アズ・ナンバーワン』。社会学者エズラ・ヴォーゲルによる１９７９年の著書。戦後の日本経済の高度成長の要因を分析し、日本的経営を高く評価。
（15）大平正芳（１９１０〜１９８０）。政治家。大蔵官僚を経て政界へ。外務大臣、通産大臣、大蔵大臣、内閣総理大臣などを歴任。

アップされる側の「先発の利点」もキャッシュ・イン（高く得ること）できない状況にある。

そこに、冷戦後の「失われた時代」の本質がある。

湛山の論説――34（社説、1929年7月20日・7月27日・8月3日号）

「消費節約の意義及び効果」

浜口内閣の、金解禁準備としての消費節約政策は、今やほとんど冷静な批判の余地さえ与えないほどの熱情で宣伝され、新聞紙上に現れる言論もほとんどこれを国難打開の唯一無二の英雄的政策であるかのように口を揃えて賞賛している。あるいは、多数の国民中には、この政策の前途について内心少なからず疑問を持つ者もあるに違いないが、今のところ、それらの疑問を発表できる隙もない。

これまでも、政治的問題について、たとえば大正初年の憲政擁護運動や、あるいは関東大震災後の護憲運動の場合のように、国民の思想を熱情的に方向づけた事件は起こったが、恐らく純粋に経済の問題で今回のような形勢がつくられたのは初めてであろう。

…

ところで、浜口内閣の金解禁準備としての消費節約方針について考えてみると、果たして、その目的は合理的に、その手段は科学的に討究し尽くされたものと言えるだろうか。

…浜口内閣が主張しているのは、ただ消費をやめよということだけで、ほかには何の用意も含まれていない。消費をやめるということは、生産をやめるということである。すなわち国民に働くなということである。そのような消費節約は、合理的消費節約では断然ない。

…それならば、浜口内閣は、どのようなところに、消費減少に国民福祉を増進する力があると信じたのであろうか。その理由は二つあると推察される。すなわち、

第一は、消費が減少すると、外国貨物の輸入を減少させるか、もしくはわが国の貨物の輸出を増進し、所謂国際貸借のバランスを改善すると考えられること

第二は消費の減少は、わが国の物価を下落させ、この点からまた貨物の輸入を減少させ、輸出を増進するだろうと考えられることである。そして、この二つがもし実現すれば、金の輸出解禁を可能とする。換言すれば、金の輸出解禁のためには、まず官民の消費を減少し、前記二項の結果を実現しなければならない。これが、まさしく浜口内閣の信仰であろう。

…そのように考えれば、現在、浜口内閣の考えている官民消費の減少は、どうしても直接的に国民労力の浪費（すなわち失業）を生ずる恐れがあると同時に、結果的に物価の一般

的低下を招かざるを得ない。もし物価の低下が必然的な結果とならなければ、予想した消費減少の目的（すなわち国際貸借関係の改善）は達せられない。

…

そうは言っても、私は、浜口内閣が本当に国家のためを思って努力していることを疑っているのではない。が、真面目だからといって良政であるとは限らない。良政には真面目のほかに智恵を要する。科学を要する。浜口内閣には残念ながら今のところ、その智恵と科学が欠けている。特に、首相と蔵相の考慮を私は切願する。

1929年7月2日、民政党の浜口雄幸内閣が発足。蔵相には日本銀行総裁を2度務めた井上準之助が就任した。組閣の日、浜口内閣は金解禁の方針を打ち出した。浜口内閣は11月に旧平価金解禁を決定、翌1930年1月11日に実施した。国民は祝賀ムードでそれを歓迎した。「金解禁ぶし」という歌まで飛び出した。内閣は順風満帆のように見えた。

ところが、1929年10月のウォール街の株価大暴落を機に起こった世界恐慌で筋書きは狂った。そのあおりを受け、日本でも恐慌が広がった。

円の為替水準を14％も切り上げた旧平価で解禁を行ったため輸出は大幅に減少する。したがって、デフレ政策により国内需要を縮小させ、輸入を削減させ、経常収支の均衡を図らなければならない。金本位制復帰によって世界に雨戸を開けたとたんに、世界大恐慌の寒気団が襲ってきたのである。

小津安二郎監督の無声映画『大学は出たけれど』[16]が公開されたのもその頃である。就職できなかったことを親に言えず四苦八苦する主人公の姿は共感を呼び、映画名がそのまま流行語になった。

実際、1930年の大学・専門学校の卒業生のうち58％は就職できなかった。法・文・経済学部ではその率は80％に達した。

膨大な失業者の群れが帰農していった。工場労働者の約4割、鉱山労働者の約2割が帰農したという（森武麿『アジア・太平洋戦争』51頁）。

湛山は、声をからして金解禁反対を唱え続けた。

「危険至極である。左様なバクチは苟も国家としては打つべきでない」（朝日新聞「検証・昭和報道」取材班『新聞と「昭和」』37頁）。

「不景気という現象は……われわれの唯一の宝たる人間の労力ないしその労力の結果として蓄積せられた資本を、働かずに遊ばせておくことにほかならない……ゆえに私は人間社会の最大の罪悪は不景気であると考える」（「不景気は人間社会最大の罪悪」『実際経済問題講座月報』第2号、平凡社、1930年7月7日発行）。

「井上蔵相のように、死ぬ者は死ね、倒れる者は倒れろ、というのがすなわち対策であると心得ているのでは、これは対策ではなくして、無策である」（「不景気対策の検討」論説、1930年9月6日号）。

1931年4月、浜口死去の後、若槻が再び、組閣したが、同年9月、英国が金本位制から離脱した。日本も後を追うだろうとの思惑から猛烈なドル買い投機が起こった。政府は円防衛のための高金利政策で応じた。

だが、結局、若槻内閣は閣内不一致で総辞職した。

12月13日、犬養毅政友会内閣の登場とともに、高橋是清も蔵相として戻ってきた。高橋はその日、金輸出再禁止のための大蔵省令を発令した。

1934年12月。湛山は金本位停止後の3年間の「実験」を振り返り「金本位停止の成績は頗る満足すべきものであった」と記した。

卸売物価指数は、1931年を100とすると、32年112、33年129、34年（1～11月）135。一方、米国は32年81、33年93、34年（同）108。日本は、大恐慌からいち早く抜け出したのである（「金本位停止下の満三年　特筆すべき我経済界安定の実績」社説、1934年12月15日号）。

もっとも、湛山自身は、高橋蔵相の金本位停止を高く評価しつつも、「その時は、もう、おそ

（16）『大学は出たけれど』。小津安二郎監督の映画。1929年公開。昭和初期を舞台に、職に就けない求職者たちが奔走するさまを描く。

かった」と戦後、回想している。

金解禁政策がもたらした大不況と国民の深刻な生活苦は、五・一五事件と二・二六事件の首謀者である青年将校と右翼団体の勢力を伸長させる上でまたとない「基盤を提供」した。「日本を今日の悲境に立たせたのは、実に昭和5年の金解禁だったともいえる」(『湛山回想』270～271頁)。

湛山の論説——35

「昭和十一年度予算の編成　軍部と大蔵との思想の対立」

（社説、1935年12月7日号）

1936（昭和11）年度の一般会計予算が、とにかく一応は無難なところに落ちついたのは、決して確乎たる指導原理に従って予算が編成された結果ではない。それは二つの分裂した思想が互いに牽制しあい、相剋した結果、偶然ここに落ちついたということに過ぎない。そのようにして生まれた予算に安定感が欠けるは当然だ。

二つの分裂した思想とは、言うまでもなく、一つは軍部の、もう一つは大蔵当局の思想である。前者は「非常時」を真っ向に振りかざして軍事費の無限の膨張を要求し、それが容れられないとすれば、それは今日の経済社会制度が悪いからであるとの一種の革命的思想を抱いている。後者はこれに反して、そんな革命は現実の問題として容易に行われるものではなく、少なくとも当面の処理は健全財政主義によって行う外はないとする。そしてこの両者は、ここ3年来、論争し反発し合いながら、いまだに両者を総合する共通の指導原理は打ち立てられないでいるのである。

…

陸海軍と大蔵とは、どちらも政府の一機関である。その内部においていかに激しく論争討議するのも勝手であるが、たとえばそれをいたずらに外部に洩らして、国民の不安を煽るような行いは、不謹慎至極と言わざるを得ない。先般の予算閣議中、高橋蔵相が陸海軍大臣に述べたとされる発言の一部が新聞に報じられたことには、どのような事情があったのか。これも無用のことであったと思う。しかし、その翌日陸軍が、蔵相の発言に対して、激昂した調子で反駁的声明を発したことには、心ある国民なら、一人として顰蹙しない人はいなかったであろう。一体、この声明の主たる陸軍とは何者なのか。

…

さて、であるならば、この財政上の二つの思想は結局どのように総合するのがよいのであろうか。

…

今日のわが国の産業に、どれほどまで軍需に応じる力があるか。また、年々どれほどの軍需の増加を受け容れる力があるか。これが、軍需費決定の唯一の目安である。もし、この目安を無視して、無闇に軍需費を増加させれば、必ず国民経済に破綻――たとえば国際収支の逆調、インフレ、国民の生活窮乏など――を惹起する。この観点からすると、記者は10億5900万円の軍事費は、今のところさして危険なものとは思わない。しかし、とはいっても決して油断はできない額である。少なくも国際収支にその悪影響を与えないためには、この軍事費を使用する軍事当局は余程慎重な計画を立てる必要があるだろう。

しかし、同時にまた財政は、大蔵当局が言うように22億7100万円より増やせないものでも、また公債は必ず漸減しなければならないものでも、決してない。これもまた、わが国の産業力の問題だ。

岡田啓介内閣は、1935年11月29日、1936（昭和11）年度の一般会計予算の政府原案を徹夜の閣議で決めた。

歳出22億7100万円。うち陸海軍事費10億5900万円、また歳入のうち6億8000万円は公債で賄う。大蔵省の努力によって公債発行額は前年度予算に比べ9000万円減額したが、陸海軍事費は3600万円増加した（一般歳出は2100万円増加）。

湛山はこの予算案は前年度予算より「いくぶんの公平が保たれた」と積極的に評価した。

政府原案をつくったのは高橋是清蔵相だった。高橋は、田中義一内閣の蔵相として1927年の金融危機の火消し役を見事果たしたが、1931年12月、犬養毅内閣の誕生とともに再び、蔵相に返り咲き、不況が深まる中、金解禁禁止を断行した。

高橋は、若槻礼次郎民政党内閣が投げ出した金融恐慌を二度にわたって後始末する役回りを演じることになる。

高橋の次の決断は、1932年度予算で、赤字国債を発行し、さらに32年11月、「一時の便法」として、国債の日銀引き受けを始めたことである。

金本位制停止（と円安）、低金利政策、赤字財政が「高橋財政」の三本柱だった。総需要を喚起し、不況からの脱出をはかろうとするケインズ主義経済政策の先駆けだった。

それが功を奏したことは、湛山が「金本位停止下の満三年　特筆すべき我経済界安定の実績」（社説、1934年12月15日号）で指摘した通りである。

高橋は、積極財政主義を信じた。それは、彼がかつて農商務省で働いた際、薫陶を受けた前田正名[17]の殖産興業政策の理念に基づいていた。財政政策は国の産業経済を育成発展させるべく積極的に利用されるべきものであって、ただ緊縮財政をもってよしとするものではない、という思想である（大島清『高橋是清』6頁）。

その高橋も、1935年6月、赤字国債の減額（国債漸減主義）へと舵を切り替える。高橋は日銀の国債引き受けには国債の売りオペレーションを組み合わせるなど財政規律には配慮した。しかし、景気回復に伴って、国債の市中売却が民間資金と競合し、困難になり始めた。

1936年度予算閣議では健全財政を堅持する大蔵省と軍事費増大を主張する軍部との間に激烈な論議が行われ、高橋が軍部をたしなめる一幕もあった（後藤新一『高橋是清──日本の〝ケインズ〟』4頁）。

湛山は高橋積極財政を支持してきたが、同じくこの頃から財政規律との両にらみのスタンスに修正しつつあった。それを明確に示しているのが同年4月の高橋との対談「高橋蔵相縦談」(『東洋経済新報』5月4日号)であり、これ以降、次第にインフレへの警戒感を強めた。

その際、湛山は1936年度予算での「軍事費10億円確保論」を提案した。「確保」とは「限度」を意味したが、実際の陸海軍事費は10億5900万円と決まった。湛山がこの論考で予算案を「いくぶんの公平が保たれた」と評価したのは、そうした背景がある。

湛山はその後も、財政膨張の危険に注意を喚起した。とりわけ、二・二六事件で高橋が暗殺された後、軍部のいいなりになった広田内閣、中でも馬場鍈一[18]蔵相の〝媚軍財政〟を手厳しく批判した。

高橋の暗殺は、日本の財政規律の暗殺にほかならなかった。以後、国防費に対する歯止めは効かなくなる。

1937年7月、日中戦争が勃発した。

「財政にはまったく余裕がない」国際収支の関係にもまた余裕がない。中で、日本はこの不毛な戦争を始めた。財政のタガが一気にはずれる恐れがある。

湛山は、公債の発行を停止せよと唱えた。

(17) 前田正名(1850~1921)。官僚。元老院議官、貴族院議員等を歴任。殖産工業政策を立案・推進した中心人物。

(18) 馬場鍈一(1879~1937)。政治家。大蔵官僚を経て、貴族院議員、日本勧業銀行総裁、大蔵大臣、内務大臣などを歴任。

「最早断じて国債の発行は許されない。もしこれを強いて行うなら、必然インフレの発生は免れない。そうなると財政経済も収拾しがたい混乱に陥ることは明らかだ。ゆえに私はここに断平として政府に忠告する。今後の歳出増加は、すべてこれを増税によって賄うべきだと」（「今後の財政膨張は悉く増税に依って賄う外無し」社説、１９３７年8月21日号）。

コラム

「実際運動に参加する事の不可を覚り」

最近大阪支局の阿部君が、山三證券株式会社の監査役となったという話を耳にしたので、わざわざ同氏を招いてその真否を聴いたところ……社の服務規定上問題はないと判断して自分も関係したとのことであった……ここに改めて社員としての服務上の注意を申し述べて置きたい。

…

私も以前には、まれにだが、実際の政治運動に加わったことがある。それは、普通選挙運動の時で、これは社の主張として、社会のためにその必要を最も早く主張した関係から、普通選挙運動に少し関わった。また、その後、友人の立候補に際して、もちろん個人としてだが、応援演説をしたこともあった。が、その影響や世評などに鑑みて、実際の運動に参加することが適当でないことをさとり、その後は、いかに社が恩顧を受けていても、また個人的に恩義があっても、あるいは社の主張と合致した政策を持つ政党員でも、一切、その直接的支援はしないことにしている。

諸君もどうかこの点をよく理解して、会社、政党などに一切関係しないことはもちろん、最近さかんに行われている会社設立の世話役的行動をとるようなことは控えて、軽挙妄動を慎むことを希望する。万々一、どうしても関係せざるをえない場合は退社してもらいたい。

（「石橋主幹の訓示」『東洋経済社内報』25、1934（昭和9）年7月27日）

第六章

満州事変

湛山の論説――㊱

（社説、1931年9月26日号）

「内閣の欲せざる事変の拡大　政府の責任頗る重大」

さる18日以来の経過を静かに観察すると、もちろん、すべての人がとうに気付いているように、この事件について、内閣と軍部の間に著しい意見の相違があることは疑い得ない。18日夜の事件勃発は、出先機関の軍人の適切な対処であったとしても、その後の方針は、内閣が是非とも事件を拡大しないように、兵を動かさないようにと、再三軍部に要求したにもかかわらず、その要求が受け入れられた形跡はほとんどない。

甚だしいのは、閣議で結論が出ずにその決定を翌日に保留した出兵を、閣議終了からいくらの時間も経たないうちに、すでに朝鮮軍司令官が独断で決行したから承知してもらいたいと、陸軍大臣（南次郎）が首相（若槻礼次郎）に報告して済ませたと公表したことである。これは、内閣が決定を翌日に延期したのが間違いで、軍司令官の独断専行は、やむを得ない適切な処置であったとは思われる。また、軍部としても、事変の拡大を望んでいるわけではなかろう。が、それにしても、このように内閣の方針が、ことごとく軍部の行動と異なっていては、内閣の権威は損なわれる。

わが国の法制によれば、陸軍を動かすことは、首相と内閣の意向にかかわらず、参謀総長の帷幄上奏(1)でできることになっているらしい。しかし、法制上は正しい手続きであるにせよ、国家として政治的に考えれば、もちろん、そのような乱暴が行われてはたまらない。

…

同時に二つの政府が存在するかのような様相を呈した罪は、いろいろと弁解もあるだろうが、最終的には内閣が負わなければならない。もっと率直に言えば、若槻首相に目下の日本の政治を統轄するだけの力がない。そのために、首相と内閣は、軍部からストライキを受けた、ということになるのである。内閣はその責任をどのように負うのか。朝鮮師団の移動については、一時幣原外相の辞職説も伝わったが、それも立ち消えになっている。この重大な時局に政治的変化は避けるべきだとの口実であろう。それも一応の理屈であるが、その結果は内閣が軍部の方針に屈し、その引き廻すままに従ったということだ。たとえそれが正しい方針であった――換言すれば、今までの内閣の方針が間違っていたから改めたのだ――としても、これでは、内閣は滅びたに等しい。

（1）帷幄上奏。明治憲法のもとで、軍の統帥に関する事項について、陸軍・海軍のトップが、閣議を通さず直接に大元帥である天皇に上奏すること。統帥権は政府の意思から独立しており、それが軍の政治力確保の手段として大いに役立った。

1931年9月19日午前6時45分。

放送中のラジオ体操が中断され、日本放送史初の臨時ニュースが流れた。

「9月18日午後10時30分、奉天駐在のわが鉄道守備隊と北大営の東北陸軍第一旅団の兵士とが衝突、目下激戦中」。

中国東北地方の満州・奉天（現瀋陽）近郊の柳条湖付近で、日本が経営する南満州鉄道（満鉄）線路が爆破された。関東軍[2]は中国軍の犯行によるものと発表した。

19日の朝。幣原喜重郎外相の下に奉天の林久治郎総領事から「事件はまったく軍部の計画的行動に出たるものと想像される」との第一報が入った。

続く至急極秘電には次のようにあった。

「軍においては〝満鉄〟沿線各地にわたり、一斉に積極的行動を開始しようという方針のように推察される」。

幣原は若槻に緊急閣議の開催を要請、若槻はただちに閣議を召集した。

南次郎[3]陸相が事態説明をし、出先の対応を弁護したのに対し、幣原は問い質した。

「正当防御であるのか。もしそうではなく、日本軍の陰謀略的行為であったならば、わが国の世界における立場をどうするか」。

幣原は外務省が得た情報を読み上げた（井上寿一『政友会と民政党』123頁）。

南は朝鮮軍派兵による関東軍増援を提議できないまま、閣議は不拡大方針を決定した。

ところが、9月21日、林銑十郎[4]朝鮮軍司令官が独断で混成旅団を満州に越境させた。

参謀本部は中止命令を出したが、すでに旅団は奉天にまで進撃していた。関東軍と朝鮮軍との間に密約に類する諒解ができあがっていたと窺わせる行動であった（保阪正康『昭和天皇』134頁）。

政府は不拡大方針を掲げながらも、22日午前の閣議で、「すでに出動せるものなるをもって」その事実を認め、「それを認める以上、これに要する経費」を承認した。その直前小磯国昭[5]陸軍軍務局長が、事態の了解を求めるために若槻を訪ねたが、若槻は小磯に「すでに出動している以上、致し方ないことではないか」と容認姿勢を示した。若槻は経費を認めなければ陸相辞任となり内閣総辞職となることを恐れていた（川田稔『昭和陸軍全史1――満州事変』125頁、152頁、154頁、158頁）。

天皇はこの決定に不満だった。若槻が政府は経費支出を承認したと上奏すると、「不拡大方針を徹底せよ」と注意したが、結局は22日の閣議決定を踏まえ、裁可した。

（2）関東軍。関東州（現在の大連地域）および満州に駐留した大日本帝国陸軍の部隊。敗戦に至るまで日本の中国侵略、満州国支配の中核であった。

（3）南次郎（1874〜1955）。陸軍軍人、政治家。陸軍大将、陸軍大臣、関東軍司令官、朝鮮総督等を歴任。戦後はA級戦犯として終身禁固刑となる。

（4）林銑十郎（1876〜1943）。陸軍軍人、政治家。陸軍大将、陸軍大臣、内閣総理大臣、外務大臣、文部大臣などを歴任。

（5）小磯国昭（1880〜1950）。陸軍軍人、政治家。関東軍参謀長、朝鮮軍司令官、拓務大臣、朝鮮総督などを歴任。東条英機の後に内閣総理大臣を務める。

元老、西園寺公望は、天皇の裁可なしの軍の越境移動を許してはならないと警告、秘書の原田熊雄には「後に何らかの処分」の必要を伝えていたが、天皇も牧野伸顕内大臣も陸軍の抵抗を恐れ、弱気になっていた（細谷雄一『歴史認識とは何か』130頁）。

国民は、事変が関東軍の陰謀だったことを戦後になって知った。湛山も例外ではない。しかし、湛山はこの論考で、満州事変の本質を的確にえぐり出している。

「内閣と軍部の間に著しい意見の相違」が存在すること、内閣の不拡大方針が軍部に「受け入れられた形跡はほとんどない」こと、内閣が「軍部からストライキを受けた」こと、要するに「内閣は亡びたに等しい」。

満州事変は、日本の統治と戦略を根底から変質させた。

軍の出先（関東軍）が一方的に兵を動かし、軍首脳がそれを統制できず、政府はそれを追認した。それは統帥を破壊し、結果さえよければ勝手に軍隊を動かしてよいという先例をつくった。

それは、事変に関与した出先と支援した中央の中堅将校の台頭をもたらし、組織的に政治化した「昭和陸軍」を生んだ。

外交は自主性を失い、外交機能は軍部の下部機関と化した。日本は、対英米協調主義による明治以降の外交資産を失い、国際社会の無法者の烙印を押されることになった。

そしてそれは、国際連盟脱退、日中戦争、太平洋戦争へと日本を突き動かす起点となった。

ヘンリー・キッシンジャーは満州事変の衝撃について次のように述べている。

「集団的安全保障と国際連盟自身の底の浅さをはっきり示したのは意外にも日本であり、日本はむき出しの暴力の時代となる１９３０年代の10年間を招来した。……国際連盟は経済制裁を規定していたが、執行機能を持っていなかった。どの国も日本と戦争をするつもりはなかった。経済制裁の機能が働いたとしても、大不況のただなかに日本との貿易を損なうことをあえてする国はなかった。その一方で、どの国も日本の満州占領を受け入れることはできなかった。この自らが課した矛盾をどのように克服するか、国際連盟加盟国はわからなかった」(Kissinger, Henry, *Diplomacy*, pp. 286-287)。

天皇陛下は、２０１５年の新年の感想で「本年は終戦から70年という節目の年に当たります。（略）この機会に、満州事変に始まるこの戦争の歴史を十分に学び、今後の日本のあり方を考えていくことが、今、きわめて大切なことだと思っています」と述べられた。

わざわざ「満州事変」に言及することで、その歴史的重要性への注意を喚起された形である。

湛山の論説――37

「満蒙問題解決の根本方針如何」

（社説、1931年9月26日号・10月10日号）

この1、2カ月の状勢は、日本が中村大尉事件(6)を問題とすれば、中華民国の首脳部は、日本の中国における陰謀を問題視するというありさまで、感情の隔たりは極限に達したかに見える。そして、奉天においては、ついに残念きわまりない不祥事まで爆発した。なぜ、両国の国交は近年このように円満を欠いているのか。争いの根元は、主として満蒙問題にある。したがって、日中関係を良好な状態に修復するには、この際、満蒙問題を根本的に解決することが重要であり、それが両国のため、また世界の平和のために、誠に喜ばしい試みである。

…

わが国としては、満蒙における特殊権益を確立し、再び中国に不服や苦情を言わせない状勢をつくることができれば、それで問題は根本的に解決したと満足するかも知れない。

しかし、それでは中華民国政府と国民は納得しないに決まっている。

……

このように日本国民が、中国国民の愛国心を無視する習慣をつくったのは、清朝末期の政治的崩壊時代の中国人をいつまでも中国国民であると誤解していることによろう。今日中華民国の建設に奔走しつつある青年中国人は、たとえば明治維新当時日本の建設に奔走した日本人が、徳川末期の廃頽した政治の中に酔生夢死した日本人とは異なった日本人であったように、清朝時代の中国人とは異なるのである。

……

戦の要道は、敵を知り、われを識るにあるといわれる。これは平時の交流においても同じだ。しかし、わが国の国民は、中国と対するとき、彼を知らず、われをも識らず、ただ妄動に走っているのである。それでは中国と戦うにしても、親睦するにしてももうまくいくはずがない。……中国国民は今や全力を挙げて、国民統一を成し遂げようと努めているのである。

……

満蒙がなければわが国の国防は危ういと説く論者がいる。満蒙を国防の第一線にしなけ

(6) 中村大尉事件。1931年6月27日、陸軍参謀本部員中村震太郎大尉と井杉延太郎曹長が、満州北部の視察旅行中に、張学良配下の軍隊に捕らえられ、スパイ容疑で銃殺された事件。満州事変の一因となった。

ればならないと言うのである。しかし、これは、英国がその国防を万全とするには、対岸の欧州大陸に領土を持たなくてはならないと主張するのと同じだ。記者はそのようなことを信じることはできない。わが国のアジア大陸に対する国防線は、日本海で十分だ。万一の場合にこれが守れないほどであるなら、満蒙を領有したとしても無益だ。

…

満蒙は言うまでもなく、（どのようなことであれ）無償ではわが国が望むようにはならない。この取り引きに、少なくとも感情的に中国全国民を敵にして、ひいては世界列強を敵にしてまでも得ることができる利益が、わが国にあるだろうか。

この論考でも湛山は、満州事変に対する根本的な疑問を改めて提起し、満蒙への日本の軍事プレゼンスに反対する論陣を張った。

湛山は、「満蒙がなければわが国の国防は危うい」とする満蒙生命線論を俎上にのせ、これは「英国がその国防を万全とするには、対岸の欧州大陸に領土を持たなくてはならないと主張するのと同じだ」と反駁する。

その上で、日本のアジア大陸に対する「国防線は、日本海で十分」であると説く。もし、それが守れないようなら、満蒙を保有してもまったく役に立たない、と。

なぜ、満蒙生命線論が出てきたのかといえば、日露戦争以降の朝鮮半島「利益線・国益線」論が国民の間に広範に受け入れられてきたからである。

この概念は、山県有朋が議会で提唱し、広まったが、山県はこの考えを、1889年、オーストリアで国際法の大家、シュタイン・ウィーン大学教授[7]に会った際、聞かされ、啓示を受けたと言われる。

〈ロシアが朝鮮の日本海（具体的には元山沖永興湾）沿岸の不凍港を艦隊の基地にしたら、日本海を挟んでいても日本の防衛は脆い。したがって、朝鮮半島を中立化させることが日本の利益線となる〉

シュタインは山県に、前方展開（forward presence）と橋頭堡の戦略概念を吹き込んだのである。

日清戦争の勝利で日本が国土に編入したのは台湾と澎湖諸島で、いずれも島だった。

しかし、日露戦争後は違った。日本は遼東半島の権益を手に入れ、1910年の韓国併合によって中国とロシアと直接、国境を接することになった（加藤陽子『それでも、日本人は「戦争」を選んだ』102〜106頁）。

日本は「大陸国家」に変貌したのである。

ここに地政学の罠が潜んでいた。

（7）ローレンツ・フォン・シュタイン（1815〜1890）。ドイツの法学者、思想家。ウィーン大学教授。主著『今日のフランスにおける社会主義と共産主義』。

白村江の戦い[8]も文禄・慶長の役[9]もいずれも、戦略目的を明確にできず、インテリジェンスも不確かなまま、大陸に進出して悲劇的結末を迎えた。

日露戦争後、なかでも満州事変後の歴史も同様だった。

新たな満蒙権益を手にしたことで、それを防護するためにさらに熱河省（長城北側）へ、華北（揚子江北側）へと「前方展開」に突き進み、深みにはまっていった。

満州事変直後の『文藝春秋』（１９３１年10月号）に「満蒙と我が特殊権益座談会」が掲載されている。

出席者の一人である政友会代議士の森恪はそこで、日本の満蒙への地歩はユーラシアの文化改造の使命でもあるとぶち上げている。

森恪（政友会代議士）「私は日本という国が存続する以上は、断じて放棄はできない満蒙を通じて欧亜大陸の文化を改造するということは、日本人に与えられた重大な使命の一つだと思う。それからいっても、満蒙放棄などは夢にも考えられないことだと思うのです」（文藝春秋編『太平洋戦争の肉声④　テロと陰謀の昭和史』27～28頁）。

「満蒙を通じて欧亜大陸の文化を改造する」とはほとんど白日夢の世界だが、そのようなユーラシア地政学に対する救いようのない無知が当時はまかり通っていたのである。

湛山はこの地政学の罠に繰り返し警告を発している。

「アジア大陸に領土を拡張すべきではない」（「青島は断じて領有すべからず」社説、１９１４年11月15日号）。

「征服者は、一国を得るごとに、ただ新たな国境を見るに過ぎない……どこまで行っても、これで、もうよいというところはない」(「軍備の意義を論じて日米の関係に及ぶ」社説、1921年9月3日号)。

日本海と東シナ海が日本と大陸との間に一定の距離を与え、それが戦略的緩衝地帯となり、日本は古代から安全保障上の黒字の恩恵を受けてきた。

日本はその戦略的空間の尊さをいま一度かみしめなければならない。

日本海と東シナ海を決して紛争の海にしてはならない。

ユーラシア大陸とは一定の戦略的、心理的距離感を保つのが望ましい。

海洋大国として世界に開放的に参画し、海洋の平和を他の海洋国とともに維持してこそ、日本の長期的国益を最もよく確保できる。

その課題と挑戦は、今も変わらない。

(8) 白村江の戦い。663年に朝鮮半島の白村江での、日本・百済連合軍と唐・新羅連合軍との戦い。日本・百済連合軍の敗北に終わった。

(9) 文禄・慶長の役。1592(文禄元)年と1598(慶長2)年の2度にわたる、豊臣秀吉の派遣した日本軍と朝鮮・明の連合軍との戦い。

「出征兵士の待遇」（社説、1931年12月5日号）

満州事変の情勢は容易に鎮静する気配なく、心痛きわまりない。この事変のため、酷寒の地で銃砲の危険に身をさらし、軍務に従事している兵士の身の上と、家族の心配に、記者は同情を禁じ得ない。

国に一旦緩急あれば、身を鴻毛《こうもう》の軽きに比して難に赴くことは、わが国軍人の意気であるとはいえ、万一にも、政治家や軍部当局、あるいはまた一般国民が、軍隊を駆り立てて戦地に派兵することを非常に安易に考え、戦地にある軍人がどれほど厳しい状況に置かれているかを忘れ、戦勝の快報に喝采するだけの軽薄な感情に動かされることが普通になっているとすれば、その結果は、国家の将来に実に恐るべき状況を招くことを知らなければならない。

…

国民の今回の事変に対する意気込みは、軍部やその他の宣伝の効果があったためか、昭和3年の場合（済南事件）と異なり、非常にさかんである。たとえば、軍隊慰問品は、役場、学校、新聞社などを通じて、全国津々浦々で募集され、陸軍省はその対応に忙殺されているという。

しかし、この慰問品の募集について記者が少し疑問に思うのは、在満軍隊の給養[10]は国民の篤志による寄贈がなければ足りないほど十分ではないのか、ということである……記者は国民に慰問品の寄贈を奨励する前に、まず政府に対して在満軍隊給養改善を強く警告しなければならない。すでに国家の方針として、軍を政府が動かすからには、政府には軍に十分な給養を手当てする責任がある。そのために、記者は特別税を国民に課すことを主張する。国民も、在満軍を動かすことを適切な処置だと承認するのであれば、いかなる重税を課されようと、反対するはずがない。国家のために身命を捧げている兵士に対し、些少な慰問袋や慰問金を供出して、責任を果たしたと考えるのは、国民として実に不心得千万である。それと同時に、このような慰問品によって辛うじて軍の給養を補足できたと喜んでいるようでは、政府はその職責をまったく果たしていないと評するほかはない。

…

日清日露の両戦役は、国家の興亡を賭した大戦役であり、国民が口を開けば、その戦勝

（10）給養。軍隊で、人や馬に衣食などを供給すること。

を誇りとしている戦争だが、その戦争による戦死者や廃兵[11]に対する待遇でさえこの程度のものだ。まして、国民の記憶の片隅からさえも消え去っているような小戦争での戦死者や廃兵が、いかに惨めな扱いを受けているかは、問うまでもない。今回の満州事変に対する国民の意気込みは、済南事件[12]のときとは著しく異なるとはいえ、記者はそれもまた一時的な感情に過ぎず、国民は重ねて忘恩の罪を犯すのではないかと危惧する。

湛山は、権力、なかでも軍部の「宣伝の効果があった」こともあって、国民の間に満州フィーバーがさかんになってきていることを憂えた。これは明らかに、3年前の山東出兵のときと異なる。湛山は、軍部による世論操作の危険を感じ取っていた。

そのフィーバーを冷やすには何を書くべきか。

湛山が取り上げた題材は、全国津々浦々、役場、学校、新聞社を通じて、軍隊慰問品が募集され、陸軍省はその応対にてんてこ舞いしている、との美談仕立ての満州物語だった。

ちょっと違うのではないのか。

そもそも、国民の慰問品を当てにしなければならないほど、出動軍隊に対する政府の「給養」は不足しているのか。国民に慰問品の寄贈を奨励する前に、給養改善をやることが先決ではないか。それこそ政府の責任ではないか。財源が足りないというのであれば、国民からそのための税金を取ったらよい。国民も出兵大賛成なら、重税を課されても文句はないはずだ。

それなのに、慰問袋や慰問金を供出して、国民も政府もそれで責任を果たした気になっている。

どこか違うのではないか。

フィーバーを冷ますためのもう一つの切り口は、動員された兵士の境遇である。

日露戦争のような大戦争でさえ、戦死者家族と廃兵のその後は悲惨なものだった。小戦争においてはなおさらである。戦勝の快報を喝采し、一時の激情に駆られて戦争を讃美することほど、恐ろしいことはない。いまのフィーバーは「一時的な感情に過ぎず、国民は重ねて忘恩の罪を犯すのではないかと危惧する」。

満州フィーバーには、経済的な要因もあった。満州に日本の特殊権益が生まれれば、国民経済を大きく浮揚させるのではないかと国民は期待していた。経済恐慌が深まる中、国民の生活は苦しかったし、先行きに怯えていた。それだけに満州物語に夢を見、夢を託したのである。

湛山は、満州を開発し、生産物だけをつくっても今日の世界経済の過剰生産をさらに悪化させるだけだし、満州経営も事変が平和的に解決できてこそ可能になる、とここでも頭を冷やすよう諄々と説いた（「満州景気は期待できるか」社説、1932年1月16日号）。

ところが、新聞は満州事変勃発直後の軍部に対する健全な懐疑心を失い、関東軍支持へと急

（11）廃兵。戦争で負傷して身体障害者となり、再び戦闘に従事できなくなった兵。
（12）済南事件。1928年山東省済南で、日本軍と北伐途上の国民革命軍との間に起こった武力衝突事件。

速に傾斜していった。

『朝日新聞』もこれを機に、軍事行動追認へ論調を変えた。流れを変えたのが「満州に独立国の生まれ出ることについて歓迎こそすれ反対すべき理由はない」と書いた『大阪朝日新聞』の社説（1931年10月1日付）だった（朝日新聞「検証・昭和報道」取材班『新聞と「昭和」』89頁）。

1932年1月、錦州占領を報じた『朝日新聞』の記事（1月4日朝刊）は「平和の天使のごとく旭日を浴びて入城」「皇軍の威武により　満州、建設時代に入る」と、まるで軍部のサポーターだった（半藤一利『新版　戦う石橋湛山』159〜160頁）。

日本軍が、南京政府に恭順を誓い、東北を支配していた張学良の最後の拠点、錦州を爆撃したのは事変から3週間後だったが、これは英米をはじめ国際世論を決定的に悪化させた。

とくに、米国のスティムソン[13]国務長官は、1932年1月、日本の行動を9カ国条約と不戦条約に違反するとして非難し、実力による不法な現状変更は認められないという不承認原則を打ち出した。

錦州爆撃は、無抵抗の一般市民をも空から殺戮し、相手国の戦意を喪失させ、戦争を優位に導こうとする新たな戦争の形、つまり戦略爆撃だった。それはその後、イタリアのエチオピア・ハラール爆撃（1936年3月）、ドイツのスペイン・ゲルニカ爆撃（1937年4月）、さらには日本の重慶爆撃（1939年5月）と続き、最後は太平洋戦争の時の米国の東京空襲から原爆投下に至る対日戦略爆撃へとつながっていく（細谷雄一『歴史認識とは何か』140頁）。

錦州攻略に関して、「満州にいる軍部の新人」らは確信犯だった。石原莞爾は、この作戦を「国際連盟爆撃」と呼んだ。

襟を正して、湛山の警告を聞かなければならない。

「万一にも、政治家や軍部当局、あるいはまた一般国民が、軍隊を駆り立てて戦地に派兵することを非常に安易に考え、戦地にある軍人がどれほど厳しい状況に置かれているかを忘れ、戦勝の快報に喝采するだけの軽薄な感情に動かされることが普通になっているとすれば、その結果は、国家の将来に実に恐るべき状況を招くことを知らなければならない」。

（13）ヘンリー・スティムソン（1867〜1950）。アメリカの政治家、弁護士。フィリピン総督、国務長官を歴任。原爆投下時の陸軍長官。

湛山の論説——39

「支那に対する正しき認識と政策」

（社説、1932年2月6日・2月13日号）

満州事変は、錦州からの中国軍の撤退により、幸いにも一区切りがついたかのような様相を呈した。わが国の輿論は、それを著しく楽観し、満州には今にもわが国の希望にそった中央政権が確立し、万事、思い通りにことが運ぶかのように喜び祝った。記者はそれに多大の疑問を持ち、依然として深い心配を抱いて成り行きを注視してきたが、予想通り、新たな事態として、ハルピン方面と上海において日中両軍が衝突した。

…

わが国民も、また軍部あるいは政府当局も、満蒙におけるわが権益とそこに存在する資源の価値を、あまりに高く買いかぶり、見当違いの皮算用をしている。仮に満蒙においてわが国の権益が確保され、同地の資源が自由にわが国民の開発に委ねられるとして、その結果わが国が占め得る利益はどれほどだろうか。

……将来、満蒙が理想的な経済発展を遂げたとして、そのときの情勢を想像すれば、それは所詮中国人の満蒙であって日本人の満蒙ではありえないと断言できる。……政治的にはどのような形になるかわからないが、経済的には依然、中国人の国である。

……けれども過去何十年の中国の実状を見ると、残念ながら中国人には果たして自国を統治する能力があるのかどうか、疑われないでもない。彼らは絶えず無意味な内乱を繰り返している。そして自ら国内の治安を乱している。あたかも彼らはこのことを反省せず、しばしば四隣に対して駄々っ児のように振る舞い、その感情を傷つけたり、迷惑を及ぼすことをはばからない。

……とはいうものの、他国が助力し、満蒙あるいは中国全土が、平和な住地となったとき、その満蒙あるいは中国全土は、誰の国土かと考えれば、それは結局、中国人の国土でしかあり得ない。

……記者が強く懸念しているのは、最近、満州に駐留する軍部の新人らの中に、検討不十分な空想を抱いて、この際満蒙に一つの理想国家を建設しようなどと、真面目に奔走する者が少なくないと伝えられていることである。所謂理想国家がどのようなものかは知らないが、日本の国内にさえも実現できない理想を、中国人が暮らしている満蒙に、どのようにして求めることができようか。

…

満州に対する正しい政策として次のことを提議したい。第一は、同地におけるわが国の既得権益は、この際もちろん強固に確保するのがよろしい。……第二に満州は、所謂保疆安民の主義を確立するほか、すべての政治および経済施設は同地居住の中国人の意思に任せる。すなわち絶対の自治である。自然に同地が文明に導かれ、かつ親日化するのを辛抱して待つ。「鳴くまで待とうほととぎす」の態度である。

湛山は、満州事変の背景に、満州における中国人と日本人の経済競争力の違いがあるのではないか、と見ていた。日本人が「中国人のジリジリと押し寄せてくる経済的勢力に、経済力をもっては対抗しきれず、むしろ最後の反攻を政治的軍事的方策に求めた」ことが一つの要因としてあったのではないか、と読むのである。

この論考の中で、湛山は小説家の中里介山[14]の中国見聞記の次のような一節を引用している。

「上海を見て、私は……たとえ上海の実権が英国にあろうとも、どこにあろうとも、上海は中国人のものであるという印象を持ちました。私は上海の中を縦横無尽にあふれかえるあの中国人の光景を見てまったく驚嘆させられました。裸体裸足で近代都市の中を縦横にかけめぐり、10銭

20銭で走りまわるあの国の車夫によって、上海市中は圧倒されておりました。

……

私は実に、上海は英国の上海でもなければ世界の上海でもない。たしかに中国の上海であると直観せずにはいられませんでした。恐らく中国の産業的活力は、上海の目には見えないところに、根をすえているに違いないと思いました。

満州はどうです。日本の勢力範囲といい、日本の経営によって今日あるような姿になったことはいうまでもありませんが、その実利を得て恩沢を多分に吸収しているのは、やはり中国人であることはいうまでもないでしょう。

国家としては国力を傾けて築きあげた日本勢力も、個人としてはまったく中国に圧倒されて、太刀打ちができないということは、日本人自身が看取痛感しているところであります」。

もちろん満州事変の原因は複雑であり、経済的要因だけで説明できるものではない。

ただ、その背景に、中里介山が活写した「中国人の経済的勢力」の強さもあったのではないか、と湛山は問いかける。

介山が痛感した「国家としては国力を傾けて築きあげた日本勢力も、個人としてはまったく中国に圧倒されて、太刀打ちができない」現実への不安感は湛山のそれでもあった。

（14）中里介山（1885～1944）。小説家。社会主義に傾倒し、日露戦争下『平民新聞』に反戦詩を多く寄稿する。代表作『大菩薩峠』。

しかし、中国人の個人としての強さは必ずしも国家としての強さに結びつかない。いや、むしろ国家としての弱さが個人としての強さを生み出している側面が大きい。国家があてにならない以上、個人は自分で自分を守らなければならないし、強く生きなければならない。中国人は個人と家族しか信じない。それがまた、国家統治を難しくする。

湛山、曰く。

「中国人には果たして自国を統治する能力あるのかどうか、疑われないでもない。彼らは絶えず無意味な内乱を繰り返している。そして自ら国内の治安を乱している。あたかも彼らはこのことを反省せず、しばしば四隣に対して駄々っ児のように振る舞い、その感情を傷つけたり、迷惑を及ぼすことをはばからない」。

日本の対中進出は、この「駄々っ児」中国への関与とならざるを得ない。

湛山が問うているのは、いまも昔も変わらない中国のガバナンス問題である。

一方、日本には日本の問題がある。

それは、「今節、満州に駐留する軍部の新人らの中」から提唱されつつある満蒙「理想国家」論である。「検討不十分な空想を抱いて」、世界の現実を直視せずに、日本という島国の尺度を世界に当てはめようとしている。だいたい「日本の国内にさえも実現できない理想を、中国人が暮らしている満蒙に、どのようにして求めることができようか」。これは石原莞爾らが唱えた「五族協和・王道楽土」(15)の東亜連盟構想のことを指している。

日本仕様の特殊性を世界の先端と思いたがるガラパゴス症候群である。これも今も昔も変わらない。

湛山は、国民に訴えた。

日本人の安全と日本の権益の確保には手を尽くす。しかし、それ以外は、すべて中国人に任せる。絶対の自治を与える。時間をかけて文明開化を促し、親日感情を育む。「鳴くまで待とうほととぎす」の心境で臨む以外ない、と。

（15）五族協和・王道楽土。五族協和は、和・韓・満・蒙・漢の5民族が協和して暮らせる国を目指すということ。王道楽土は、アジア的理想国家（楽土）を西洋の武による統治（覇道）ではなく、東洋の徳による統治（王道）によってつくるということ。ともに満州国建国の際に掲げられた理念。

湛山の論説――㊵

（社説、1932年2月27日号）

「満蒙新国家の成立と我国民の対策」

満蒙における所謂新政権は、東北行政委員会(16)の名によって、さる17日に成立が宣言された。続いて同委員会は、近く、旧宣統帝(17)を執政とする満蒙共和国を建設するだろうと伝えられている。記者は、満蒙に領土が安定し、住民が安らかに暮らせる共和国が建設されれば、中国人のためにも日本人のためにも、さらには世界の人類のためにも、たいへん喜ばしいことだと思い、その建設を慶賀する。本当にそのような国となることを祈ってやまないのである。

しかしながら、言うまでもなく、この新国家は昨年9月以来の事変の結果として、非常に不自然な経過によって成立したものである。一言でいえば、わが国の軍隊の息がかかり、その保護と干渉によって、辛くも誕生した急造の国家である。そのような国家が、にわかに独自の力で、今後の満蒙を健全に経営できるとは、記者には信じられない。

……しかし、良きにせよ悪しきにせよ、乗りかかった船を今さら捨て去るわけにはいかない。できる限りの力を注ぎ、新政権を助け、満蒙を本当に理想的な国家とすることこそ、避けることのできないわが国国民の責務である。では、わが国は、どのようにしてその責務を果たすべきであろうか。

最初に提案したいのは、できる限り速やかに新政権に警察と軍隊を組織し、わが国の軍隊を満蒙の地から（既成の条約で認められる範囲の軍隊はしばらく残すとしても）撤退することである。満蒙新国家の対外国防のためには、当分の間、日本軍隊の駐屯を要すると主張する者も少なくない。しかし、記者はこれには絶対に反対である。第一にわが国の軍隊の権威のため、第二には満蒙新国家とわが国の親善のため、第三に列国に無用な疑惑の念を持たれないため、というのがその理由である。

……

『東京日日新聞』の徳富蘇峰氏[18]は、国民新聞時代の昔から、最も強烈な対中強硬論者であ

（16）東北行政委員会。1932年、関東軍によって旧清朝最後の皇帝溥儀とその旧臣を中心として組織される。同委員会は同年、満州国成立を宣言した。

（17）宣統帝。愛新覚羅溥儀（1906〜1967）。清朝最後の皇帝（第12代）。在位1908〜12年。後に満州国皇帝（1934〜45年）。

（18）徳富蘇峰（1863〜1957）。ジャーナリスト、評論家、歴史家。『国民新聞』主宰。主著『近世日本国民史』。

る。が、その人ですら最近では、保護はよいが干渉は排すべきだと論じている。今般の事態に深く感ずるところがあってのことであろう。

……では、どのような態度で、わが国は満蒙新国家を支援すべきか。記者は一にも親切、二にも親切、三にも親切と提案する。

…

率直に言えば、わが国には、まだ後進国に伝えるような独立の文明は存在しない（すべての学術を外国語を介さずに学ぶことができないのはその証拠だ）。したがって、ただ文明を吸収するだけなら、満蒙は日本に頼る必要はない。これを補うものはただ親切の力である。いずれ新国家には顧問なども入ることだろう。その人選にはこの点についての考慮が肝要だ。

1932年3月1日、「満州国」建国が宣言された。この論考は、その宣言の直前に書かれた。湛山は「非常に不自然な経過によって成立したもの」であるとしながらも、「良きにせよ悪しきにせよ、乗りかかった船を今さら捨て去るわけにはいかない」と述べ、生んだ以上はしっかり育てる責任がある、との論旨を展開した。そして、そのためには、満州人の自治を尊重し、日本は軍隊を撤退し、人ではなく資本の輸出を大いにすべきである、と。

従来の満蒙放棄論をあっさりと修正している。

「すでにここまで乗りかかった船を今さら棄て去る」わけには行かない。つまり、既成事実を受け入れ、その中で最善の政策選択をする方向へと舵を切ったのである。

その選択とは、新政権に対して助力はするが、干渉はしない心構えと、「一にも親切、二にも親切、三にも親切」の態度、である。

そして、その論旨を補強するべく、国粋主義者の徳富蘇峰の所論を借りる。

「徳富蘇峰氏は、国民新聞時代の昔から、最も強烈な対中強硬論者である。が、その人ですら最近では、保護はよいが干渉は排すべきだと論じている。今般の事態に深く感ずるところがあってのことであろう」。

ところで、湛山と蘇峰とは、意見から気質まで何から何まで違った。

蘇峰は、「大日本主義」という帝国主義を礼讃し、対華二十一カ条要求を支持し、それに対して米国が異議を唱えると、米国の威圧を「米禍」と呼び、反米姿勢を鮮明にした。日英同盟終焉後は、英米追随外交からの脱却を主張し、１９３０年代には、日独防共協定と日独伊三国同盟を積極的に支持した。

湛山が蘇峰を引用するときは「徳富蘇峰氏は、思想の上では多くの場合私の一致し得ない人でありります。然しながら……」との前置きをつけることが多かった（たとえば「昭和12年の年頭に当り社員諸君に希望す」『東洋経済社内報』１９３７年1月28日号）。

貪欲に「時勢」を先取りするジャーナリストであった蘇峰に対して、湛山はつねにその先の「時代」を見据えようとした。蘇峰が波頭の変化をかぎ取ろうとしたのに対して、湛山は潮流の行方に目をこらした。

松方正義、山県有朋、桂太郎とその時々の権力者に食い込んでいないと落ち着かない行動派記者の蘇峰に対して、湛山は本人も認めるように出無精でむしろ人見知りする書斎派記者だった。

太平洋戦争が始まると、蘇峰は多人種国家の米国人は「寄せ木細工のようなもので少し雨でも降ればすぐこわれてしまう」などと書き、大いに国民を煽った（澤田次郎「蘇峰の対英米観の変遷」杉原志啓・富岡幸一郎編『稀代のジャーナリスト　徳富蘇峰』182頁）。

湛山の盟友の外交評論家、清沢洌は戦時中に記した『暗黒日記』[19]の中で蘇峰をやっつけている。

「このところ、徳富時代である。この曲学阿世の徒！　この人が日本を謬ったこと最も大なり」（1943年6月3日。清沢洌『暗黒日記〈1〉』69頁）。

「『不敬罪』はわが国にいくつもある。（一）皇室、（二）東条首相、（三）軍部、（四）徳富蘇峰――これらについては、一切批評は許されない」（1944年4月21日。清沢洌『暗黒日記〈2〉』86頁）。

話が脱線したが、湛山の主張に戻ろう。

新国家への支援も、できること、できないことを明確にしておくべきである。

まず、ここの資源の価値を過大評価しないことである。日本の農民の移植は「夢想」に終わるだろう。

次に、人ではなく資本の輸出を主とすべきである。中でも道路鉄道用水路などのインフラ中心の投資である。

「記者は満蒙に大いに資本を輸出すべしと提議する。新聞に依るに或は満蒙に大に人を輸出する計画あるやに伝えるが、若し真当なら、それは恐らく失敗だ」。

（19）清沢洌（1890～1945）。ジャーナリスト、評論家。戦前、欧米で取材・執筆活動を行う。外交問題、日米関係に関する評論多数。主著『暗黒日記』。

「天下を順わしむる道」

（社説、1932年10月29日号）

国際連盟と米国は、満州国問題をどのように取り扱うのか。

…

日本との衝突を避けつつ、適当にこの問題を処理しようというのである。リットン報告書[20]の起草委員長リットン卿が、先にロンドンのローヤル・インスティテュート・フォア・フォーレン・アフェアズにおいて演説し、今日の問題はいかにして日本を満州から撤退させるかではなく、いかなる条件の下で日本を満州に留らせるかであると述べたというのは、単なる一例に過ぎない。

今日、この問題を真面目に考えるならば、世界中の誰でも、恐らくリットン卿と同じ結論に至るであろう。彼らの好むと好まざるとにかかわらず、このように結論するほかに、行くべき途はないからだ。

…しかし、たとえこのようにして、わが国の満州国に対する主張が一応認められることがあっても、列国が決して喜んで認めているわけではないことを、国民は深く知っておかなければならない。昨年来の世界の日本に対する批評は、わが国には十分に伝わっていない。内外時事の報道を使命とする新聞も、不思議にも日本に対する世界からの悪評だけは報道を避けているかのようである。

…これについて、軍関係者の説を聞けば、ただちに武力を持ち出すかも知れない。軍人のみではない。わが国の案外多くの人々は武力の信者であるようだ。わが国の武力が強くさえあれば、世界の誰が何と言おうと恐れるに及ばない。満州の天地など微動だにできるものではない、と。私はこの武力万能主義ともいうべき思想に対しては、かの有名な孟子の言葉を思い起こす。曰く、「天の時は地の利に如かず、地の利は人の和に如かず」(好機は地の利には及ばず、地の利は人の和には及ばない)。

…場合によっては、短期間に限り、武力の効果が認められることはあっても、かりにも満

(20) リットン報告書。国際連盟により満州事変や満州国に関する調査を命じられたイギリスのリットン伯爵を団長とするリットン調査団が1933年に発表した報告書。満州国に関する日本の主張が否認され、日本は国際連盟を脱退した。

州国を守り育て、ここに東洋永遠の平和の礎を作ろうとするわが国は、一刻も早く武力万能主義の間違った思想を打ち破って、孟子の言うところの「天下之に順う」方法を講じなければならない。

…

わが国は、満州から目の前にある小利を性急に求めることを止めて、まず満州人の利益をはかり、彼らに満足を与え、そして、間接的に大きな利益を獲得することを心掛けるべきだと言うのである。

重ねて孟子の言葉を引く。曰く、「天油然として雲を作し、沛然として雨を下せば、即ち苗勃然として之に興る。其れ是の如くなれば、孰れか能く是を禦がん」（天がさかんに雲を湧かせ、たくさんの雨を降らせば、苗は勢いづいて生き吹く。このようになれば、誰がこれを阻むことができようか）である。

歴史を振り返るとき、なぜ、あのとき、あの政策を、あの機会を、生かせなかったのか、と思うことがよくある。

満州事変後、国際連盟が設立した英国のリットン卿を中心とする調査委員会をめぐる駆け引きも、戦前の日本のそうした「失われた機会」の一つだった。

１９３１年12月、若槻礼次郎民政党内閣は満州事変をめぐる政局的対応に関する閣内不一致で総辞職し、代わって犬養毅政友会内閣が登板した。

軍部は満州国を即時承認するよう犬養に圧力をかけたが、犬養は国際社会への考慮から承認を引き延ばした。犬養は、首相が中心となって事態の打開を目指し、場合によっては天皇も首相を何らかの形で支援する、という方針で臨むことを考えていた（伊藤之雄『元老西園寺公望――古稀からの挑戦』274〜275頁）。

1932年5月、犬養内閣が五・一五事件で崩壊した後、斎藤実内閣が誕生した。斎藤内閣も当初は慎重姿勢を示した。

しかしこの年の7月、斎藤が自らの外相兼任を解き、満鉄総裁の内田康哉[21]を外相に据えたあたりから、雲行きがおかしくなった。内田は翌8月、衆議院本会議で「国を焦土にしてもこの主張を徹することにおいては一歩も譲らない」と大見栄を切った。これ以後、内田外交は「焦土外交」を呼ばれることになる。

1932年10月、リットン調査団は満州事変後の実態を調査した報告書を公表した。その前月9月15日、日本政府は満州国を承認し、日満議定書に調印していた。リットン調査団の報告書公表の前に、駆け込み承認をしたわけである。

報告書の骨子は、

(21) 内田康哉（1865〜1936）。政治家、外交官。明治から昭和にかけて4期にわたり外務大臣を務める。斎藤実内閣で国際連盟脱退を推進。

○「満州国」は自発的な独立運動でできたとは考えられない。
○日本の満州での権益は無視し得ない。
○中国の主権の下で満州に自治政府を設けるべきだ。
などを柱としていた。

報告書は、日本の軍事行動を正当防衛とすることを否認したものの、中国主権下での満州自治化を当事国に勧告した。

湛山は、日本外交はこの報告書をベースに再構築できると判断し、それを支持した。

その際、リットンがロンドンのチャタム・ハウスで[22]「今日の問題はいかにして日本を満州から撤退させるかではなく、いかなる条件の下で日本を満州に留らせるかである」と述べたことに触れ、リットン卿のこの示唆を汲んでいく以外、打開の道はない、したがって、日本もその線を外れないように注意しなければならない、と説いた。

しかし、日本国内では、報告書に対する激しい批判がわき起こった。

その中の一人に若槻民政党総裁もいた。

「独断もまた甚だしい」

と若槻は、非難のオクターブを上げた（井上寿一『政友会と民政党』１６０頁）。

新聞は調査報告書を激しく攻撃した。

発表を伝えた『東京日日』の朝刊の見出しは「夢を説く報告書　誇大妄想も甚だし」。『東京朝日』も「錯覚、曲弁、認識不足」と題して、「歴史を無視したる空論」と決めつけた。

〈リットン卿はスットンキョウ〉

人々は、そんな揶揄を口にしては溜飲を下げていた（森武麿『アジア・太平洋戦争』102頁）。年末から年始にかけて、調査報告書と国際連盟に対する憤激は一層高まった。

12月、東京、大阪の『朝日新聞』、『大阪毎日』、『読売』などの新聞・通信132社は「満州国の厳然たる存立を危うくするような解決案は……断じて受諾すべきものではないということを、日本言論機関の名においてここに明確に声明する」との共同宣言を出した。

実は、国際連盟の満州事変に対する調査は若槻内閣が密かに仕掛けた〝ガイアツ〟の一環だった。日本もこの決議案に賛成することで連盟を活用して軍の抑制を図ったのである。英国の歴史家、イアン・ニッシュの表現によれば、それは「日本国家の病弊を治すのに、国外から国際医師を呼び寄せるに等しい行為であった」。

パリで開かれた連盟理事会が、調査報告書を作成する決議案を採択した日、幣原喜重郎外相は、理事会に出席していた日本の代表たちの努力を多として、ねぎらった。

若槻内閣が総辞職したのはその翌日だった（イアン・ニッシュ『戦間期の日本外交』114～115頁）。

（22）チャタム・ハウス。英国のシンクタンク王立国際問題研究所（Royal Institute of International Affairs）。所在地の名をとってチャタム・ハウスと呼ばれる。英国の外交・安全保障政策を立案しており、英国で最も権威ある研究所。1920年創設。

湛山の論説――42

「我国は戦《いくさ》を好まず」

（財界概観、1933年2月25日号）

この問題について、肝要なのはわが国の態度である。いかに諸大国が経済封鎖などを好まなくても、もしわが国が強いてこれを挑発する態度をとれば、彼らは連盟規約上、やむなく行動を起こさなければならなくなるだろう。先の世界大戦において、ドイツが英国を甘く見て、あるいは米国の参戦を不可能と信じて、間違ったといわれているのと同じである。無論、諸小国は、日本を経済封鎖しようと、東洋に第二次世界戦争が起ころうと直接的な損害はないから、規約を楯にいろいろと論じ立てる。それにわが国が油を注ぎ続ければ、ついに大国をも燃やすであろう。しかし、この点については、今後のわが国（言うまでもなく、政府も軍部も含めて）の態度はこれまで以上に最も慎重であるはずだと、記者は信じる。熱河を含めて所謂東四省(23)を満州国のために確保さえできれば、わが国にはそれ以上に中国領土に侵入する意志は毛頭ない。

また、かつて一時は日露戦争近しとか、日米戦争免れずとか、穏やかでない風説が伝わったことがあるが、少なくとも現在においては、こちらから進んでそのような事態を引き起そうと希望し、企てる者は、わが国の責任ある地位にある者には絶対にいない。そう言っただけでは疑う者もあろうし、記者もまた、証拠を示してそれを説明することはできない。けれども、もしたとえば、内閣大臣の言葉でさえ、わが国では信じられないと言うならば分からないが、そうでない限り、記者は前述のようにわが国の国策を理解して間違いないと考える。そしてまたこれが、常識で判断しても現下の国際情勢において、わが国の取るべき最も賢明な策である。

連盟脱退宣言後も、国際連盟の軍縮と文化的事業などに対する協力は惜しまない、9カ国条約、不戦条約などの国際条約は依然尊重するなどと、最近の政府は非公式に発表している。これがわが国のあらゆる責任者の態度である。要約すれば、わが国は、満州国だけはあくまで確立する。そのために国際連盟も脱退する。が、それ以外では、あくまでも国際的に平和的に行動する。戦は好まない——。とすれば、連盟諸国は何を理由に、わが国に経済封鎖を決行してくるであろうか。

が、ただそこで、少し問題なのは所謂熱河討伐(24)である。これは既定の方針として当然近く実行されるだろうが、もしこの行動が、わが国が中国に対して戦争に訴えたものとみな

(23) 東四省。中国・東北地方を指す呼称。奉天省(現・遼寧省)、吉林省、黒竜江省、熱河省。

されれば、国際連盟加入諸国は否応なしに、規約第16条によってただちにわが国を経済封鎖しなければならない。

…

したがって、わが国が戦争さえ始めなければ、連盟としては勧告を出すだけで、静かに世界の輿論の行き先を見ていればよいのである。

湛山は、日本の国際連盟脱退について、それは「決してわが国の名誉ではない」し、その「不利は恐らく測ることもできないほど大きい」として反対した。

「いかに苦しくとも、いかに忍ぶとも、脱退しないですむ道があるならば、いかなる場合においても、脱退せぬよう善処してもらいたい、と熱望している。これがまた、常識に富む国民多数の希望であり、したがってまた輿論であろうと信じる」(「不脱退の切望」財界概観、1933年2月4日号)。

この間一貫して連盟脱退に慎重論を展開した『時事新報』をほとんど唯一の例外として、満蒙権益死守を叫んだ新聞も、連盟脱退となるとさすがに不安を覚えた。『東京朝日新聞』は社説で、脱退の場合、経済的孤立という自殺行為につながると指摘し、安易な脱退論を戒めた(前坂俊之『太平洋戦争と新聞』118頁)。

にもかかわらず、斎藤実内閣は、1933年2月20日、勧告案が総会で可決された場合、連盟を脱退することを閣議決定した。

斎藤首相はじめ閣僚の中には脱退反対論者も多かったが、内田康哉外相と荒木貞夫陸相(25)の2人が内閣を連盟脱退へと強引に引っ張っていった。

2月24日、国際連盟は総会を開き、満州国不承認と日本軍の引き揚げ勧告案を42対1(棄権1)で採択した。松岡洋右日本全権代表は「受諾することはまったくできない」と宣言し、退場した。

日本代表のひとり、佐藤尚武は、この時のことを後に回顧録に記した。

「議長のイーマンスは議長席にしょんぼりと座ってわれわれの立ち去るのを見守っていた。満場寂として声なし。……この瞬間から日本は世界の仲間はずれとなり、孤影悄然たる孤児になってしまったのである」(佐藤尚武『回顧八十年』286頁)。

当時、朝鮮総督として京城にいた宇垣一成(26)は『宇垣日記』に、連盟脱退は「いたずらに……国民を興奮させているだけである」と述べ、次のように批判した。

「何という無能ぶりか。……外交当局は何をしていたのか……対連盟の内田外交は全然失敗で

(24) 熱河討伐。日中戦争時の日本軍(関東軍)による中国熱河省・河北省への侵攻。1933年1月に山海関で日中両軍が衝突し、2月に関東軍は熱河討伐に乗り出した。
(25) 荒木貞夫(1877~1966)。陸軍軍人。皇道派の首領。第一次近衛内閣、平沼内閣では文部大臣に就任し、皇道教育、軍国化教育を推進。
(26) 宇垣一成(1868~1956)。陸軍軍人、政治家。外務大臣、拓務大臣、朝鮮総督を歴任。宇垣軍縮を遂行し、3月事件に関与する。戦後は参議院議員。拓殖大学学長。

ある。……軍部一部の短見者流の横車に引きずられて、青年将校でも述べそうなことをお先棒となって高唱して、何らの策も術もなく押の一手一天張り無策外交の極致を発揮……」(『宇垣一成日記』889〜890頁)。

英米との国際協調路線を政治理念の一つに掲げてきた天皇にとってはことのほか心外な展開だった。この間「一貫二三百匁もお体重が減られた」(多田井喜生『決断した男　木戸幸一の昭和』105頁)。

湛山はなお楽観的に物事を捉えようとしていた。「満州国だけはあくまで確立する。そのために国際連盟も脱退する。が、それ以外では、あくまでも国際的に平和的に行動する。戦いは好まない」。

そうした低姿勢外交を続けることができれば、連盟も日本に対して経済封鎖はできないはずである。

しかし、日本の軍部は、張学良勢力の強い内モンゴル東部の熱河省(長城北側)の編入にとどまらず、その後華北分離工作[27]にのめり込み、結局は日中全面戦争に突入していった。

連盟脱退によって自制への歯止めが外れてしまった。ここは「いかに苦しくとも、いかに忍ぶとも、脱退しないですむ道」を探求すべきだった。日本に最も欠けていたのが、そうした外交のずぶとさだった。

戦争末期、日本の敗戦が確実になった時、ロンドンのチャタム・ハウス(王立国際問題研究所)は『日本の敗北』報告書を出版した。その中で「この未熟で感情的に不安定な国民に、われわれは多くを望みすぎた。過去においてしばしば過大評価されてきた日本人の資質はいまや世界が知ることになった、その国民性のなかの野蛮さの要素で曇っている」と記した（Royal Institute of International Affairs, *Japan in Defeat*, p. 116)。

リットン報告書を足蹴にした日本外交ほど、その未熟さを露わにしたものはなかっただろう。

（27）華北分離工作。1935年頃に日本軍（関東軍）が、華北5省を中国から分離独立させて日本の支配下に置こうと企てた一連の政治的工作。

コラム

われわれは「お寺」の住職

今年は、われわれの会社の創立40年に当たりますので、この際何か有意義な新事業を始めたいと思いまして、昨年来いろいろ計画しております。その一つとして、すでに昨年5月から英文経済雑誌『オリエンタル・エコノミスト』を発刊致しました。この雑誌の英文を見ていただいているシャーラー博士御夫妻も本日はここにお見えになっております。この英文雑誌は、日本と東洋の経済事情を世界に知らせ、かつまた、日本のわれわれの立場から世界の問題を論じて、国際的論壇に参加することが目的で、多年、私の希望していた企てを今度いよいよ実現した次第であります。ただ、今のところはもちろん財政的には引き合わぬ仕事でありますが、数年間辛抱をすれば、東洋経済新報社の最も有意義な出版物の一つになろうと楽しみに致しております。

…

要するにわれわれの社の仕事は、世の営利事業と違い、いわば社会奉仕事業で、私の常に申す「お寺」であります。われわれはその「お寺」の住職であり、納所であり、あるいは小僧であります。生活は決して楽ではありません。しかし、社員一同の尽力と、その背後の家族の皆様の後援で、事業は着々と発展し、社会のために大きな貢献をなしつつあります。

（「挨拶」東洋経済新報社『家族会記録』、1935年4月3日）

第七章

統治危機

「統帥権の要求は議会制度の否認」

（社説、1930年5月31日号）

ロンドン軍縮条約に関して、政府と海軍軍令部との間が紛糾をきわめている。軍令部の不満は、主として条約内容の兵力量と、回訓(1)前後における政府の措置と、政府の統帥権問題に関する態度にあるらしいが、記者の私見では、そのいずれも、軍令部の不満には無理がある。

…

事情が切迫していたため、政府はその回訓案に対して軍令部の了解を得ていなかった。というよりはむしろ、了解を得ようと努力しても、軍令部が主張を固持して譲らないことを見越して、あえて軍令部の意向に逆らって回訓したと推察される。軍令部が政府の回訓前後の措置に関して、今もなお不平を抱いているのは、そのためである。

また、軍令部は、政府が軍令部の意向に反して訓令を発したことは、軍部の独立を侵し、その統帥権を干犯するものだと主張している。所謂統帥権問題はここに起るわけで、これが今回の軍令部対政府の軋轢の根本問題である。しかも、回訓の内容は兵力量に関するものであるから、軍令部が主張する統帥権は、単に兵力の技術的運用権を指すだけではなく、実に兵力量の決定権、所謂編制大権をも含むものである。

……

軍令部が声を大にして主張している統帥権というものは、すでに今日の時世においては許すことができない怪物である。公明なる議会政治の下で、結局は国民の負担となる兵力量の決定が、議会と内閣を離れて、軍部の帷幄上奏という暗闇の中で左右されることが不当であるのは言うまでもない。事ごとに政府の政策に反対している記者も、この点においては断固として政府の態度を支持したいと思う。

……

現在のように政党が腐敗堕落している時代には、国防という重要事項を内閣に一任するのは非常に危険であるとの憂慮が、軍令部の態度を硬化させているとも伝えられている。しかしながら、政党の腐敗と兵力量決定権とは、別の問題である。政党の腐敗のために、兵力量決定権を帷幄の中に取り込もうというのであれば、兵力量決定権だけではなく、国民の安危に関係するすべての決定権を帷幄の中に保留すべきであって、その結果は議会政

（1）回訓。外国に駐在する外交官が指示を仰いだ事項に対する、本国政府の回答の訓令。

治の否認である。

であるならば、この問題に対する政友会の態度が、議会の討議においても曖昧をきわめたのは、むしろ当然である。政友会があくまでも軍令部を支持して政府を攻撃するならば、結局のところ自ら議会政治と政党の活動を否認し、自縄自縛の禍を将来に残すことになるからだ。


ロンドンでの海軍軍縮会議で、各国の軍縮案が決まり、会議が成功したのを受けて、ハーバート・フーバー(2)米大統領が一つの提案をした。

〈日本と英国と米国の三国の首脳が、同時刻にラジオで全世界に条約成立をアピールする演説を行ってはどうか〉

20キロ短波でサンフランシスコの無線局に電波を送る。そこから有線でニューヨークに流し、さらに無線でロンドンに送る。

史上初めての試みだった。浜口雄幸首相も10分間、演説を行った。

「今日の国際関係においては、善隣の精神というものが、かつての嫉妬猜疑の念に代わりつつあることを十分に認めることができます……」。

この箇所は浜口内閣の幣原喜重郎外相がどうしても入れたいと言い、自ら筆を執って書き入れたところだった(塩田潮『最後の御奉公』282頁)。

ワシントン会議後、列国は補助艦の建艦競争に乗り出した。1930年1月から4月まで行われたロンドン軍縮会議は、それに取り組むための軍縮会議だった。

交渉に臨むにあたって、浜口内閣は、補助艦総トン数の対米7割、大型巡洋艦の対米7割、潜水艦の現有量保持という日本の立場を閣議決定した。

しかし、交渉では、補助艦の対米英7割を主張する日本と、6割を主張するアメリカとが対立した。それでも3月に、日米間で、妥協案が成立した。大型巡洋艦の日本の総トン数は米国の69・75％、潜水艦は日米英同量とするという妥協案だった。若槻は東京に承認を求めたが、東京は意見が割れて紛糾した。

ことの発端は、加藤寛治海軍軍令部長が4月2日、天皇に上奏し、この妥結案では海軍作戦上重要な欠陥が生じるので、協定成立には慎重審議が必要であると述べたことである。加藤は軍令部としてはこれまで条約受諾に同意したことはない、と主張した。

議会では、野党の政友会を中心に、軍縮条約の調印は統帥権を犯すものであるとの政府批判が沸き上がった。政府が統帥部の要請を無視したことは、陸海軍の統帥は天皇大権とする帝国憲法第11条に規定された統帥権を犯すというのである。これに対して浜口内閣は、軍の編制・常備兵額の決定は憲法第12条が規定する国務事項に属するとして、条約締結が統帥権を干犯するもの

（2）ハーバート・フーバー（1874～1964）。米国第31代大統領。世界恐慌に際し有効策を打ち出せず退任。戦後は日本、ドイツに視察のため派遣され、食料援助を指示。

ではないと反論した。

このような中で、浜口と幣原は海軍軍令部を説得し、承諾する旨の回訓を交渉担当の若槻礼次郎全権に与えた。それによって条約が締結されたのである。

湛山は浜口内閣の決断を讃えた。

「軍令部が声を大にして主張している統帥権というものは、すでに今日の時世において看過できない怪物である。公明なる議会政治の下で、結局は国民の負担となる兵力量の決定が、議会と内閣を離れて、軍部の帷幄上奏という暗闇の中で左右されることが不当であるのは言うまでもない。事ごとに政府の政策に反対している記者も、この点においては断固として政府の態度を支持したいと思う」。

ロンドン海軍条約では浜口内閣は、文民統制原則を貫いたが、結果的には国防問題に対する参謀本部（軍令部）の影響力は統帥権干犯論争によって逆に強まった。大角峯男海相は１９３３年から34年にかけていわゆる「大角人事」を実施して、条約派と呼ばれる英米協調主義路線を取る海軍高官を要職から一掃した。権力は「条約派」から「艦隊派」へと移った。

しかし、この時残した最大の禍根は、政党が軍部の尻馬に乗って統帥権干犯なる「今日の時世において看過できない怪物」を振りかざし、政府を攻撃したことだった。

「政友会があくまでも軍令部を支持して政府を攻撃するならば、結局のところ自ら議会政治と政党の活動を否認し、自縄自縛の禍を将来に残すことになるからだ」。

湛山の懸念は、その後現実のものとなる。

湛山の論説――44（社説、1932年5月28日号）

「超然内閣に期待を懸くるの謬想」

現役軍人十数名の首相襲殺と帝都爆撃事件によってにわかに表面化した陸軍軍部対政党の抗争は、当面は軍部の勝利に帰した形で、後継内閣組織の大命は、海軍の元老斎藤実子爵に下された。おそらく、陸軍軍部の意中には他の首相があったであろう。しかし、陸軍の意中の人物を推挙して、所謂ファッショ的内閣を成立させるようなことは、西園寺公はじめ、諸重臣には到底決断できないことだ。

斎藤子爵は政党人ではないが、その多年の政治的経歴は、政党にも無縁ではない。少なくとも彼は、政党無視論者ではない。斎藤内閣ならば、政党とも必ずいくらかの諒解を保ち得る。が同時に彼は政党の党首ではないから、組織する内閣は軍部の希望する超政党的挙国一致の形式を備えるだろう。ここに西園寺公は着眼した。いわば軍部と政党の、両者の要求を折衷した人選だ。が、とにかく大命が、近年の習慣であった政党の党首に下らず、政友会の鈴木総裁の前を素通りし、軍人出身の斎藤子爵が登場したところに、軍部の勝利が認められる。顧みれば、1924（大正13）年6月清浦内閣が倒れてから約8年にして、再び政党党首を首相としない内閣が復活したわけである。

…

であるならば、わが国の政治は、政党政治を廃して、斎藤子爵内閣のような内閣を成立させることで、果たして国民の希望に添うものになり得るかと問われれば、記者は遺憾ながら「否」と答えざるを得ない。世の人々は忘れやすく、とくに軍部の若い人々に至っては、過去の出来事をほとんど知らない。そのため、ここ数年の政党政治のだらしなさにあきれる反動から、ただちに非政党内閣の出現を望む気持ちになるのは仕方がない。しかし、少なくともわが国の明治以来の歴史を知れば、非政党内閣は彼らの希望に添うものでは決してない。……超然内閣ならば、必ず公明正大であるはずだなどと考えるのは、過去の超然内閣の歴史を無視した空想だ。

…

政党内閣主義が認められてわずかに8年、いわばまだ過渡期である。その運用がうまくいかないのは、むしろ当然だ。にもかかわらず、早くもこれに我慢し切れず、超然内閣を歓迎することとは、記者から見れば、実に軽率の至りである。結果として、近い将来に必ず後悔させられることになるだろう。

1932年5月15日。三上卓、古賀清志ら海軍青年将校および陸軍士官候補生、愛郷塾生などが、首相官邸、警視庁などを襲撃し、犬養首相を殺害した。五・一五事件である。犬養は明治10年代に改進党結党に参加して以来、一貫して政党政治家の道を歩んできた。犬養が非業の死を遂げた後、元老、西園寺公望は、斎藤実を後継首班に指名した。

斎藤は、政党人ではなく、軍人である。

湛山は、この人事を「軍部と政党の、両者の要求を折衷した人選だ」としつつも、結論から言えば、「軍部の勝利」と見なさざるを得ないと評価した。

湛山のため息まで聞こえてくるようである。

それでも、湛山は諦めない。

政党政治はまだ8年で、いわば過渡期に属するのだから、運用面で至らない点が多々あってもそれは当たり前のことで、少しずつ直していけばよい。むしろ問題なのは、政党政治への過度の悲観主義が出始めていること、そしてその表れとして政党を超越した「超然内閣」への期待が強く出ていることだ。

湛山は、むしろそちらを戒めた。

斎藤内閣では荒木貞夫陸相が、陸軍皇道派とそのイデオロギーの旗を振った。

閣議では「世論、国論が云々……」とさかんに世論をタテに強硬論をぶつ荒木に対して、高橋是清蔵相が「世論も国論もまったくありはしないじゃないか。何とか一つでも軍部に不利益なことを言えば、すぐ憲兵が来て剣をガチャガチャやったり、拳銃を向けたりして威嚇する……言論の圧迫、今日より酷いことはない」と問い質し、激しい議論の応酬となった（前坂俊之『太平洋戦争と新聞』110頁）。

五・一五事件は、二大政党政治の息の根を止めたばかりでなく、暴力が言論を封殺する〝恐怖時代〟の幕開けともなった。

この年の2月に井上準之助が政治結社である血盟団の小沼正に、3月に団琢磨がやはり血盟団の菱沼五郎にいずれも射殺されるテロ事件が起きている。血盟団の創設者、井上日召は五・一五事件の黒幕の1人でもあった。井上は戦後著した回想記の中で、五・一五事件によって「国家改造運動の真意が、公判を通じて国民の前に明らかになった。血盟団の評価も変わった。国賊と呼ばれていた小沼正や菱沼五郎も、国士と呼ばれるように至った」と述べ、「この逆転の流れがなければ、二・二六事件は起こらなかったのではないか」と記している（井上日召「血盟団秘話」文藝春秋編『太平洋戦争の肉声④』142頁）。

それにしても戦前の政党政治はあまりにも未熟だった。

護憲三派内閣（第一次加藤高明内閣）時代。政友会は、公約だった普通選挙法が成立すると倒閣に走り、高橋是清総裁を引退させ、田中義一を総裁に迎え入れた。そして、税制改革をめぐる閣内不一致で護憲三派内閣を倒したが、加藤に大命が再降下、そのもくろみははずれた。

また、政友会は、憲政会の若槻礼次郎内閣の幣原対中外交を「無為無策の弱腰外交」と攻撃し、枢密院の力を借りて、この内閣を倒した。その結果、生まれた田中義一内閣は対中強面外交に突き進んだ揚げ句、張作霖爆殺事件の処理を誤り、自爆した。

そして、先に見たように浜口民政党内閣の時の統帥権干犯攻撃。このような過激な政争によって、政党は自ら国民の不信を招いた。

福沢諭吉は、日本における二大政党制論の元祖ともいえる存在だが、その際英国における自由党と保守党の政策対立幅は決して大きくないことを指摘し、二大政党制を維持するには「守旧必ずしも頑陋ならず、改進必ずしも粗暴ならず」という状態をつくることが重要だと強調した。

しかし、保守党たる政友会は、ロンドン軍縮では民政党政権との違いのための違いを際立たせるために統帥権干犯を持ち出した。事実、政友会は「頑陋」にすぎた。１９２８年の第1回の普通総選挙にあたっては、わが党は「皇室中心主義」の政党であるから、総選挙の結果が悪くても退陣しないと声明し、世論の顰蹙を買った（坂野潤治『日本憲政史』１３２頁、１６９頁）。

政友会ほどではないにしても、民政党も手段を選ばない党派的過激さでは似たようなものだった。

日本も署名したパリ不戦条約の国会批准に当たって、枢密院は条約第一条の「人民の名において（in the name of the respective peoples）という文言が天皇主権の帝国憲法と矛盾すると政友会政府を攻撃した。民政党もそれに唱和した。政局以外の何ものでもなかった（北岡伸一『政党から軍部へ』89～90頁）。

（社説、1935年7月27日号）

「真崎教育総監の辞職　尋常ならざる陸軍部内の事態」

陸軍大臣が、陸軍三長官の一角である教育総監に強要して、辞職に追いやった。今回、それが林陸相と真崎前教育総監との間に起こったと伝えられている。この事件は、わが国においては前代未聞であるという。

…

一般に新聞などで伝えられているところでは、今回の事件の真相は次のようなものであったという。以前から陸軍高級将校の間には朋党を結ぶ者が存在し、そのため、陸軍部内の統一を欠く心配があった。林陸相がこの禍根を絶つために、人事異動を行おうとしたところ、その朋党の一頭目である真崎総監と衝突するに至った。しかし、陸相は、部内に漲っている改革の気運に促され、断乎として真崎大将を総監の地位からしりぞけ、部内統整の難事を敢行する決意を示した——。

…近年、頻繁に世評に上る陸軍の朋党は……政治的団結であるらしい。それも決して陸軍部内の政治ではない。国家全体の内政と外交について、ある種の思想と実践の意志を持った軍人が、考えの近い者同士で集まり、朋党を結んでいるのである。実際にどれほどの人数が集まり、また、いかほどの団結力を持つものかはわからないが、日ごろ、新聞その他で宇垣派、荒木・真崎派などと名づけられ、言いはやされているのは、この種の朋党と理解できる。

…陸軍部内が朋党に分裂している現状を打破する難事の達成は、ただその中の一党一派をしりぞけただけで期待できることではない。なぜなら、ある派の排斥は、すなわち他の派の台頭を意味し、かえって将来の朋党紛争を激しくする禍の種をはらむからである。すでに林陸相の今回の処置に対しても、このような観点から、陸軍の前途を心配する者は少なくない。

記者は、林陸相が真崎総監を辞職させ、陸相の意図する人事異動を断行しようとする動機が純真であることを疑わない。そればかりか、陸軍部内に存在するとされる多くの朋党も、結成の動機はすべて純真であったに違いない。この点においては、かつての長州閥などとは比較にならぬほど尊敬すべき性質を持っている。

しかし、動機が純真であるからこそ、かえって始末がつけにくい面もある。動機の善は、必ずしも結果の善を生むものではないが、それぞれの主観では、良いことをしているとの信念が強く働くため、反省の機会を遮断するからである。

今般の陸軍に朋党のできた原因は、前述のように、軍人が軍事以外の政治に興味を持つようになったことにある。であるならば、陸軍部内から朋党分裂の弊害を排除しようとするならば、この原因を取り除くよりほかはない。


1935年7月、林銑十郎陸相が、真崎甚三郎[3]教育総監を罷免した。

陸軍の将官人事は1925年の宇垣一成陸相時代以後、後任の陸軍大臣は「三長官会議」が一致して選んだ候補者を任命すべしとの慣例ができあがっていた。三長官というのは、参謀総長、陸軍大臣、教育総監の3人である。

しかし、林は、辞任を拒否する真崎を強引に辞めさせた。「わが国においては前代未聞」の事件だった。

その背景には、陸軍の統制派と皇道派の暗闘があった。

統制派は、永田鉄山[4]陸軍省軍務局長を中心とする派であり、皇道派は荒木貞夫軍事参議官（前陸相）と真崎甚三郎教育総監を頂点とする派である。

この事件には以下のような背景があった。

7月10日、林は、真崎の勇退を求め、軍事参議官とすることを中心とする将官級人事案を真崎にはかった。永田らがとりまとめた人事案だった。

真崎はこれを拒否した。

その後、2度にわたって陸相、参謀総長、教育総監による三長官会議が開かれた。林は、その席で、真崎が「党閥の首脳」であることは「陸軍内の輿論」であるとして辞職を迫った。閑院宮参謀総長も真崎に勇退を勧めた。しかし、真崎はいずれも拒否した。

そこで、林陸相は真崎更迭の単独上奏を行い、その日のうちに、真崎を罷免して軍事参議官とし、林と陸士同期の渡辺錠太郎(5)を教育総監とした。

17日、真崎、渡辺を含め軍事参議官会議が開かれた。その場で荒木は、真崎罷免は不当であると主張し、さらに林の背後には永田がおり、永田は三月事件(6)に関与したと攻撃した。真崎も、三月事件の際の「永田クーデター計画書」なるものを持ち出し、これを問題とした。しかし、渡辺が林を強く支持し、林は何とか会議を切り抜けた。

林による真崎罷免は、各種の怪文書によってたちまち皇道派の知るところとなった。

それらは、真崎罷免の黒幕は永田鉄山軍務局長であると断じていた。

(3) 真崎甚三郎(1876~1956)。陸軍軍人。荒木貞夫らとともに皇道派を形成。台湾軍司令官、軍事参議官、陸軍教育総監を歴任。
(4) 永田鉄山(1884~1935)。陸軍軍人。統制派の中心人物。陸軍内の抗争の中、相沢三郎陸軍中佐に殺害される。
(5) 渡辺錠太郎(1874~1936)。陸軍軍人。真崎甚三郎の後任として陸軍教育総監となるが、二・二六事件で皇道派の青年将校により銃殺される。
(6) 三月事件。1931年3月決行を目標として、日本陸軍の中堅幹部によって計画された大規模なクーデター未遂事件。

8月12日、台湾歩兵第一地連隊付の相沢三郎中佐が陸軍省を訪れ、執務中の永田を斬殺した。相沢は皇道派の将校だった。

林が真崎を罷免した軍事参議官会議で、林を支持した渡辺錠太郎は、そのこともあって二・二六事件で青年将校に殺された。

二・二六事件の収拾にあたっては、宮中では木戸幸一内大臣秘書官長が、暗殺された斎藤実内大臣に代わって危機管理の指揮をした。

木戸は、その際、全力で反乱軍の鎮定に集中し、後継内閣や暫定内閣を認めない、との方針を立て、天皇はそのように臨んだ。

木戸は、軍部のクーデターが起こった場合のシミュレーションを永田から聞いていた。永田は1932年3月、木戸邸に招かれ、10月事件のクーデターの内情を密かに伝えていたのである（川田稔『昭和陸軍全史2』119頁）。

統制派も皇道派も、第一次世界大戦後の総力戦時代における陸軍の危機感をバネに、中堅幕僚のグループから生まれた。

彼らが満州事変を引きおこし、満蒙独立、さらには華北分離工作を推し進め、最後は日米戦争へと日本を駆り立てていった。

湛山は、「今般の陸軍に朋党のできた原因は、前述のように、軍人が軍事以外の政治に興味を持つようになったことにある。であるならば、陸軍部内から朋党分裂の弊害を排除しようとするならば、この原因を取り除くよりほかはない」と述べている。

「朋党」は昭和陸軍のガン細胞だった。

しかも、主観的には正しいことをしているという信念にとりつかれ、内政も外交も独断的な正論を振り回した。

「昭和維新」とかそういった「もっともらしく響く」言葉を、湛山は「呪わざるを得ない」と忌み嫌った（「二・二六事件関係者の処断からうくる教訓」社説、1936年7月18日号）。

信念の怖ろしさは、「反省の機会を遮断する」ことにある。独善に陥るからである。

軍も政治も最後までそれを除去できなかった。そして、政治が軍を籠絡《ろうらく》しようとし、軍が政治を壟断《ろうだん》しようとする。戦前の日本の最大の失敗は、政軍関係の失敗にあった。

「内閣総辞職と陸軍の態度　軍部政党化の危険を反省せよ」

（社説、1937年1月30日号）

広田内閣の瓦解は、近来の最も無意味な、しかしながら同時にまたきわめて重大な出来事であった。この政変が将来に大きな影響を及ぼすであろうことを考えると、問題の内容を明らかにしておくことは必要である。

1月21日に議会が再開して、首相、外務大臣、大蔵大臣の演説が終わり、恒例により民政党、政友会両党の質問演説に移った。民政党からは桜内氏、政友会からは浜田国松氏が立ち、一般施政について質問をした。ところが、質問が十分に終わらず、国務大臣の答弁すらも行われないうちに、浜田氏と寺内陸相との間に「軍人を侮辱した」「侮辱しない」の問答があり、これを口火にして陸軍は、広田首相に対して議会解散を要求した。

…

今回陸軍のとった立場に対して、記者が第一に不思議に思うのは、陸軍はなぜ、議会に十分な論議をつくさせなかったのか、という点だ。

…

浜田氏は、軍部の中に独裁思想がありはしないかを憂慮すると言った。軍人も国民であるから政治を考えることは当然だが、実際運動をするならば丸腰になれと言った。陸軍大臣任用令を改正して、現役将校に限ったのはドサクサまぎれではないかと言った。政党が悪いのも事実だが、そういうことは軍部の中にだってあるではないかと言った。

これらの議論のどこが軍人を侮辱するものであるのか、浜田氏でなくとも、謹んで教えを乞いたいところである。そして、寺内陸相は、これらの言葉に憤慨した以上、明白にどこが侮辱であるのかを指摘する義務があるはずだ。

…

それればかりではない。浜田氏は質問を終えた後、新聞記者に向かって「70歳以上は人間のプレミアムだから、いつ死んでもいい」と悲壮な決意を示したという。これは不思議なことだ。議会という言論の府で、国務大臣の施政演説に対して、質問をして、それで死を決意しなくてはならないとは、何事であろうか。

…

いうまでもなく、陸海軍は他のいかなる部門からも一指も触れ得ない特権を持っているのである。軍部が参加しなければ、内閣は組織できないのである。このような特権を持つ軍隊は、あくまで自重して、軽々に政治に口を出してはならない。にもかかわらず、最近、新聞紙上においてしばしば「このような内閣には軍部は大臣を送らない」というような記事が出てくるのはなぜなのか。このようなことは、本来政治に利用するために与えられたわけではない特権を濫用して、自己の恣意を政治に貫徹するものだと言われても、果たしてこれに反論することができるだろうか。

一方において言論を忌避抑圧し、他方においてその特権を利用して政界をほしいままにしようとするとすれば、そこに独裁政治といくばくの違いがあるのか。このようなことであれば、ことは単に軍部対政党の争いではない。軍部対国民の対立となる危険がある。

二・二六事件という大不祥事を起こした軍部は、神妙になるどころか逆に居丈高になっていった。そうしたその後1年の動きを、湛山の論考から追ってみる。

3月9日、広田弘毅(7)内閣誕生。

湛山は新内閣の課題の「まず第一は粛軍」であるとする。

寺内壽一(8)陸相が師団長会議での訓示で「軍人個々の政治的行動は単に軍人としての本分にもとるだけではなく、かえって所期の目的にも反することになる」と述べたのは「きわめて適切な訓示であって切にその実行を望まざるをえない」と記す。湛山は、寺内が皇軍ではなく国軍という表現を使っていることにも注目している(「寺内陸相の粛軍決意」講演、1936年4月18日号)。

5月7日。民政党の斎藤隆夫(9)衆議院議員が質疑に立った。

斎藤は、「今回反乱後の内閣組織にあたっても、事件について重大な責任を担っておられる軍部当局は、相当に自重されることが国民的要望であったにもかかわらず」、その後の組閣でも政治に介入している、と批判した上で、軍部の責任を正面から問うた。

湛山は、斎藤演説を帝国議会の「最も輝ける功績の一つ」と称讃した。この演説は後に「粛軍演説」と呼ばれることになるが、戦前の議会演説の白眉と数えられている。

同時に、舌鋒鋭く迫る斎藤の質問を正面から受け止め、斎藤の要望に「同感でございます」と言い切った寺内を「斎藤氏と同じ程度に、あるいはそれ以上に勇気を必要とすることであった」と讃えた（「粛軍質問演説と議会」社説、1936年5月16日号）。

7月7日。陸軍省、二・二六事件関係被告の判決言い渡し終了を発表。17名死刑。

「今回の判決において動機と行為との区別が比較的に判然としたことは、喜ぶべきことでなくてはならない」とし、その点が、五・一五事件の判決との違いだ、と指摘した。

「動機と行為をゴッチャにするのは好ましくない封建的思想である。主君の仇を打つという動機のためならば、四十七士がやった何事をも是認するような傾向は、現在の教育界においても除

（7）広田弘毅（1878～1948）。外交官、政治家。駐ソ連大使、外務大臣、内閣総理大臣、貴族院議員などを歴任。極東国際軍事裁判でA級戦犯として死刑に。
（8）寺内壽一（1879～1946）。陸軍軍人、政治家。朝鮮軍参謀長、台湾軍司令官、陸軍大将、陸軍大臣、南方軍司令官などを歴任。
（9）斎藤隆夫（1870～1949）。弁護士、政治家。318頁参照。

去されねばならないものである」(「二・二六事件関係者の処断からうくる教訓」社説、1936年7月18日号)。

1937年1月21日。新装なった国会議事堂で議会開会。政友会から浜田国松[10]衆議院議員が質問に立った。浜田は「軍人は政治に関わってはならないはずである」と軍による政治干渉批判を行った。寺内陸相は「軍人を侮辱した」として反撃した。

浜田は、詰め寄った。

「速記録を調べて僕が侮辱した言葉があったら割腹して君に謝する、なかったら君、割腹せよ」。

湛山は、浜田の質問のうち「陸軍大臣任用令に改正を加えて、現役将校に限ったのはドサクサまぎれではないか」との指摘を重視し、寺内がそれに正面から答えなかったことを批判する。

広田内閣は二・二六事件の後の5月、軍部の要求を入れ、軍部大臣現役武官制を復活させた。この制度の下では「軍部が参加せざる場合に内閣は組織できない」。まさにこの軍部の「特権」こそ、戦前の立憲政治の最大のガバナンス上の欠陥だった(「内閣総辞職と陸軍の態度　軍部政党化の危険を反省せよ」社説、1937年1月30日号)。

軍部はその後も、この「特権」を使い、さらには二・二六事件型の軍クーデターの再発をも匂わせつつ、政治に介入し続けた。

軍部大臣現役武官制の「現役」という条件を取り除き、予備役や後備の大将・中将も陸海軍大臣に任命できる道を開くため官制を改正したのは1913年の山本権兵衛内閣だった。原内閣から犬養内閣まで政党内閣の期間、陸軍大臣の存否が内閣の命数を決したことはなかった。

戦前、帝国憲法は一度も改正されていない。戦前の日本がおかしくなったのは、憲法の改正（改悪）によってではない。法律や官制をいじることで憲法改正（改悪）以上の変化を起こしうる。軍部大臣現役武官制の復活は、そのことを物語っている。

（10）浜田国松（1868～1939）。政治家。衆議院議長を務める。寺内壽一陸軍大臣との「腹切り問答」にて、軍部の政治への干渉、ファシズムを批判した。

湛山の論説――47（社論、1939年1月14日号）

「近衛内閣の辞職と我国政治の将来」

昨年末以来、慌ただしい動きを見せていた近衛内閣は、新年早々辞職した。記者はこの内閣を、初めから決して優れた内閣だとは信じていなかった。したがって、その辞職自体には、いささかの未練も感じない。しかし、これを今日のわが国の立場から見れば、容易ならぬ非常の際に、内閣を更迭することには、あたかも敵前に脇腹をさらして、軍を移動するかのような印象を持つ。

…

近衛前首相は……辞職の理由を説明し「今や日中戦争は新しい段階に入り、東アジア永遠の平和を確保するための新しい秩序を建設するために主力を注ぐべき時期に到達し」たので、ここに「新たな事態に対処するためには、新しい内閣の下で新しい政治を構想して、政策に工夫をめぐらせることで、民心の一新を図ることが必要であると確信」するに至ったのだと述べている。

組閣の大命は平沼男爵に下った……けれども国民は平沼男爵なる人を、今まで知らない。

……

そのような内閣ができたのは、決して今回が最初ではない。前の近衛公爵内閣も同様であった。非常に進歩的革新的意見を持つ人とは伝えられていたが、しかし、近衛公爵の本当の政見または思想がどのようなものであるか、組閣前に一般国民に示されることはなかった。さらに遡れば、林、岡田の両首相も同じ、広田、斎藤の両首相もまたほぼ同様であった。このようにして、国民は、政党内閣が消え去った後、常にどのような政治を与えられるかを知らないまま、新内閣をいただくことを繰り返しているのである。換言すれば、近年のわが国の政治には連続性がないということだ。また、政治に国民との思想的連絡がないということだ。

……

ドイツにはヒットラー、イタリアにはムッソリーニが登場し、独裁政治を行っている。これも政治の連続性を保つ一つの方式である。しかし、わが国においては、国体からも、今日の国民性からも、そのような一人の独裁政治家が現れることは許されない。

……

今日のように、どのような政治を行うのか、あらかじめ国民には想像もつかず、あるいは、首相や閣僚自身でさえ、実際に就任してみなければ、すべきことがわからないのではないかと思われるような内閣が、次々と現れては倒れていく状態がいつまでも続くことは、国家の不幸であり、国民には堪えられないことである。記者は、近衛公爵には、他のことは別として、この問題を深く考慮して、善処する用意があるのだと思っていた。しかし、それも今は失望に終わった。それにしても、本当に国家の将来を憂え、一命を捧げて君国に奉ずる政治家の出現を、記者は切に待望する。

戦前、満州事変（１９３１年）から敗戦（１９４５年）までの15年間に日本では14もの内閣が変わった。

それに次ぐ、内閣濫造頻度は平成の「失われた時代」である。１９９２年から２０１１年までの19年間にやはり14の内閣が変わった。

湛山、曰く。

「すべきことがわからないのではないかと思われるような内閣が、次々と現れては倒れていく状態がいつまでも続くことは、国家の不幸であり、国民には堪えられないことである」。

内閣があまりにも頻繁に変わる時代は、ろくな時代ではない。

あるいは、ろくな時代ではないからこそ、内閣が着せ替え人形のようにクルクル変わるのかもしれない。

1937年6月に登場した近衛文麿内閣（第一次）も結局、1年半で挫折した。それに誰よりも失望したのは、最後の元老、西園寺公望だっただろう。

西園寺は、近衛内閣総辞職の知らせに、「近衛が総理になってから何を政治していたのだか、自分にもちっともわからない」と政治秘書の原田熊雄に漏らした。

湛山は「記者はこの内閣を、初めから決して優れた内閣だとは信じていなかった」とし、したがって、近衛内閣の退場についても「その辞職自体には、いささかの未練も感じない」と冷たく突き放している。

近衛は人を見る目がなかったし、移り気だった。

近衛は対中政策の立て直しのため、「不拡大方針」を唱えた石原莞爾と思想的に近い板垣征四郎に入れ込み、杉山元に換えて陸相に据えたが、すぐに幻滅した。

「近衛は板垣のことを、会ってはみましたけれども、ぼんくらな男だ、と言っていたよ」。

「近衛はすぐ変わるね」。

天皇はこういって「笑っておられ」たという（筒井清忠『昭和十年代の陸軍と政治』172頁）。

また、当初、近衛は陸軍次官の梅津美治郎[11]をひどく嫌っていたのだが、第一軍司令官に転出する際、長時間会談した後で、「梅津という人はなかなかしっかりした人で、もっと早く会って

（11） 梅津美治郎（1882〜1949）。陸軍軍人。関東軍司令官、駐満州国大使を歴任。戦後、極東国際軍事裁判で終身刑の判決を受け、獄中で死去。

おけばよかったと思った」と言った。

「国策研究会」を主宰していた矢次一夫は近衛のことを「人物を識るのに人の噂話や、評判やらちょっと見ただけの印象で判断し、自らの識見で人物を鑑識しようとしない長袖貴族の政治的浮気性というか、その政治的多情さをみるべきであろう」と著している（長袖貴族とは公家のことを言う）（筒井清忠『昭和十年代の陸軍と政治』172頁）。

また、近衛には定見と先見性がなかった。

近衛は就任早々、支那事変の取り扱いでつまずいた。当初決めた「不拡大方針」を維持できず、全面戦争にしてしまった。さらに、蔣介石・南京政府を「交渉の対手とせず」と切り捨てたため、外交交渉による解決を極端に難しくしてしまった。

まことに愚かとしか言いようのない外政であった。

近衛は、国家の死活的利益を的確に判断できなかった。一国のリーダーとしてこれほど罪深いことはない。

1938年3月に著した社論で湛山は嘆いた。

「わが国に指導原理が欠けているのは、智見を実行する強い力が存在しないからだ。制度の上からいえば、それは首相にあるいは内閣になければならぬ。しかし実際のところ、今日の首相や内閣にはそれがない……わが国政はこのように、どこに心棒があるのかわからずに動いているのである。この点においてわが国の政治は、昭和6年以来今日に至るまで、少しも改善されていない」（「強大なる政治力の発現を望む　我国の今日の憂は智見の不足に非ず力の欠乏なり」社論、

1938年3月12日号)。

湛山は、強大なリーダーシップを求めた。

全体主義には一貫して反対の立場を取った湛山だが、ヒトラーとムッソリーニの強いリーダーシップを高く評価した。

「それにしても真に国家の将来を憂え、一命を捧げて君国に奉ずる政治家の出現を、記者は切に待望する」(「近衛内閣の辞職と我国政治の将来」)。

湛山の論説――48

「所謂軍人の政治干与　責は政治家の無能にある」

（社論、1940年2月24日号）

問題のあるところは……所謂軍の総意として伝えられた意見が近年、たびたびわが国の政治を動かした（もしくは動かしたと考えられた）ことの善悪可否である。そのような例は、いちいち挙げるまでもなく、これまで非常に数が多い。その中には軍の意見に阻まれ、内閣が成立しなかったこともあった。あるいは、議会が解散になったこともあった。

…

とにかく、世の人々がそのように思い、「軍」こそが日本の政治の推進力だなどと、内外に喧伝されているのは、まことに憂慮すべき傾向と言わなければならない。最近、衆議院で起こった斎藤隆夫氏の懲罰問題についても、たとえば2月14日の『東京朝日新聞』は、軍部と政府との意見が強硬であるため、同氏は遂に除名になるだろう、と記している。もし、その衆議院の処分が出席停止程度にとどまるならば、政府は衆議院の反省を求める意味で停会を奏請すべきだとの意見さえあるというのである……また、その軍部とは、陸軍大臣なのか誰なのかもわからない。しかし、たとえ陸軍大臣であろうが総理大臣だろうが、行政府が立法府の懲罰問題も支配するとは驚くべきことで、国民はこのような記事から強く軍人の政治関与の印象を受けるのである。

……

しかし、記者はこのような状態を、すべて軍人の罪に帰するのは誤りだと思う。実際に軍人の政治関与の事実があるにしても、責められるべきは、まず政府であり、政治家である。もし政府が有能で、政治家が見識高く、しっかりと国政を遂行して隙を見せなければ、軍人が政治に関与する余地はなかろう。

……

斎藤氏の件を考えても、それは明白だ。演説中にどのような失言があったかは知らないが、とにかくそれが、有無を言わさずに不適切と即断し得るほどのものでなかったことは、その後の懲罰委員会が、はかばかしい進行を見せていないことからもわかる。にもかかわらず、議長はあわてて速記録を削除し、また斎藤氏を懲罰委員会に付し、民政党は民政党で、党の長老を容赦なく党外に追い出した。形式は斎藤氏の自発的離党であったが、実態がそうでなかったことは言うまでもない。このように見識もなく、粘りもない政治家によって組織されている衆議院ならば、軍部の鼻息をうかがい、議員の除名でも何でもするだろうと、世の人々が想像するのは、まことに自然である。

今日のわが国の政治の悩みは、決して軍人が政治に関与することではない。逆に政治が、軍人の関与を許すようなものであることだ。ばい菌が病気なのではない。その繁殖を許す身体が病気であることを知るべきだ。

斎藤隆夫は民政党の代議士である。

兵庫県豊岡市出石町の出身。21歳の冬、徒歩で東京に出た。書生をしながら東京専門学校（現・早稲田大学）に通い、弁護士試験に合格。その後、米イェール大学法科大学院で公法と政治学を学んだ。帰国後の1912年、立憲国民党から総選挙に出馬し、初当選。普通選挙の実施に情熱を注いだ。

浜口雄幸民政党内閣の内務政務次官や斎藤実内閣の法制局長官を歴任したが、この間、一貫して「議会の子」であり続けた。

派閥も親分子分関係もつくらない。政治資金集めをしない。選挙区のために汗をかかない。酒も煙草もしない。馬鹿話ができない。宴会では居眠りばかりしている。しかし、議会での質問や演説は理路整然とし、本質を鋭く衝いた。

もっとも小柄で、風采は上がらない。米国留学中、肋骨を6本も抜いた大手術をしたこともあって身体も傾いで見える。そんなこともあってか、ニックネームは「ネズミの殿様」。

1940年2月2日、その斎藤が衆議院本会議で質問に立った。米内光政内閣の時である。

斎藤の矛先は、政府・軍部の支那事変の処理のあり方に向けられた。

「ただいたずらに聖戦の美名に隠れて、国民的犠牲をなおざりにして、国際正義とか、道義外交とか、共存共栄とか、世界の平和などといった、雲をつかむような文字を列べ立てて、そうして千載一遇の機会を逸し、国家百年の計を誤るようなことがありましたならば……現在の政治家は死してもその罪を滅ぼすことはできない」（斎藤隆夫『回顧七十年』263〜264頁）。

軍部はこの中に不穏な言葉があるとして問題にし、翌3日斎藤は小山松壽議長から宣告を受けた。

「時局に鑑みその影響するところ大なりと認め、懲罰委員会に付する」。

斎藤は自発的に離党し、さらに本会議で釈明の上、議員辞職を決意、懲罰委員会の採決延期を懇請した。

ところがその釈明内容を軍部がまたもや問題としたため、3月7日、帝国議会は本会議で懲罰除名を議決した。「聖戦の目的を冒瀆するものだ」という理由だった。

斎藤のこの演説は後に「反軍演説」と呼ばれることになるが、湛山はこの事件を社論で取り上げた。

「今日のわが国の政治の悩みは、決して軍人が政治に関与することではない。逆に政治が、軍人の関与を許すようなものであることだ。ばい菌が病気なのではない。その繁殖を許す身体が病気である」。

湛山は、ここで軍部をばい菌呼ばわりしている。

ただ、そのばい菌の繁殖を許している身体こそが病気なのだ、としてその身体である政治をヤリ玉に挙げるのである。

「このように見識もなく、粘りもない政治家によって組織されている衆議院ならば、軍部の鼻息をうかがい、議員の除名でも何でもするだろうと、世の人々が想像する」ようになっては、政党政治はもう死んだも同然である、と。

とりわけ、民政党は自らの党の誇る長老議会人をこのように軍部に媚びる形で放り出すという情けない姿をさらした。もはや政党には矜持どころか自己愛さえなくなっていた。

除名された斎藤だが、1942年の翼賛選挙では兵庫5区から出馬し、軍部の選挙妨害をものともせずトップ当選による再当選を果たし、衆議院議員に返り咲いた。

戦後、斎藤は日本進歩党の創設の発起人となった。

斎藤の戦後最初の演説は、終戦の年の11月26日の代表質問演説だった。

斎藤の質問に対して下村定陸相が答弁に立ち、過去における軍部の過誤に対し、目に涙を浮かべつつ、国民に陳謝した。

満場、寂として声もなかった。

斎藤は、演説原稿を持って質疑に立ったことはなかった。

演説の数日前には推敲を重ねた草稿を仕上げ、それを片手に庭を歩きながら暗唱する。

斎藤は「言論の府」を信じ、言葉を信じ、理性を信じ、一般国民の良識を信じた。

それはまた、湛山の信念でもあった（草柳大蔵『齋藤隆夫かく戦えり』35頁）。

湛山の論説――㊾（社論、1940年8月24日号）

「新政治体制は何処に行く　政治の貧困豈制度の罪ならん」

誰が主張しはじめたのか知らないが、所謂新政治体制の樹立にはます既成団体である政党を解散しなければならないとの説が、不思議な勢力を獲得した。永井氏(12)ら一派の脱党にかかわらず、しばらくは頑張ったかに見えた民政党も、ついにさる15日に解党した。かくして、わが国には、貴族院議員にいくつかの団体が残っているだけで、政党と称すべきものはなくなった……政党は、このように次々と解散したにもかかわらず、新しい政治体制は、まだ容易にできそうにない。近々近衛首相が発表すると伝えられる、これについての声明が明らかになれば、どのような体制になるのか、ある程度の見当はつくのかも知れな

(12) 永井柳太郎（1881～1944）。政治家、評論家。拓務大臣、逓信大臣、鉄道大臣を歴任。大日本育英会（現・日本学生支援機構）を創立する。

い。しかし、これまでの経験に照らし、声明によってただちに体制ができるとは思えない。

…

元来、政治の形態は大まかに分ければ、独裁か公論主義かの二つよりほかにはないであろう。公論主義とは、五カ条の御誓文中の「広く会議を興し万機公論に決すべし」の御趣意による政治の意味だ。

…

記者は、結局公論主義の政治は、議会を主とした機関とするほかないものと考える。そして、議会があれば、そこに2、3の政党が分立することも自然であり、また、決して不必要でもないと考える。人々の話題となっている新政治体制も、具体的に押し詰めて考えれば、結局、選挙制度の改革が重要な項目になるであろう。しかし、その選挙制度にしても、とくにこれまで人に知られていない良い制度があるとは思えない。よくても比例選挙、あるいは職能代表制の応用のようなものであろう。本当にそうであれば、新政治体制ははなはだ平凡至極の問題となる。

しかし、もし新体制主張者が、平凡を避けようとし、強いて新奇を求めるなら、恐らく考案は容易には定まらず、新体制がわが国の国体と合致しない方向に突進する危険がある。これは、記者の杞憂であろうか。

…

国民はすでに一致して、内閣の指導に従う態勢を完全にとっている。解散した諸政党も同様であった。だからこそ、彼らは60年の伝統を棄てて解党したのだ。にもかかわらず、今まで累代の内閣は国民を指導してくれなかった。この時局を担当する確乎たる政策を持たず、多少は持っていたとしても、左顧右眄し、それを決行する勇気を欠いたからである。近衛公爵は深く反省しなければならない。政治の貧困は制度の罪であろうか。組織は死物である。自ら持たぬ物を、組織に求めても、決して獲《え》られない。

斎藤隆夫の反軍演説と斎藤の議員除名は、思わぬ政治的反動を生み出すことになった。戦時体制の下、政党を解消して「政治新体制」をつくろうという「不思議な勢力」が広まり、その年の夏にかけて政友会と民政党が相次いで解党していった。

震源地は1年ちょっと前に、失意の下、政権を放り出した近衛文麿とその周辺だった。5月末、近衛は側近の有馬頼寧《よりやす》(13)元農相に「僕は新党をつくって国民的背景を持ちたいと思う。第一次内閣の弱体は、超然内閣で、基盤を持っていなかった点にある。だから今度は今から計画を進めて、万遺憾なきを期したいと思う」と内心を打ち明けた（筒井清忠『昭和十年代の陸軍と政治』215〜219頁）。

（13）有馬頼寧（1884〜1957）。政治家、農政研究者。第一次近衛内閣で農林大臣を務め、大政翼賛会の設立に関わる。農山漁村文化協会初代会長。

近衛は、議会制度改革を唱え、「既成政党の刷新」を近衛政治のキーワードである「革新」の中心に据えた。

その後、近衛は「国民的背景」のプラットフォームを「新党」ではなく「新体制」とすることに決めた。

政友会と民政党の二大政党はもはや生命力を失い、無産政党も含めてすべての政党が行き場を失っていた。

五・一五事件後、非政党人が首班となって組閣する超然内閣に戻ったことが転機となった、と湛山は見た。

「五・一五事件以後、わが政党は議会に立てこもって、かろうじていくぶんかの余命をつないでいるとはいえ、いわばそれは滅びゆくべき運命にある旧家が、従来の惰性で、わずかに名残をとどめているようなもので、もはや議会も政党も今後の政治には用がなくなったかのように、多くの国民は考えるに至った」(「阿部内閣に対する不満」社論、1939年9月9日号)。

そうした中、政党はわれもわれもと近衛が唱え始めた「新体制」へとなびいていった。

近衛人気が再び、煮立ち始めた。

西園寺はその泡立ちを憮然とした表情で見つめていた。

「今頃人気で政治をやろうなんて、そんな時代遅れの考え方じゃあダメだね」。

政治秘書の原田熊雄に、そうつぶやいた(武田知己「近衛文麿」122頁)。

湛山も、その新政治体制云々の中に覗く近衛好みの「強いて新奇を求める」胡散臭さに警戒感を抱いた。

近衛によれば、理想とする「新体制」は「自由主義を前提とする分立的政党政治を超克せんとする運動」である。

湛山は、その点に疑問を呈する。

それは、政党なしの議会をつくるということにほかならない。そのような議会は、「いわば雑然たる群衆を一堂に集めた」ものとなるだろう（「議会制度の効用」社論、1940年11月30日号）。

それに、この危機にあたって、制度いじりや組織づくりなどをやっている余裕はないはずだ。「近衛公爵は深く反省しなければならない。政治の貧困は制度の罪であろうか。組織は死物である。自ら持たぬ物を、組織に求めても、決して獲られない」。

その際、湛山はこの「新体制」が「わが国の国体と合致しない方向に突進する危険がある」とクギを刺すことを忘れない。

ここは近衛の「新体制」が抱える本質的なジレンマだった。

論理的に詰めると「新体制」は一国一党体制とならざるを得ない。日本では、ドイツやイタリアのように権力や暴力をもって「一党のほかには、政治団体の存在を許さぬ仕組みはとり得ない」。つまり、「独伊流の一国一党は、公の所謂幕府的存在になる危険がある」（「一国一党的政治を要望す」社論、1940年9月14日号）。

1940年10月12日、「大政翼賛会」が発足した。すべての政党は解党し、この傘下に集合した。しかし、大政翼賛会もまた体制統合はできなかった。財界、旧政党勢力、観念右翼などが抵抗した。そして「幕府的存在」批判が近衛を弱気にさせた。

１９４１年４月、大政翼賛会は改組となる。組織局長はじめ内務官僚が要職を占め、支部長も都道府県知事となった。要するに、内務行政の補助組織と化した。軍も同会に「高度の政治性」を持たせることを諦め、この組織を使って官僚機構を動かすことに重点を移した（伊藤隆『近衛新体制——大政翼賛会への道』）。

コラム

「御用記者成功の秘訣」

伊藤正徳氏は先日、海外に対する最も有効な宣伝は正直なニュースを送ることにある、と力説した。これは私も以前から同様に信じていたことであって……私は厳にこの主義を守っているつもりである。

…

私はこれまで、誰の御用記者であれ勤めた経験はない。しかし、国のためには誰にも頼まれなくても、文筆を業とする国民の一人として、微力ながら御用記者であらねばならないと覚悟している。ところで、私は御用記者としての役目を満足に果たす秘訣は、前にも述べた通り、正直に物を言うこと以外にはないと考えている。

…

世の中の人々は……一から十までよく言わなくては、よく言ったことにはならないように思っている。それはたとえば裁判で弁護士を頼む者が、非を理に曲げても、徹頭徹尾自己に有利な弁論をしてくれることを望むのと同じ心理だ。……そのような弁護をすれば、かえって全体として有利であった立場を不利に転ずる危険がある。

この「部分」を犠牲にしても「全体」を生かすということに常に力を用いなければ、弁護が決して弁護にならず、宣伝がかえって逆効果を生む結果をもたらすことに注意しなければならない。

(『中外商業新報』人生と経済、1938年5月16日号)

第八章

日中戦争

湛山の論説——㊿

「不謹慎なる外交論を排す」

（社説、1936年8月29日号）

外交を論ずる場合に、一般に陥りやすい誤謬は、外交そのものにあまりにも大きな期待を持ち過ぎることである。それは、外交の不振は外務省の罪ではないという意味ではない。外務省が外交刷新を名目に行っている人事異動のごときも、一つの駒を他の駒に置き換えているに過ぎず、しかもそれは改悪である場合が少なくない。記者は外務省の活動ぶりに対して相当な不満を持っている。

しかし、日本の国際的地位の不安定が外交だけの責任だとするのは、外務省に対して難題を押し付けることである。外交官は一個の外交的技術者に過ぎない。一国に対する外国の評価は、その国の対外および国内情勢がいかに反映しているかによって決定するのであって、外交官が何と言ったかによって決まるのではない。国家自身が国際親善に逆行するような方針をとっていては、外交官が何と弁明しても、一応の常識を持つ（外国の）人が、その通りに信じるわけはないのである。

……とくに注意すべきは、日本国内の輿論がそのまま反映することである。昔は通信機関が整っていなかったから、外交官の言うことに重要性を置いたが、今や国内の輿論は大小となく海外に伝えられているため、彼らはわが国内の事情を知るのに、形式一片の官庁の声明を唯一の材料とする必要はないのである。

……顧みて、日本の対外関係の輿論はどのようであるか。そこには、思慮ある意見はすべて隠れ、きわめて乱暴で素朴な議論だけが、国内向けに横行しているありさまである。たとえば近頃流行している論題には、反英論がある。

……日本にはあまりにも「敵」が多い。現在の国際関係の行き詰まりを打開するためには、この上にさらに「反」を加えることではない。むしろ、より多くの「親」を増すことだ。親米とか親中というようなものだ。元来、「反」は何も建設しない。単なる対抗を示すのみだ。それが何を解決するだろうか。

……今、国家主義が燃えさかる時代においては、国際問題は常に自己の立場を有利にするための煽動政治家や野心的憂国者のために利用されている。国家にとって危険きわまりない状態である。

国際関係打開の第一案は、したがって、国民自身が言論を慎んで、いたずらに外国人を刺激するようなことをしないことである。たとえば、北守南進論のごときは、内容が乏しい割に、外国人に疑惑を持たれる議論の一例である。

…

第二は外交の一元化だ。国内にはあらゆる議論が存在しなくてはならない。しかし、それが国家の政策となる場合には、それは一つにまとめなければならない。そうであれば、国家の外交は終始一貫して、世界の尊敬を得ることができるし、国内の支持も可能だ。


かつて松岡洋右は「西欧列強は日本にポーカーを教えたが、連中はチップのほとんどを手にした後は、そのゲームは非道徳的だと宣言し、コントラクト・ブリッジを囲むようになった」と言ったことがある。

国際社会のルールに適応し、ようやくそこで一人前にプレーができるようになると別のルールのゲームを押しつけられる、という不満を日本は持った (Smethurst, Richard J., *From Foot Soldier to Finance Minister: Takahashi Korekiyo, Japan's Keynes*, p. 208)。

国民の多くは、そのギャップを日本外交の弱さと見なし、切歯扼腕し、民族主義的感情を高ぶらせた。そうした不満は、新たなルールとなったワシントン体制に対しても向けられた。

有効期限5年だった1930年の海軍軍縮条約の再延長交渉の際も、「9カ国条約も廃棄しろ」「堂々と極東の門戸閉鎖を宣言しろ」といった勇ましい声が国内にはこだました。湛山は、軍縮協調体制を維持するよう主張したが、交渉は行き詰まった。湛山は「わが国民は……ことさらに外交関係において、もっともっと実利主義に徹底する修養がこの際、最も必要だ」と国内のこのような風潮を戒めた（「暗澹たる倫敦交渉」財界概観、1934年12月1日号）。

政治は軍事を制御できず、外交は無力だった。国民は、それを外交敗戦と見なし、しばしば外務省をヤリ玉に挙げ、外交官を弱腰呼ばわりした。

しかし、湛山は、問題の本質は「日本の国際的位置の不安定」にある、そして、その不安定を生み出す日本の国内の政治とメディアにある、と断じた。

外交官は「外交的技術者」にすぎない。

ある国の外交評価は、その国の外交官が何を言ったかで決まるのではない。それはその国の国際社会との共存のビジョンのあり方とそれを追求する意思と能力によって決まるのである。

国際政治においては、相手国と利害関心が必ずしも一致しないことはむしろ自然である。「英国と日本とが経済的に衝突するという事実はその通りだ。しかしながら経済的衝突がただちに反英を意味するというのは、とるに足らない議論であって、経済的に衝突することがかえって相互の理解と提携を必要とするのは、国内のカルテル・トラストなどを見てもわかるではないか」。

その昔、徳富蘇峰は、日本は「製敵術の達人となるなかれ」と戒めたことがあるが、相手国との利害関心の違いにその都度、感情的にひっかかっていたら、それこそ「製敵術」で、敵ばかりつくることになる（論説、１９３８年1月8日号）。

とりわけ外交的に難しい国々との関係を調整する任務についている外交官を、あたかも相手国の手先のようにけなすのは日本の悪いクセである。

「駐在国のために多少なりとも親身になった世話をすれば、すぐに疑惑の目で見られ、国に帰っても肩身のせまい思いをしなければならないありさまでは、どんな外交官でも仕事はできない。わが国で霞が関外交が非難されて久しい。それにまったく理由がないとは言わないが、しかし同時に私は、一体いつ霞が関にその思うままの外交をさせたことがあるかとも聞いて見たい。私は恐らく世界の外交官中わが国の外交官ほど困難の立場にある者はあるまいとも考える。あえて彼らのために弁護するのではない。わが国の外交のためにこのありさまを遺憾とするのである」（「国際知識」１９３６年10月号）。

湛山の時代、米国、英国、ロシア、中国……日本はそれらを相手にせっせと「製敵術」にはげんだ。

いま、中国と韓国、さらにはロシアとの間で似たようなことになっていないか。

中国と韓国の関係が難しいからといって、外務省の中国や韓国の担当者に八つ当たりするようなことになっていないか。

湛山は「国際問題は常に自己の立場を有利にするための煽動政治家や野心的憂国者のために利用されている」と警告を発した。

そうはさせないように常に、目を凝らしておく必要がある。

湛山の論説――51（社説、1936年10月3日号）

「日英両国提携の必要」

日本人の頭には案外に強く日英同盟破棄の際の英国の態度が記憶されている。日本人の多くは、日英同盟は日本のためであるよりも、英国のためであったと考えていた。その頃から日本は英国の番犬の役目をしているに過ぎないという議論も多かった。にもかかわらず、英国は、突然、その日英同盟を破棄したのである。

英国は、正規の手続きにより、正当な理由を挙げて日英同盟を破棄したのだから、法理的には何ら非難に値しない。しかし、同盟の破棄は、世界大戦において、日本国内に漲っていた親独論を押し切って、日本が英国に味方した後であり、そして、破棄を通告されたのが、大戦の後始末と見られたワシントン会議であったことから、日本国民が英国に裏切られたと受け止めたのも、無理からぬことだったと思う。

しかし、日本国民がいつまでもこのような感情を胸に抱いているとすれば、その非はかえって当方にあると言わなくてはならない。……日本自身も確かに日英同盟によって利益を得ている。今なお庶民が強い印象を持っているのは、同盟が日本に好結果を与えたからではなかろうか。日露戦争の時に、日本は日英同盟によって大きな利益を得た。日本が朝鮮を合併したのも、同盟下においてであった。日本のみが貧乏くじを引いたかのように言うのは、決して公平ではない。

日英同盟を破壊したのは、英国自身であるよりも、むしろ、米国の国際的地位の向上であった。英国としては日英同盟よりもっと重要な海軍の優越的地位すらも、米国の前に放棄せざるを得なかった。

いずれにせよ、このことは、過去をして過去を葬らしめてよい問題である。国家間において道義の存在はもちろん必要であるけれども、しかしそれは、新しく起こることの利害と状勢より優先されるべきものではない。国家や個人を問わず、洗練された自我(enlightened selfishness)は、常に円満な関係に先行するのである。

…

記者は第一には日英両国が提携して太平洋における平和の維持に貢献することを希望する。いまや、英国と言うときには、その画面に米国が浮かび出てくることは当然である。現在、英国にどのような内閣ができても、米国を除外し、または米国の不興を買うような政策が不可能であることは明瞭だ。したがって、日英両国の提携を説くことは、これに米国を加えた3国を主とし、あるいは米国を好意的傍観者とした、排他的ではない太平洋の

――新機構を創造することを意味する。


湛山はかつて日英同盟廃棄論を唱えた。

それは彼の望み通り廃棄されたのだったが、英国のその時の判断の決め手は米国との関係維持への配慮であった。

いま、再び、日英関係を改善する時である。ただ、その場合も、米国を加えた日米英提携か、少なくとも米国を「好意的傍観者」として、再構築するべきであろう。

そういった趣旨の論考である。

なぜ、再び、英国なのか。

背景に、英国政府の中国幣制改革[1]イニシアティブがある。

1935年秋、英国は財政家のフレドリック・リース・ロス[2]を日本に派遣し、日本と共同で中国幣制改革支援策を進めることを提案した。その見返りに国民政府に満州国を承認させるというのである。英国は、日英関係を改善して欧州に軍事力を集中させようとしていた。

湛山は、この提案を支持した。

(1) 中国幣制改革。1935年中国国民政府が英米の支援を受けて行った貨幣制度の改革。「法幣」紙幣に通貨が統一された。
(2) フレドリック・リース・ロス(1887~1968)。英国の財政家。大蔵官僚を経て、国際連盟経済委員会議長。46年にエジプト国立銀行総裁。

南京政府とも英国とも協力するべきである。それは「中国民衆のためであるばかりでなく、やがてまたわが国民の利益である」からである（「支那の幣制改革に就いて」社説、１９３５年11月23日号）。

日中関係は、１９３３年5月の塘沽停戦協定[3]締結後、しばらく小康状態が続いたが、１９３５年、中国駐屯軍と関東軍の主導の下、華北地域の勢力圏化を意図する華北分離工作が始まった。もし、それが実現すれば南京政府に無条件で満州国を承認させることができる。日本政府は、リース・ロス・ミッションに冷淡だった。

蒋介石・国民政府は１９３５年から36年にかけてリース・ロスの指導の下、銀本位制に基づく幣制改革を実施し、成功を収めた。中国統一に向けての財政的基盤が固まったのである。

同じ10月に発表した論説で湛山は、日英提携論を畳みかけて主張した。

「日本が英国と提携するということは、決して英国の現有勢力を不動のものと認めることを意味しない。否、国際的現実主義者である英国は恐らくは日本の発展に対して比較的に理解あるべく、そして日本の立場を有利に展開させるためには、これを『敵』とするよりも、国際正義を中軸として、英国外交の伝統にのっとって『与えて取る』（give and take）方策に出ることが賢いと信じるためである」（「何故に日英提携を主張する」社説、１９３６年10月31日号）。

外交は、あくまで実務的にギブ・アンド・テークで賢明に処していくことが肝心であるが、それを成り立たせる芯は双方の「洗練された自我」である。

「国家間において道義の存在はもちろん必要であるけれども、しかしそれは、新しく起こることの利害と状勢より優先されるべきものではない。国家や個人を問わず、洗練された自我（enlightened selfishness）は、常に円満な関係に先行するのである」。

平和をつくる上でもっとも根本的な思想を、湛山は取り上げている。

平和は、双方の「洗練された自我」、あるいは「洗練された自己利益」を取り出して、橋を架ける作業なのである。

自らの利益を守るには、相手の利益をも守らなければならない。

平和をつくるには、双方のそのような「洗練された自己利益」つまり「開かれた国益」を踏まえて積み上げていくのが最も確かな方法なのである。

当時、「支那通」の人々は「支那人に対して恩威並び行わなければならぬ」と説いたものだった。湛山はこの言葉を嫌った。

「私は……永久の日中親善などということは望んでいない……遠い将来のことはわからない。だからそれはその時として、まず今日の親善を工作する。これがすべての場合の外交方針でなければならない。……今日主義の親善策こそ、実は真の永久親善策なのである」。

平和をつくるには、双方の「開かれた国益」を重ね合わせるべく、今日の、この今の機会をつかみ、種を蒔き続けなければならない（「対支外交雑感」『国際知識』1936年10月号）。

（3）塘沽停戦協定。1933年5月に日本軍と中国軍の間で締結された、満州事変の停戦協定。事実上の講和条約となった。

湛山の論説——52（社説、1937年7月24日号）

「支那は戦争を欲するか」

不幸にも戦端を開くに至れば、そもそもわれわれ両国はどのような利益を得るであろうか。いや、それよりも、果たして重大な損失なしに済むであろうか。

中国の抗日強硬論者は、この一戦により、日本を叩きつけ、日本の勢力を中国北部から、また、あわよくば満州国からさえも駆逐できると考えているのかも知れない。

…

中国にもあれだけの大軍備があり、いよいよ日中開戦となれば、全国民を挙げて中央政府を支持し、一丸となって国難に殉ずる覚悟を固めるのは明らかだ。

…

今日、日中両国が戦う場合、中国側から見て、想像し得る最も有利な情勢は、戦争を長引かせることであろう。中国軍がいかに充実していても、積極的に戦って日本軍に対して勝ち目があるはずはない。幸運に恵まれてどれだけ長く日本軍を悩ますことができるか、その進撃を食い止められるかが、精一杯の実力である。

…

であるとすれば、外国は中国を援助するであろうか。中国を援助するとは、すなわち日本を敵とすることである。記者はそのような外国が今日の世界にあるとは思えない。が、仮に一歩譲って、どこかの外国から援助を受け、中国が日本と戦争を続け得るとして、その結果はどうなるか。恐らくは、中国は前門の虎を防ぐため、後門に数匹の狼を進めたことに、悔いを残すに過ぎないだろう。万一にも、あのスペインの惨憺たる状態が、形は異なっても中国に現れるようなことがあるとすれば、その不幸は計り知れない。

…

しかし、日本にとってもまた、それが決して望ましい事態でないのは言うまでもない。……そうでなくても、今は国力の充実に邁進しなければならないわが国が、そのような道草を食い、少しでも国力充実に支障を来すのは大きな損失だ。しかも、わが国が今、中国北部で望んでいるものは何か。決して戦争を賭さなければ交渉が成立しないほどの案件ではないのである。

…

記者は今回の事変を機会として、日中両国の国民と政府が互いに過去を清算し、新たに両国の関係の調整に出発し直すことを希望する。そのためには、現地解決などという姑息なことではいけない。わが国政府と南京政府とは堂々かつ率直に折衝し、先ず中国北部における日中両軍対峙の形勢を速やかに解消し、久しく停滞の状態にある日中外交交渉を再開すべきである。

1937年7月7日夜、北京西郊の盧溝橋付近で、日中両軍の間に小規模な武力衝突が起こった。

翌8日、陸軍参謀本部は支那駐屯軍司令官に「事件の拡大を防止するため、さらに進んで兵力を行使することを避けるべきだ」と指示した。石原莞爾参謀本部作戦部長が、閑院宮参謀総長の承認を受けて発したものだった。

近衛文麿内閣も、同日の臨時閣議で、「不拡大、現地解決」を決定した。

11日、現地では、日本側支那駐屯軍と中国側第29軍との間で停戦協定が成立した。

ここで終わっていれば、その後の日中戦争は避けられたかもしれない。

しかし、この間、陸軍中央の武藤章参謀本部作戦課長や田中新一陸軍省軍事課長らは、内地3個師団派遣を主張、これに反対する石原莞爾参謀本部作戦部長や多田駿参謀次長らと激しく対立した。

「君がやめるか、私がやめるか、どっちかだ」。

石原が武藤にそうすごんだ、との話が伝えられている。

武藤ら拡大派は、この機会に中国軍に一撃を加え、さらには華北分治を実現しようと考えていたが、石原たち不拡大派は対ソ戦を重視し、中国との関係安定を主張していた。

前年冬、石原は満州・華北を視察した。

その際、新京（長春）で板垣征四郎参謀長、今村均参謀副長、それに当時、関東軍勤務だった武藤章第二課長（情報担当）らの関東軍高級参謀と会った。

「内蒙工作を中止すべきだ」。

そう主張する石原に、武藤は切り返した。

「あなたは満州事変で大活躍されました。今われわれは、あなたの活躍された行動に見習い、その通り内蒙で実行しているのです」。

同席していた若い参謀たちは「哄笑」した、と今村均は回顧している（『今村均回顧録』212頁）。

ところで、いったん不拡大方針を決めた近衛内閣ではあったが、近衛首相も広田弘毅外相も、杉山元陸相がさしあたり3個師団の動員を主張すると、不拡大方針を撤回した。

拡大派は「在留日本人の保護のために兵力増派が必要」との論理を振りかざした。

この主張に正面から反論するのは難しい。もし、在留日本人に何かがあった場合、重大な責任問題に発展するからである。

7月27日、不拡大方針を貫こうとした石原も悩みに悩んだ末、内地3個師団派遣を認めた。「在留日本人の保護」を石原も無視できなかったのである。

翌28日、現地の日本軍は、陸軍中央の軍命令に従って、総攻撃を開始した。8月13日には上海戦に突入した。

こうして日中戦争が始まった。

湛山は、この論考で、2つの洞察力に富む見方を披露している。

まず、今、日本が「北支」に望みつつあることは何か、それは果たして戦争によってしか得られないことなのか、それとも外交によって手に入れることができることなのか、それを明確にせよ、と求めたことである。それを明確にしないいまま、中国に派兵し、中国と事を構えるのは「道草」もいいところだ、と戒めた。

次に、内地からの派兵が日中戦争を長引かせ、日本軍が泥沼にはまるおそれがある、と警告を発したことである。

いま、日中戦争となった場合、中国としては戦争を長引かせるのが有利となるだろう。できるだけ長引かせ、日本を消耗させるに如くはない。国力をつけなければならない時に、日本はそんな消耗戦をやっている余裕はないはずだ。

たしかに、盧溝橋事件の解決を出先同士へ一任し、中央政府が動かない選択もありえたし、停戦協定の調印と同時に、双方が増援部隊の派遣をすべて中止し、それを内外に宣言することもできた。にもかかわらず、なぜ、現地の小競り合いが全面戦争に発展したのか。

歴史家の秦郁彦によると、その「支配的要因」は、中国側が「不拡大・現地解決」という日本の公約への「不信」から、外交的解決への努力を放棄し、日本軍の戦力を過小に評価したことである。中国側は「第一発」を日本軍の計画的陰謀と思いこんだ。一方、日本側も、中国側がこれまでの伝で局地解決の条件を受諾するだろう、悪くても武力の威嚇か一撃で屈服するはずだと侮り、また、国民党政権の以夷制夷政策への抜きがたい不信感の虜になったことである。日本側は「第一発」を中国軍の「計画的武力抗日」と決めつけた。その結果、ある時点からは、それぞれ「抗日救国」と「暴支膺懲」のスローガンに象徴される独自のダイナミズムが自転しはじめ、高揚する「敵意」に双方が押し流されてしまった。ただ、それも元をただせば、種を蒔いたのは、満州事変前後から1936年に至る日本の中国政策にほかならなかった（秦郁彦『盧溝橋事件の研究』377頁、379頁）。

湛山は、中国はこれから日本を消耗戦に引き込むだろうと予測したが、この洞察は、毛沢東の抗日戦争の戦略論を先取りしていた。

毛沢東は、その戦略論を翌1938年に『持久戦論』(4)として発表する。

(4)『持久戦論』。毛沢東が抗日戦争の最中の1938年に刊行した著書。抗日戦争勝利への道、中国革命への展望について記した。

湛山の論説――53（社論、1938年1月29日号）

「宣言せられたる我対支政策の二大原則」

蔣介石政権に対する（日本政府の）態度については、すでに1月16日の政府の声明[5]で明らかにされたが、さらに議会において広田外相はそれを詳しく説明した。そして、昨年来しばしば噂されたドイツの講和仲介の真相と、その際、わが国が提出した条件を発表した。この条件発表は、たとえ講和は不調に帰し、同時に蔣介石政権との交渉は永久に絶たれたとはいえ、わが国の今後の対中政策を指導する原則を示したものであり、今期議会の最大の成果であろう。

その条件を今後に適用することについて注意しなければならないことは、その第四の賠償の件である。蔣政権との講和ならば、蔣政権に賠償を求めることも一応の理屈は立とう。しかし、今や蔣政権は、（中国の政権としては）相手としないと断じたのであるから、わが国は最初から中国国民を敵として戦争はしていないことになる。もちろん、今後わが国が大いに援助育成しようとする新政権に、戦争に対する責任があるはずもない。賠償を取ろうとしても、その相手はないのである。外相が一議員の質問に答え、依然、中国から損害の賠償を求めるかのような説明をしたことは、何かの間違いであろう。

とすれば、今後わが国が中国国民に望むのは残りの3カ条、すなわち①容共抗日満政策の放棄と日満防共政策への協力②非武装地帯の設置と当該地方における特殊機構の設定③日満中三国間の密接な経済協定――である。しかし、これもはや今日となっては所謂講和の条件ではない。なぜならば、わが国にはすでに講和の相手がないばかりか、中国北部に樹立された行政権は、この方針によって着々と政権運営を進めているからである。

…

しかし、問題は、その条件すなわち中国新政権の方針は、わが国にとっては好都合に相違ないが、他の諸外国に損害を与える危険が懸念されることだ。これに対して、外相は1月22日の議会の演説において、断じてそのような心配はないと言明し、門戸開放主義を明言している。「帝国政府は、帝国軍隊の占領区域内にある列国の権益は十分尊重することはもちろん、広く中国民衆の福利のため、諸外国にも門戸を開放して、資本の進出をも歓迎することを、この際、明らかにしたい」と述べているのがそれだ。これは、前の講和条件

（5）政府の声明。1938年1月16日近衛内閣発表の「爾後国民政府を対手とせず」という声明。中華民国国民政府との事実上の国交断絶を宣言。

の発表とあわせて、わが国の今後の対中政策の基調を明示した二大宣言だ。
…
今日、世界の多くの国から疑惑を持たれている問題について、このように、外相が責任をもってこの二大原則を言明したことに、わが国の国際的立場を明確にする効果があることは疑いを得ない。願うところは、今後、中央および出先の当局者が、外相の宣言を裏切る、世界から疑惑を持たれるような言動を厳に慎み、大局を誤らないことである。

近衛文麿首相は、1936年12月13日、南京陥落の後、国民に対して声明を発表した。「北京、天津、南京、上海の四大都市を放棄した国民政府なるものは実体なき陰に等しい。然らば国民政府崩壊の後を受けて方向の正しい新政権の発生する場合は、日本はこれとともに共存共栄具体策を講ずるほかなくなるであろう」。

南京陥落の知らせに国内は沸いた。

何千人という人々が提灯を掲げて近衛家の門前へ押しかけ、戦勝を祝った。近衛家では文麿夫妻をはじめ一家で門のところに立って手を振って応えたという（近衛忠大ほか『近衛家の太平洋戦争』115頁）。

日本軍は11月12日に上海を占領し、首都南京に向けて進撃を始めた。

12月2日、首都陥落を目前にしたところで、蒋介石が日本との和平案を基礎に交渉に入る用意があると伝えてきた。

そんな時、元外相の幣原喜重郎が広田弘毅外相を訪れた。

幣原は、日中の交渉解決の必要性を広田に説いた。

しかし、広田は、あいまいだった。広田はその後、「陸軍は南京攻略が先だとして消極的であり、交渉妥結は難しい」との伝言を幣原に伝えた。

それを聞いた幣原は答えた。

「ああ、それならもう駄目だ……日本に面子があるなら、中国にも面子があるのだから、それはできない相談だ。君らはせっかくご馳走が出来上がっているのに、それを芥箱の中へ棄ててしまう。まことに惜しいことだ」（幣原喜重郎『外交五十年』170～171頁）。

日本はその後、ドイツのトラウトマン駐華大使を仲介役として南京政府との和解工作を舞台裏で模索した。

1938年1月15日、中国側へ要求した条件の回答期限の日が来ても中国から正式な回答はまだ、来ない。

大本営政府連絡会議は、和平打ち切りを議論した。

盧溝橋事件の時、不拡大対応を唱えた多田駿参謀次長が今度も「速断を避けさらに中国側からの最後の確答を待つべき」と述べ、交渉継続を主張した。

しかし、杉山陸相は「期限まで返電がないのは和平の誠意がない証左である。蔣介石を相手にせず屈服するまで作戦すべきだ」と反論した。

広田は多田をなじった。

「長い外交官生活の経験に照らして、中国側の応酬振りは、和平解決の誠意のないことは明瞭だ。参謀次長は外務大臣を信用しないのか」。

その後、近衛が重い口を開いた。

「速やかに和平交渉を打ち切り、われわれの態度を明瞭にする必要がある」。

米内光政海相がダメを押した。

「政府は外務大臣を信頼している。統帥部が外務大臣を信用しないのは、同時に政府不信任である。政府は辞職のほかにない」。

「明治大帝は朕に辞職なしと言われた。国家重大の時期に、政府の辞職と言い出すとは何ごとか」。

多田は涙ながらに訴えたが、もはやここまでだった。

近衛内閣は交渉の打ち切りを決めた（服部龍二『〝外交敗戦〟の教訓』81～84頁）。

翌16日、近衛は「以後は国民政府を対手としない……新興新政権の成立発展を期待」するとの声明（第一次近衛声明）を出した。

日中間の外交ルートは断絶した。

湛山はこの論考で、中国に戦争の賠償を求めるとする政府発言の矛盾を衝いている。

日本は中国とは戦争をしていない。

蒋介石政権は相手にしない。

新政権（汪兆銘政権）に戦争責任があるはずもない。

とすれば、どこから、どんな根拠で、賠償を取るのか。

その後、日本は長期戦の泥沼にはまりこんでいく。

しかし、日本は誰と、何のために、戦っているのか。

「すでにその存在を無視し、抹殺し、対手とせずと宣言したものを対手に、なお長期戦争を継続することは自己矛盾である」（「今後の対支政策と事件費予算調整の必要」社論、１９３８年１月22日号）。

（社論、１９３８年11月12日号）

「政府は重ねて対支政策を具体的に声明すべし」

去る11月３日の声明は、武漢攻略後のわが帝国の対中方針を宣言したものとして、内外の耳目を集めた。しかし、率直に評すと、恐らくこれを読んだ大多数の人が失望を感じたであろう。簡単に言えば、起草者はいたずらに美辞麗句の羅列に腐心し、肝心の内容を具体的に表現する用意を怠ったからである。同日、近衛首相がラジオを通じて放送した演説も同様であった。

支那事変発生以来、わが国の政府が発表した声明は、一つや二つではない。にもかかわらず、それらはほとんど常に、今回のそれと同様に内容の乏しさを示したものばかりであった。そのため、諸外国からは、わが国と友好関係にある第三国の人からさえも、たびたびわが国の真意を疑われ、国内においては、国民に不安の念をさえ抱かせてしまった。そのことは、政府もすでに気付いていなければならないことなのに、今に至っても、改める様子がないのは非常に残念である。

…

今回の声明を一句一句分析して検討すると、その眼目が……「新秩序の建設」にあることは明らかだ。政府の意図ももちろんそこにあろう。「帝国が希求するのは、東アジア永遠の安定を確保する新秩序の建設にある。今回の征戦の究極の目的もまた同じである」と言い、あるいは「帝国が中国に望むのは、この東アジア新秩序建設の任務を分担することである」などと説いていることが、それを証明している。

それならば、声明が言及する東亜永遠の安定を確保すべき新秩序とは、どのような内容を持ったものなのか。これこそ実に肝要な点であるが、今回の声明を読んで、あるいは近衛首相の放送を聞いて、それを明確に理解できた人が、果たして世の中にいるだろうか。

…

強いて探してみるならば、右（声明）の中で、国際正義の1項については、首相の放送演説の中に多少説明らしきものを発見できなくはない。たとえば「従来、中国の国土が帝国主義的野心に基づいた列強の争いの犠牲となり、その平和と独立とが脅威にさらされていることは、歴史に照らして明白です。日本は今日以後、このような事態に対し、根本的修正が必要であることを認め、正義に基づいて東アジアの新平和体制を確立することを要望します」と述べているのがそれである。

…

中国が列強の帝国主義的野心の犠牲となっていたことは、事実に違いない。が、であるならば、これに根本的修正を加えるとは、具体的にはどうすることなのか。これが明らかにされなければ、結局、東アジアの新平和体制と言われるものの正体はわからない。

1938年11月3日、近衛文麿首相は声明（近衛第二次声明）を発表した。

「帝国が希求するのは、東アジア恒久の安定を確保する新秩序の建設にある。今回の征戦の究極の目的もまた同じである」。

「帝国が中国に望むのは、この東アジア新秩序建設の任務を分担することである」。

国民はこのとき初めて、日中戦争の目的を知らされたのである。

しかし、湛山は問い質す。

その新秩序なるものの内容は何か、その肝心なところがさっぱり見えてこない。

中国の混乱が列強の「帝国主義的野心」に起因することは間違いないにしても、それに「根本的修正を加える」というのは、具体的にはどうすることなのか。

それらが明確にならない限り、「東アジアの新平和体制と言われるものの正体はわからない」。

近衛内閣は、宣戦布告は行わないことを決めていた。米国の中立法の発動を回避するためである。中立法は交戦国への機械類や戦略物資の輸出を禁じている。日本はそれらの多くを米国からの輸入に頼っていた。

近衛声明に対して、米国は翌12月、いかなる国もその主権に属さない地域について新秩序なるものを指図する資格はない、また門戸開放原則を無視して行われる新秩序は認められないときわめて強い調子で日本を非難した。米国はこれと前後して、中国に対する事実上の借款供与に踏み切り、これを機に、日米通商条約の破棄の検討を始めた（北岡伸一『日本政治史』194〜195頁）。

日中戦争はそれまで、中国の排日行為に対する自衛行動（「暴支膺懲」）を目的とすると説明されてきた。

近衛声明は、それを大きく修正するものだった。有田八郎外相は、近衛声明を敷延する形で、東アジアにおいては、事変前に適用された観念や原則をもって現在および将来の事態を律することはできない、との政府見解を発表した。

これは、中国の領土保全・門戸開放を定めた9カ国条約をはじめとするワシントン体制の原則を否定するものだった。

この体制の下では、南京国民政府が中国の正式な政府であることを前提としていた。それを日本は事実上否定し、新たな中央政府成立を求めることを表明したのである。

米国は、この動きを、ナチス・ドイツが、ベルサイユ体制を打破し「ヨーロッパ新秩序」を建設すると鼓吹していたのに呼応する挑発と受け止めた。

同年12月22日、近衛は、東亜新秩序に向けての日中提携について、善隣友好、共同防共、経済提携の三原則を掲げる声明（第三次近衛声明）を公表したが、直前、関東軍は、蒋介石の政治的ライバルの汪兆銘[6]を重慶からハノイに脱出させた。王を首班とする新政権をつくり、その下で新たな中央政府を育てようとの意図だった。

しかし、事前に汪兆銘との間で協議されていた和平条件に比べ、近衛声明の内容は中国側にとって厳しい内容に変わっていた。

日中戦争の勝利間近と踏んだ軍部が、条件を釣り上げ、近衛はその要求を容れたのだった（近衛忠大ほか『近衛家の太平洋戦争』169頁）。

日本が中国に勝つ見込みはさらに遠のいていた。

1940年2月、斎藤隆夫はかの反軍演説において、次のように異議を唱えた。

「この戦争の目的であるところの東亜新秩序建設が、事変以来、約1年半の後において、はじめて現れ、さらに1年の後においてとくに委員会[7]まで設けてその原理、原則、精神的基礎を研究しなくてはならないということは、私どもにおいてはどうも受け取れないのであります」（草柳大蔵『齋藤隆夫かく戦えり』337頁）。

そのころ、天皇は侍従にこう洩らした。

「中国は案外に強く、事変の見通しは皆が誤り、とくに専門の陸軍すら観測を誤った。それが今日、各方面に響いてきている」。

その1年後、天皇は悲痛な告白を打ち明けている。

「結局、日本は中国を見くびった。早く戦争をやめて、10年ばかり国力の充実を計るのが最も賢明であろう」（『小倉庫次元侍従日記』）。

（6）汪兆銘（1883〜1944）。中国の政治家。孫文の側近として、一時国民党の要職を担う。蒋介石との対立の後、南京国民政府を設立。対日和平を唱えた。

（7）1938年第1次近衛内閣によって、対中国政策を一元的に統制指導するための内閣直属機関として興亜院が設けられた。39年12月同院内に設けられた委員会により「東亜新秩序答申案要旨」が発表された。

コラム

「日支国交調整に新聞の提携を望む」

私は日中関係の危機を打開するのには、ことを政府間の処理だけにまかせておいたのでは足りないと思う。

…

とくに、今日の社会で、(とりわけ日中の間において)この広義の外交に最も有力な役割を果たせるのは新聞であろう。

…

にもかかわらず、実際に今日の新聞は、この点において果たしてどんな働きをしているだろう。私の目には残念ながら今日の新聞は、毎日毎日国交破壊に努力こそすれ、国際関係を平和に導こうなどという気持ちは寸分も持たない機関であるかのように見える。

…

私は近年日中の関係が次第に悪化していくのを見て、何とか両国の新聞が提携し、相互に十分了解したうえで、中国紙は無暗に排日的記事を掲載するようなことをせず、わが国の新聞もまた、ひたすら中国を悪者にして書くような態度を改めることはできないかと考えた。もし、そのような両国新聞の親善関係が結ばれたら、日中国交は急速に改善されるのではないかと思ったからである。
しかしながら、最近思いがけず、上海、南京、広東という中国中心地の諸新聞社から、親善の呼びかけを受けたのだ。わが国の諸新聞社は、なぜこれに応じて手を差し伸べないのか。私は、どうかそうして欲しいと願っている。

（中外商業新報、1936年10月12日号）

第九章

三国同盟

湛山の論説――55

「日米通商条約の破棄」

（社説、1939年8月5日号）

米国が、突如日米通商航海条約の廃棄を通牒してきたことに、内外ともに意外と感じた者は多いだろう。同国政府のそのような行動の背景には、相当複雑な事情が存在すると推察される。しかし、結局のところ、わが国の対中行動その他に対して、ハル長官の言う「米国の権益を擁護しかつ助長するため」に、（外交上の）自由裁量の地位を得ようとしたものであることは、ほとんど疑い得ない。しかも、その決意は相当固いものであることが察せられる。

…

米国は英国ほど、極東に実際の利権を多くは持っていない。けれども、中国の所謂門戸開放は、古くからの米国の伝統的な政策であって、米国民にとっては、それはほとんど感情的な信条に化している。これについては、現実主義の権化ともいうべき英国人よりも、たいへん取り扱いが難しい。米国は決して油断できない、と疑う者がいるのは当然だ。
米国の主張する門戸開放は、実は大変手前勝手なものである。一体、なぜ、中国の門戸だけが開放されなければならないのか。論理はまったく成り立たない。一般の米国人はオープンという言葉に魅せられて、それが実はインヴェード（侵略）を意味していることを知らないのである。

…

その（通商航海条約）違反を、あえて、より早く、かつ激烈に犯したのは、まさしく米国である。米国領土における日本人の差別的排斥が、それだ。その他、米国政府が条約違反だとわが国を非難するような事例を拾い上げれば、米国側にこそ、（同じような事例は）数限りなくあるであろう。
しかし、今日の国際関係においては、米国だけではなく、多少の差こそあれ、どの国の主張も手前勝手である。それが不都合だからといっていちいち憤慨していたら、すべての国際関係を断絶しなければならないであろう。今後6カ月の間に新条約ができるか、あるいはついに無条約状態に陥るか、どちらにしてもわが国は、米国の性質を理解し、沈着に処置することが肝要だ。短気は損気という諺があるが、とくに今日のわが国の外交において、これは心に留めておくべき訓言であろう。

…

香港で発行されている汪兆銘の機関紙『南華日報』は、今回の米国の行動を、それはつまるところ、日英会談への米国の割込策だと評している。当たらずといえども遠からずであろう。とすれば、これに対するわが国の対処法も、自ずと明らかになるだろう。

日本とドイツは1938年1月、日独防共協定に向けての交渉を始めた。ソ連の介入に備えて日独の軍事同盟を志向する日本の軍部の意向を受けてのものだったが、ドイツはその対象をソ連だけではなく英仏両国をも含めるよう提案した。日本側は陸軍がそれに同調する一方、外務省と海軍はそれに反対し、五相会議は迷走した。近衛内閣は、この問題を解決できず、1939年1月、総辞職に追い込まれた。

その裏には、南進論をめぐる葛藤があった。日本の陸軍は、石油獲得先として蘭印占領を想定するいわゆる「南進論」を唱えていた。ノモンハンでの敗北後、陸軍はソ連に対する戦闘意欲を喪失し、「北進論」から「南進論」に焦点を移しつつあった。それは、ドイツにとって願ってもない展開だった。ドイツは日本の南進によって日本と英米との戦端を開かせようと謀っていたのである。

1938年末、ルーズベルト政権は、対中援助に踏み切るとともに、1939年1月、日本に対する航空機とその部品の「道義的禁輸」を実施した。

そして、同年7月、一方的に「日米通商航海条約」を破棄すると日本側に通告してきた。直接の背景には、その年の6月、天津の英国租界で起こった親日派要人の暗殺事件がある。

北支方面軍は、これに対して天津英仏租界の封鎖を実施した。さらに、日本は英国に中国での現状を追認させせようと圧力をかけた。英政府は欧州情勢の緊迫している折、日本とことをかまえたくない。7月の日英協議で、英国側は中国における日本軍の妨害となる行為を差し控えることを約束した。

しかし、米国は領土保全・門戸開放の原則に反する既成事実を英国が公式に承認することを容認しなかった。

米国は日英協議への「割込策」に訴えてきたのである。

その結果が、日米通商条約廃棄通告だった。日本への直接の制裁ではなく、制裁が可能な状態へ移行する対日圧力である。

米国の措置は、日本の三国同盟[1]形成に対する警告でもあった。

米国は、欧州と東アジアの危機を一体としてとらえ、日中戦争への静観姿勢を修正し始めた。このままでは、日独伊対英米戦の戦争になりかねない。

湛山の危機感は募った。

もし、そのようなことになった場合、それは「人類社会の最大の不幸事」となるだろうと述べた（「今年の国際危局と経済界」論説、1941年2月22日号）。

（1）三国同盟。1940年9月に日本・ドイツ・イタリアの間で締結された日独伊三国間条約に基づく同盟関係。日独伊三国同盟。

国際政治で何よりも怖いのは、過剰反応が過剰反応を呼ぶ、面子と感情と誤解のエスカレーションである。

このときの日米関係がまさにそれだった。

米政府内の対日強硬派は、日本に対する石油禁輸によって日本の南進を思い止まらせようとした。

しかし、それは日本国内の対米強硬派（枢軸派）を硬化させ、彼らの発言力をかえって強める結果をもたらした。三国同盟に慎重論だった海軍も兵糧攻めとなっては南方資源に頼るほかないとの強硬論が勢いを増した。枢軸派は、日独伊関係を一層強化し、英米の圧力に対抗しようとした。

1941年2月に行った講演で、湛山は次のように述べている。

「三国同盟が成立した時には、米国の対日態度もこれによって緩和し、蒋介石もまたこれに驚いて閉口するだろう、と楽観した人もあったかに存じます。しかし形勢はかえって逆に働いたようであります。米国は、英国援助を強化するとともに、また蒋介石援助も大いにやると申しておる。そのためすでに重慶に人が来ているようであります。この米国の態度が続く限り、蒋介石もまたその抗日的な態度を改めないでしょう」（「今年の国際危局と経済界」1941年2月22日号）。

湛山は、日米通商条約の破棄通告について「今後明年1月までによく新条約が結ばれるにしても、その折衝は相当面倒であることを予想しなければならぬ」と書いたが、6カ月後の1940年1月、日米両国は無条約状態に突入した。

ペリーの黒船来襲の後、幕府が米国の初代総領事、タウンゼンド・ハリス(2)との間で結んだ「日米通商修好条約」(1856年)による日米貿易の枠組みそのものが消滅した。

(2) タウンゼンド・ハリス(1804〜1878)。米国の外交官。1856年来日。初代駐日米国総領事をつとめ、1862年帰国。

湛山の論説 ㊺56

「独逸の背反は何を訓えるか　此神意を覚らずば天譴必ず至らん」

（社論、１９３９年９月２日号）

今回の独ソ接近は、ドイツにしてみれば当然の政策転換であって、もし、ヒトラー総統が、ソ連が英仏と合従することを傍観していたら、彼は祖国を裏切る者であっただろう。

…

ドイツが自国の利害を顧みず、日本のために特別な恩恵を与える理由がどこにあろう。ドイツはただ当時の国際関係から判断し、防共協定を結ぶことに利益を見た。同様にわが国の当局者も、日本の利益のためにこの協定に入ったのに相違ない。とすれば、今その利益がなくなったため、ドイツが日本に背を向けて去っていったとしても、何を憤る必要があろう。ただ、少し残念なことは、１９３６（昭和11）年に防共協定が成立してから２年半余、ドイツに対してわが国の当局者がとった態度が、あまりにも卑屈で正視に堪えぬものであったことである。

……とにかく、わが国の政府が唯一の頼りとしてきた外交の枢軸は折れたのだ。この際、将来に向かって、切に為政者の反省を求め、外交の刷新を願うことは、国民の当然の義務であろう。

……

最近、反英・排英運動がさかんになり、同時に日独伊軍事同盟（を締結すべしと）の主張が強くなるに従い、明治以来のわが国の外交を、恐英であったとか、軟弱であったとか、自重を欠いたなどと、酷評する論説が流行している。記者もそれを必ずしも誤りだとばかりは言わない。しかし、彼らはそういう議論をしている間に、いつの間にか彼ら自身がドイツに媚びへつらう心理に支配され、自主の精神を失いつつあることに気付かなかったように見える。

……

以上のように、外国に対して、醜くも卑しく媚びへつらう態度は捨てるとともに、無暗に感情的に外国を悪しざまに罵り騒ぎたてるような攘夷的狂態を慎んでもらいたい。それは媚態外交の反面なのだ。

……

今、何かの理由で利害が反する国があるとしても、その国柄を、道徳的な面までを非難し、詐欺だ、泥棒だとさかんに罵ってしまうことが、いかに危険であるかは明らかであろう。

…

記者は以前、独ソの接近は当然のことで、それを理由にドイツを非難すべきでないと、国民に冷静を求めた。しかし、それは涙を呑んで言ったのである。わが国の外交史から論じれば、古往今来、このような恥辱を国家が蒙り、世界に顔向けならない大失態を演じた例は、2600年のわが国の歴史にはなかった。盟邦だ！　防共協定だ！　全体主義だ！と、臆面もなくこれらの名辞を讃嘆していた、わが国の媚態は許しがたい。しかし、誰が、いったい、このような恥辱をわが国に蒙らせたのか。それはドイツでも、その他の国でもない。わが国自身だ。

1939年8月23日の独ソ不可侵条約(3)の締結発表を前に、平沼騏一郎内閣は「欧州の天地には複雑怪奇の現象を生じ……」との言葉を残して、総辞職した。

日本政府は、同盟候補相手のドイツが、日本の敵視するソ連と極秘にこのような協定を結ぶ準備をしていたことをまったくつかんでいなかった。まさに寝耳に水だった。

湛山の舌鋒は鋭い。

「わが国の外交史から論じれば、古往今来、このような恥辱を国家が蒙り、世界に顔向けならない大失態を演じた例は、2600年のわが国の歴史にはなかった」。

ただ、ドイツが今、ソ連と手を結んだのは、ドイツが自らの国益上、それが最も喫緊の戦略的利益と見なしたからである。

ところが、この期に及んでも、日本国内の三国同盟推進派は、三国同盟が成立していたら、独ソ接近は食い止めることができただろう、などと言っている。

「はなはだもって甘い考えだ。今日の欧州の情勢から判断し、ソ連と日本のいずれを味方にするかと天秤にかける場合、いかにうぬぼれていても、独逸が日本を選ぶ理由は存在しない。仮に日独伊同盟が結ばれていたとて、この天秤に変わりはない」。

戦後明らかになったことだが、ドイツのオットー大使は、日本の蘭印に対する野望を見抜き、太平洋戦争にし向けさせ、米国を太平洋に釘付けさせようと画策していた（朝日新聞東京裁判記者団『東京裁判　上』176頁）。

湛山は訴えた。ドイツに対する「醜くも卑しく媚びへつらう態度」を止めよ。英国に対する「攘夷的狂態」を止めよ、外交の刷新を行え、と（この「社論」は当局により全文削除処分を受けた）。

独ソ不可侵条約体制は1942年6月22日、ドイツのソ連侵攻までの間、22カ月にわたり、欧州を支配した。それは、第二次世界大戦全期間の3分の1の長さに及んだ。

ヒトラーの意図は明白である。英仏を攻略するに当たって、背後の憂えを断つ。

（3）独ソ不可侵条約。1939年、ドイツのヒトラーとソ連のスターリン間で締結された、互いに攻撃しないことを定めた条約。

ただ、スターリンの本当のねらいは何だったのか。

ソ連は戦後、スターリンは、ヒトラーを引きつけておき、油断させ、その間に十分に準備をした上で、最後はヒトラーを叩く、そのような大戦略だったとの解釈を施している。

しかし、そのような解釈を裏付ける証拠は乏しい。

恐らく、スターリンは、独ソが握ることで西側の資本主義を崩壊させようとたくらんだのではなかったか。

スターリンは、地政学の戦いとともにイデオロギーの戦いをも同時に戦っていた。

ヒトラーが民族的浄化を目指したとすれば、スターリンは政治的浄化をたくらんでいた。ポーランドとバルト諸国は、独ソそれぞれがその飢えを満たす格好の餌食となったのである。

独ソ不可侵条約体制は、戦後も欧州に長い影を落とした。冷戦時代のソ連による東欧と中欧の勢力圏組み込みは、不可侵条約体制の下での独ソの占領を起点としている。そして、その後50年間の彼らの抵抗の伏流水が最後は、ソ連崩壊のダム決壊の引き金を引いたのである(Moorhouse, Roger, *The Devils' Alliance: Hitler's Pact with Stalin, 1939-1941*, Introduction)。

２０１５年5月、ロシアのプーチン大統領は、メルケル独首相との会談の後、この協定について言及した。

「ソ連は何度も反ナチブロックを形成しようと試みたが、失敗した。とくに１９３８年のミュンヘン和平でヒトラーと英仏が手を握った後、ソ連だけが矢面に立ったため、直接の対決を回避する必要が出てきた、それがこの協定調印につながった」。

これに対して、メルケルは「モロトフ・リッベントロップ協定は、秘密協定を考慮に入れずには理解できないシロモノ」と述べ、プーチンの解釈を一蹴した（Bershidsky, Leonid, "Why Putin Treats Fantasy as History."）。

「日独伊同盟の成立と我が国官民の覚悟」

（社説、1940年10月5日号）

日独伊三国同盟の締結は、何はともあれ、わが国の外交方針を一定にし、明瞭にしたものとして、国民多数の歓迎を受けたことは疑い得ない。人が最も苦痛を感じるのは、混沌として行く先がはっきりしないことであって、たとえどのような悪路でも、その方向が定まることは、一つの光明を見出すに等しいからだ。

…

しかし、今日の世界の情勢が以前とは変わったからといっても、日独伊三国同盟は、もちろん、わが国に重大な覚悟を促さないものではない。

…

わが国としては、この際、逆に容易ではないと考え、欧州戦争はまだ簡単には決着はつかないと覚悟して準備するのが万全の策であろう。簡単に独伊が勝利すると油断し、万一予想が外れたら、とんだ計算違いを来すからである。
もし、欧州戦争が長引くとするなら、この三国条約は、わが国と第三国、とくに英米との間にどのような関係を発生させるであろう。松岡外相は、これについて、さる9月27日、本条約の発表の席で説明し「この条約ができたからといって、わが国は現在の欧州戦争に参加するのではない。またいずれの国に対してもわが方より戦争を挑もうとするものでもない」と述べている。これは、まことに穏健な態度であり、わが国の方針は、正にそうでなければならない。

…

けれども、いかにわが国が穏当な方針を持ったとしても、長い間には世界の情勢がその継続を許さない場合が生じることもまた、あらかじめ覚悟してておかなければならない。

…

米国は、これ（日独伊三国同盟）に対抗して二つの手段を講じるであろう。第一は彼らの所謂「死活的闘争を行っている唯一の友邦」たる英国を一層援助して、欧州における戦線を維持すること、第二は、わが国に対して、外交的経済的圧迫を強化してくることである。

…

英米の見解がほとんど常にわが国のそれと異なり、ために、日英米の国交が次第に円滑を欠くものとなってきたことは、満州事変以来の実情であり、三国同盟が成立した理由もまた、ここにある。しかも、わが国としては、今後ますます旺盛強力に大東亜共栄圏建設行動に邁進しなくてはならないとすれば、英米との摩擦はいよいよ大きくなることはあっても、簡単に減少するとは思えない。

あれほど反対してきた日独伊三国同盟がついに締結された。

ただただ、反対の論陣を張るのか。

それとも、不本意ながら締結されてしまった以上、その枠組みの中で少しでも平和の条件を模索していくか。

湛山は、後に彼が言うところの「迂路」（迂回）作戦をとることにした。

かつて平沼内閣時代には批判していた三国同盟だが、その後、「非常な変化」が起こった、とかわして是認する立場をとる。

「平沼時代には、ソ連はドイツの敵国の一つであった。したがってもしあの時に日独伊同盟ができたなら、わが国もまた必然的にソ連を敵としなければならなかったであろう。しかし今日は、ソ連はドイツの友邦となった。くわえてフランスもまたドイツの征服するところとなった。このような形勢の変化により、平沼時代の日独伊同盟はあまりにわが国にとって負担が大き過ぎて、これがはなはだ躊躇せざるを得ない理由であったが、これが今日は多少、軽減したと評しても差支えないであろう」。

これはかなりムリな論理仕立てである。この論考発表の半年後、ドイツがソ連を侵攻、独ソ「友邦」は崩壊した。

近衛第二次内閣において、三国同盟の旗振り役をしたのは、国際連盟脱退の「英雄」、松岡洋右外相だった。松岡には陸軍の統制派系と外務省の枢軸派がついていた。

松岡はドイツと「相擁し相抱き心中におもむく」覚悟を示してこそ、南進の目的を達成し、しかも英米との戦争をも回避できる、「虎穴に入らずんば虎児をえず」だと喝破した（細谷千博『両大戦間の日本外交』157頁）。

しかし、その後の展開は、松岡の期待を無残に裏切った。

松岡は、ドイツの斡旋で日ソ国交調整を進め、米国を威圧し、米国の対独参戦と日本の南進への介入を阻止することをねらった。

そして、1941年4月、日ソ中立条約調印に持ち込んだものの、この時、ドイツはすでに四国連合構想を放棄し、対ソ開戦を決定していた（決定は1940年12月、開戦は41年6月）。

松岡は、日ソ中立条約調印後、大島浩駐独大使から重ねてもたらされた「ドイツの対ソ開戦必至」の情報を「コケオドシ」として聞き流した。一方、米国は威圧されるどころか逆に対日強硬姿勢を強めた。松岡の誤算だった。

松岡はまたスターリンの真意も見抜けなかった。スターリンが松岡と中立条約を結んだのは、日独による挟撃のリスクを中和し、ひとまず背後の安全を確保しておくとともに、日本を一気に「北守南進論」に向かわせるための謀略だった。

松岡を怪訝な面持ちで見ていたのが昭和天皇だった。天皇は戦後、告白している。

「松岡は米国は参戦しないということを信じていた。私は在米独系が松岡の言うとおりに独逸側に立つとは確信できなかった」(『昭和天皇独白録』62頁)。

三国同盟の罪は、日本の外交を投機的にしたことである。

「ややもすれば、わが国以外の何者かによって、時局の打開を図らんとする卑屈の意図」を湛山は問題にしている(「混沌たる国際情勢と今年の我国の問題」社論、1941年1月4日号)。

次に、それによって極東情勢を欧州情勢と分かち難く結びつけ、日中戦争の解決をさらに複雑にしたことである。米国は英国と中国を同時にてこ入れし始めた。

ドイツの電撃戦の勝利に高揚し、「バスに乗り遅れるな」と三国同盟締結を急く風潮を前に、湛山はこの論考で「簡単に独伊に勝利が帰すものとして油断し、万一予想が外れたら、とんだ算盤違いを来す」と警告した。

なかでも米国が日本に対して「外交的、経済的圧迫を強化してくる」ことを予期し、日本がそれに対して大東亜共栄圏建設を強力に進めようとすれば、英米との摩擦は激化するだろう、と冷静に分析した。

湛山の論説――58

「混沌たる国際情勢と今年の我国の問題」

（社論、1941年1月4日号）

率直に告白すると、記者は、欧州戦争にしても、日支事件にしても、昭和十五年中には、もう少し活発な進展を示し、あわよくば解決の曙光さえも見つけることができるのではないかと考えていた。……しかし、これらは結局、欲目に映った所謂ウィッシフル・シンキング（希望的観測）に過ぎなかった。

…

欧州戦争＝この戦争は、結局、英独いずれかが倒れるか、あるいは双方とも疲労困憊して、第三国の調停に従うほかなくなるに至るまで、終息する望みはない。

…

日支事件＝日中の全般的和平に最も重要な関係のある重慶政権は、依然として抗日戦を断念していない。

……推察すると、重慶政権は、わが国の武力は恐れてはいるが、経済力を見くびっているのであろう。戦争を引き延ばしてさえいれば、労せずして日本は自ら経済的に倒れるであろうと。英米が蔣介石への援助を止めないのも、究極の理由はここにある。

……対英米関係＝形勢は、三国同盟の成立前後から急転した。米国は「対日媚態」から「対日威嚇」に変化した。

……米国は今のところ正式には交戦国ではないけれども、少なくとも経済的には交戦国と異ならない。最近の輸出制限は、専らここにその理由があるものと考える。

……これに対して、わが国政府の態度はどうかというと、松岡外相は、三国同盟締結の最初から、この同盟は戦争を防止するためで、決して日米戦争を予期したものではないと言っている……松岡外相に日米国交調整の意図があることは、これによって明白だ。松岡外相の見解では、三国同盟と日米国交の調整とはなんら矛盾はないのである。

しかし、松岡外相の見解が現実のものとなるかどうかは、わが国のみではなく、米国の態度いかんによって決まる事柄である。だが、今の段階では、米国は三国同盟について松岡外相とは異なる理解をしていると推察される。もし、米国がその理解を改めなければ、残念ながら、日米の国交は次第に悪化の一路をたどるであろう。少なくとも、国民にはそのような覚悟を持って善処することが必要であろう。

…

結局は力の問題だ。中国も英米も、また蘭印やソ連なども、わが国の軍隊の勇武には敬意を表するものの、恐らくわが国の経済力には疑惑を抱いているだろう。ここにすべての禍の種がある。もちろん、世界の形勢は欧州戦争の推移いかんで大きく変化するだろう。しかし、いかに世界情勢が変化しても、結局のところ、わが国を守るのはわが国の力である。とりわけ、経済力である。

この論考で、湛山は重要なことを2つ指摘している。

一つは、「米国は今のところ正式には交戦国ではないけれども、少なくとも経済的には交戦国と異ならない」という点である。

もう一つは、日本の経済力の弱さに「すべての禍の種」がある、国を守るには経済力を強めるしかない、という点である。

そして、この二つの要素は分かちがたく結びついている。日本の経済が弱いがゆえに、経済制裁の標的になりやすい。

日中戦争が長引くにつれて日本経済は、軍需の比重を高め、それに伴い米国からの機械と資源の輸入にさらに依存する構造になりつつあった。なかでも日本の輸入原油の約70％が米国からの輸入だった。米国からの締め付けが強まれば、新たな原油の輸入先を探さなければならない。日本にとって蘭印の石油しか代案はなかった。１９４０年9月、日本は蘭印と石油獲得交渉を始めたが、失敗した。[4]北部仏印進駐という砲艦外交による脅しが逆効果となったのである。

残る手段は軍事的収奪だった。１９４１年7月、日本軍は南部仏印に進駐。[5]これに対し米国は在米日本資産を凍結し、8月1日、ついに対日石油禁輸を決定した。

この頃、陸軍省整備局燃料課に勤務していた陸軍技術将校の高橋健夫は、陸軍省大臣室で、東条英機陸相に航空機燃料事情について報告した。その時の様子を40年後、ＮＨＫの特集番組（『覆面石油舞台――太平洋戦争開戦秘話』１９８１年）で語っている。

「陸軍に残された航空機燃料はわずか38万トンで、開戦しても2年ともたない……南方のボルネオ、ジャワ、スマトラの石油資源を獲りに行きましょう。一刻も早くご決断を、と東条陸相に進言したところ、陸相は『今までお前たちは何をやっていたんだ……陛下に泥棒しましょうとは言えない』と叱責された」。

「日本は、大正時代後期から、石油がなくなるという幻影におびえていた。怯えていながら何もしなかった。（対日石油の禁輸という）油切れがやってきたが、見通しの甘さと、性急な物の考え方で、急いでやろうとしても何もできない。（それで手っ取り早く南方の石油を）いただこうか、ということで戦争をおっぱじめた」（中嶋猪久生『石油と日本』81～82頁）。

戦後、天皇が『昭和天皇独白録』で述懐したように、「日米戦争は油で始まり油で終わったようなもの」だった。天皇はその際、「もし日独同盟がなかったら米国は安心して日本に油をくれたかも知れぬが、同盟があるために日本に送った油がドイツに回送されるのではないかという懸念のために交渉がまとまらなかったともいえる」と述べている（『昭和天皇独白録』64〜65頁）。

当時、米国が恐れていたのはドイツへの「回送」ではなく、日本の南部仏印進駐による東南アジアの海洋支配と物流支配だった。米産業は東南アジアから輸入するゴム、錫、タングステンなどに依存していた。オランダ領蘭印だけでも米国に15品目もの原材料を供給していた（Marshall, Jonathan, *To Have and Have Not*, p. xi)。

それにしても解せないのが、当時の日本の軍の指導者が米国の「対日威嚇」にまったく想像力を欠いていたことである。

杉山元参謀総長は、7月2日の御前会議の席上、原嘉道枢密院議長が、「はっきりうかがいたいのは、日本が仏印に手を出せば、米が参戦するやの見通し、問題である」と言ったのに対し、「現在はドイツの戦況有利ゆえ、日本が仏印に出ても米は参戦せぬと思う」と答えている。

海軍の岡敬純軍務局長は、「米英の態度はシリアスになるとは考えたが、禁輸をやるとは思わなかった」と回想している（土門周平『参謀の戦争』290〜292頁）。

（4）蘭印。オランダ領東インド。かつてオランダが宗主国として支配した、マレー諸島およびニューギニア島西部の植民地国家。現在のインドネシア。

（5）日本軍によるフランス領インドシナ（現在のベトナム・ラオス・カンボジア）南部への進駐。これにより、日米関係は決定的に決裂した。

「和戦両様の準備」

（社論、１９４１年12月６日号）

11月26日、ハル米国務長官は、野村[6]、来栖[7]両大使と会談し、米国側の見解を披露する文書を手渡した、と発表された。……その文書がどのようなものであるか、関係当局者のほかにうかがい知ることはできないが、しかし、文書を手渡されるまでの経過からみれば、非常に重大な内容を持つことが推察される。

…

仮に交渉決裂となれば、どのような事態が発生するか。それは所謂東条三原則に示されている。東条三原則は、まず外交交渉によって、①第三国が、帝国の企図する支那事変の完遂を妨害しないこと、②帝国を取り囲む諸国家が、帝国に対して直接軍事的脅威を行わないことはもちろん、経済封鎖のような敵性行為を解除し、経済的に正常な関係を回復すること、および、③欧州戦が拡大して、戦乱にある東アジアに波及することを極力防止すること――の三つの目的を達成しようというのであるが、しかし、その外交交渉が断絶すれば、当然、わが帝国の実力（軍事力）をもって、これを貫徹する決意を示したものである。つまり、まず第一に、帝国は支那事変の完遂に対する第三国の妨害を断乎として排除する行動に出るだろう。第二には、帝国を取り囲む諸国家が、帝国に対して行う直接軍事的脅威を排除し、またその経済封鎖を無効とするような行動をとるだろう。……そして、わが国が実力（軍事）行動をとれば、先方もまた同様の態度に出るであろうことは、当然覚悟しなければならない。

しかし、実を言うと記者は、日米会談が決裂する場合よりも、万一妥結した時は、さらに一層、その後の事態は容易でないと考える。その妥結の成る時とは、東条三原則が、外交交渉によって貫徹される時である。

……

世の中には、米国は、今はドイツという強敵を控えているから、わが国と妥協もするだろう、しかし、もしそれにわが国が安心すれば、後々どのような酷い日に遭うかわからないと、警告する人がいる。記者もまた、米国を必ずしも悪意に解さなくても、その恐れは

（6）野村吉三郎（１８７７～１９６４）。海軍軍人、外交官、政治家。海軍大将、外務大臣を経て、第二次近衛内閣で駐米大使。真珠湾攻撃直前の日米交渉にあたる。

（7）来栖三郎（１８８６～１９５４）。外交官。駐独特命全権大使として日独伊三国同盟に調印。その後特命大使として米国に派遣され、真珠湾攻撃直前の日米交渉にあたる。

十分にあると考える。

国際関係にも道徳はないわけではないが、所詮、物を言うのは力である。力の中でも重要なのは武力だが、しかし、武力の後ろ盾となり、また、多くの場合むしろ武力の前衛となって、国運の伸長をはかるのは経済力だ。これらを総括して国力という。もし、わが国の国力が貧しければ、将来、どのような憂き目を見るかわからない。それならば、万一、日米協調が成った場合には、わが国民は、それが破裂する場合よりさらに一層、臥薪嘗胆の覚悟を定め、全力を注いで国力の増進に邁進しなければならない。

開戦を回避するためワシントンで行われていた日米交渉は、最後の段階でコーデル・ハル[8]米国務長官から野村吉三郎駐米日本大使に手交された対案（後にハル・ノートと呼ばれることになる）の衝撃によって終わった。

そこには、

①中国と仏印からの日本の陸海空軍および警察力の全面撤退

②中国における重慶政府以外の政府もしくは政権の否認

③日独伊三国同盟の実質的な廃棄ないし死文化

など10項目の要求項目が並んでいた。

日本政府は、これを最後通牒と受け止め、12月1日の御前会議で、対米交渉の打ち切り、対米英蘭開戦を決定した。

国民はこうした交渉の中身は知らなかった（それを政府から知らされたのは真珠湾攻撃の日である）。

湛山は日米交渉が「手切れ」となった場合、もはや戦争しか道は残されていない最悪のシナリオを思い浮かべながら、それでも局面打開への一縷の望みを捨てていない。

ハル・ノートを最後通牒と見なさず、さらに交渉でねばるべきだ、との意見も要路にはあった。

吉田茂もその一人である。

吉田は、ハル・ノートに日付がないことに注目し、これは最後通牒ではない、と見なし、何としても対米戦争を避けるため東郷茂徳[9]外相に辞職を迫った。

もし東郷が辞職すれば政治空白が生じ、開戦の作戦計画を練り直させることができるのではないか……。たしかにドイツがソ連から撤退したのが1941年12月7日、まさに真珠湾攻撃とほぼ同時だったことを考えると、政治空白後、仕切り直しとなった場合、開戦の決定ができなかったかもしれない。

（8）コーデル・ハル（1871〜1955）。アメリカの政治家。裁判官、下院議員、上院議員を経て、ルーズベルト政権で国務長官。国際連合の発案者。
（9）東郷茂徳（1882〜1950）。外交官、政治家。駐独大使、駐ソ連大使を経て、太平洋戦争開戦時と終戦時の外務大臣をつとめる。

もちろん歴史のイフに踏み込めば、の話だが……。

対米開戦決定の間際、日本の支配層を最も深いところで突き動かした情念は誇りと恐怖感の二つだったのではないか。

恐らくその双方を誰よりも過剰に持っていたのが近衛だっただろう。

日米関係が行き詰まった時、近衛が使った言葉が「毅然たる態度」だった。

三国同盟の締結を決めた1940年9月19日の御前会議の席上、近衛首相は、次のように述べた。

「日米国交……もし幾分にてもこれを改善し、またはこのうえの悪化を防ぐ手段があるとすれば、ただ毅然たる態度をとるということしか、この際の措置としては残っていないと存じます」（細谷千博「外務省と駐米大使館　1940-41年」206頁）。

東郷茂徳外相も日米交渉の決裂の予感を胸に秘めつつ、1941年11月17日の臨時議会でこの言葉を用いた。

「いやしくも帝国の生存を脅かし、または大国としての権威を毀損することとなるような場合には、あくまで毅然たる態度をもってこれを排除しなければならないことは、もちろんであって、私としては、この点に十分の決意をもって交渉に臨んでいる」（1941年11月17日、臨時議会）。

ジョセフ・グルー[10]駐日米大使は、日本が「民族的ハラキリ」の開戦に打って出ることがありうると本国に伝えていた。

それを聞いたホーンベック[11]国務次官補は、「史上、絶望から戦争を始めた国が一つでもあればいってみたまえ」と一蹴した（五百旗頭真『戦争・占領・講和』127頁）。ならず者国家だろうが「悪の枢軸」だろうが、どのような国も冷徹な国家理性を持っている。国は人と違う。絶望に駆られて自殺することはない。それが常識だろう……。

しかし、ホーンベックは日本を読み誤った。

国際政治学者のロベルタ・ウールステッターは、日本にとって対米開戦は「選択されたのではなかった。その決定は、より悲惨な対案、つまり地位を失うか国策を放棄するといった対案、を回避したいと願うことにより追い込まれた結果であった」と分析した。「二流国」に転落する屈辱だけは絶対に避けたい――、それが「毅然たる態度」の心理的マグマだったのである（Wohlstetter, Roberta, *Pearl Harbor: Warning and Decision*, p.353）。

（10）ジョセフ・グルー（1880〜1965）。米国の外交官。日米開戦当時の駐日米国大使。知日派として知られ、日本の本土決戦回避に尽力。
（11）スタンリー・ホーンベック（1883〜1966）。アメリカの外交官。極東部長、極東局長を歴任、対日政策を担当する。

コラム

「巧言令色亦礼也」

数年前、故福沢諭吉先生の遺墨の展覧会があった。その中に「巧言令色亦礼也[12]」と書いた掛け軸があった。言うまでもなく論語の「巧言令色鮮矣仁[13]」を言い換えたものだ。当時私は、なぜ福沢さんがこんな妙な言葉をつくりだしたのか意味がわからず、あまり好感が持てなかった。しかし、近頃になってようやくそれがわかってきたような気がする。

福沢先生は……学生はいうまでもなく、多くの若い先生や記者と絶えず接触されたが、その中には年長者や同輩に対して礼を正しくすることを卑屈と思い……履き違えた考えを持った者も少なくはなかったろうと推察される。

…

わが社においても、礼に甚だ欠けたところが多い。けれども社内で、満足に頭を下げることも知らず、正しく挨拶をすることもできない者は、自ずと、外部に対しても礼を失する言動をする恐れがある。

…

社員が多くなり有能な人材が増えると、ややもすればその間に意見の相違が生まれ、そこから感情の齟齬を来し、果ては党派を作って反目し合うような傾向に陥りやすい。

……

両雄は並び立ち難いと言うが、しかし、一つの大きな事業のためには、両雄どころか三雄も四雄も五雄十雄も並び立っていてもらわなければならない。

（「雑感数則」『東洋経済社内報』一〇三九年4月7日号）

(12) 巧言令色亦礼也。相手に気に入られようと顔色をつくろい、口先でうまいことを言うことも、また礼である。

(13) 巧言令色鮮矣仁。相手に気に入られようと顔色をつくろい、口先でうまいことを言う人には、仁（思いやりの心）がないものだ。

第十章

太平洋戦争

「宣戦の詔書に畏み国家総力体制の実践に邁進すべし」

（社論、1942年1月3日号）

記者はさる12月8日の宣戦の詔書を奉読し、「今ヤ不幸ニシテ米英両国ト釁端《きんたん》ヲ開クニ至ル洵《まこと》ニ已ムヲ得サルモノアリ豈朕《あにちん》カ志ナラムヤ（今不幸にして米英両国と戦端を開くに至ったのは、本当にやむを得ないことであり、私の望んだことではない）」の一節に、強い恐懼《きょうく》の念に打たれた。

そもそもこの御言葉は、米英両国の措置が聖旨(1)に添わなかったことを遺憾とされて発せられたものであることは、言うまでもない。しかし、国民はただそのようにこれを理解し、自分とは関係のないことだと、安心してよいのであろうか。

米英の罪は、言うまでもなく断じて許しがたい。けれども、米英がこのように遂に聖慮《せいりょ》(2)に反する処置をし、陛下を「豈朕カ志ナラムヤ」と仰せられざるを得ない状況に追い詰めたのは誰か。その責任が国民にないとは、決して言えまい。記者は聖詔《せいしょう》(3)を拝読してそのように感じ、深く自責の念に駆られたのである。

…

なにが原因で、わが国の近年の内閣は、かくも短命であったのだろう。……このような政治に、東アジアを今日のような事態に至らせた原因の一半がなかったと、誰が断言できるであろう。

記者がこのように過去を回想するのは、それによって今さら繰り言を並べたり、あるいは誰かの責任を問おうとしたりするためではない。もし、わが国の政治に今までどこか誤っていたところがあったとしても、記者の信じるところによれば、それは決して一部の為政者たちだけの罪ではない。罪は国民全部が負うべきものだ。また、もし誰かに罪があったと仮定しても、今は最早これを咎めだてしている時ではない。なぜなら大東亜戦争は開始されたからだ。国民には取るに足らない過去の責任を悠々と互いに追及し合っているような暇はないからだ。……にもかかわらず、記者がここに過去を言うのは、互いに他を責め合うのではなく、自ら省み、懺悔する意味で、まず過去を批判する必要があるからだ。それはすなわち二度と再び過失を繰り返さないための用意である。真の総力体制を整える準備である。

（1）聖旨。天子の考え。また、天子の命令。
（2）聖慮。天子の考え。叡慮。
（3）聖詔。天子のみことのり。天子の命令を伝える文書。

…関東大震災で罹災した人は経験したであろうが、あの恐ろしい幾日の間は、すべての隣人が、利欲も愛憎も棄て去って、物のある者は物を出し、力のある者は力を出し、互いに惜しむことなく助け合い、相慰め合った。それは、まさしく小総力体制が随所に顕現した状態だった。

…大地震の襲来により、忽然と至るところに小総力体制が現れたように、今やわが国には、誰かから命令されなくても、国民各自の要求から必然的に、強力な総力実践体制を取らなければならない事情が生じた。

1941年12月8日、連合艦隊は米パールハーバー海軍基地を攻撃し、太平洋戦争が始まった。

湛山があれほど危惧し、警鐘を鳴らしてきたにもかかわらず、日本はついに米国と開戦した。中国とはすでに1937年以来、戦争状態にある。

こういう事態に立ち至ったとき、ジャーナリストにどのような言葉が残されているだろうか。

「だから、言ったじゃないか」。

喉まで出かかったそのようなセリフを湛山は何度、呑み込んだことだろうか。

開戦とともに、当局の検閲は一層、苛烈になっていく。残された言葉があったとしても、容易に紙には書けないし、口にはできない。

ただ、検閲の目をかいくぐって、湛山が伝えようとしている含意がある。

天皇がこの戦争に内心、深いためらいを感じていたらしい、という点である。

ここに至った責任は米英にあることは間違いないが、日本側にも責任があるのではないか、湛山は、そのように言い、強く「恐懼の念」と「自責の念」に駆られたことを告白する。

湛山は、天皇の平和への深い思いを裏切ることになったことを国民の1人として詫びるとともに、政治指導者の責任の重さを問うた。

しかし、どの政権の誰の責任であると直接話法では問い質していない。むしろ、そうした犯人捜しをするのはやめよう、この期に及んで責任を云々するよりも、国民は「一億一心」、総力戦に臨もう、とむしろチアリーダー役を演じている。

ここはいわば検閲の目をくらますための〝通過儀礼〟のような文章だろう。

それを通り抜けたところで、湛山はその年8月の大西洋憲章で、英米が「世界の平和を攪乱するおそれのある国」に対して「戦後武装を解除する」ことを約したことに触れ、この戦争が「超長期」で「大規模強烈のもの」になることへの国民の覚悟を促した（「超長期戦の覚悟」社論、1941年12月13日号）。

湛山は、直截に問いかけている。

この戦争の本質は何か。

それは、この開戦によって、支那事変が世界戦争の一部になったことであり、したがって、「世界戦争を片づけなければ、支那事変は片付かない」状況になったことにある。

この点が、第一次世界大戦とは決定的に異なる。「今回英米と戦端を開くに至って、日本は世界戦争の最も重要な主役の位地に立った」。

それなのに、世界秩序理念を示し得ていない、そこに問題がある。

日清戦争と日露戦争の時は、「日本の行く途、進む途がハッキリして」いた。

それは「自由主義の秩序であり、資本主義の秩序」だった。しかし、いま、そのようなものはない。自由主義、デモクラシー、資本主義、帝国主義などの過去の思想はどれも権威を失っている。そこで、「世界新秩序」を打ち立てよという要求が起こっている。全体主義、広域経済、いろいろ提唱されているが、「万人を承服させるほどのもの」はない。世界は五里霧中の状況にある。今回の戦争は、旧秩序の崩壊から起こっている。

日本の秩序理念は「八紘一宇《はっこういちう》あるいは万邦をして各々そのところを得さしめるという理想」である。一応理屈は立つが、それをどのように実現するかの具体策ははっきりしていない（「大東亜戦争と共栄圏経済の若干問題」１９４２年4月11日号）。

そうした具体策は、戦争の作戦の面でも存在しなかった。

日独伊の間では、戦略対話も作戦調整も行われなかった。

日本の戦略は、ドイツの西方攻勢の成果に便乗して日中戦争の行き詰まりを打開し、あわよくば日本の勢力圏を東亜全域に拡大しようとした、きわめて機会主義的・他力本願的色彩の強いものだった。要するにそれは願望でしかなかった。

日本政府は、欧州発の世界戦争に便乗したものの、日中戦争解決、南方進出、北方の脅威排除という「大東亜」での三つの戦略目的を統合できないまま、開戦に踏み切ったのである（黒野耐『日本を滅ぼした国防方針』２３４頁）。

湛山の論説——61（社論、1944年7月29日号）

「東条内閣辞職の理由　後継内閣の熟慮を切望す」

東条内閣は辞職して、後継内閣組織の大命は、小磯、米内両大将に下された。

…

東条内閣はなぜ罷《や》めなければならなくなったのか。それは7月20日、内閣自身が発表した声明により明らかである。すなわち、東条内閣は「現下非常の決戦期に際し、いよいよ人心を新たにし、強力に戦争完遂に邁進するの急要なるを痛感し、広く人材を求めて内閣を強化せんことを期し、百方手段を尽くし、この実現に努めたるも、ついにその目的を達成するに至らず」ここに「総辞職を行うを適当なりと認め」たのである。残念ながら東条内閣は、このように民心を失い、広く全国内の人材から見放された。潔く辞職を決意し、君国のために強力な新内閣の出現を祈るに至ったことは、当然の処置であった。

…

戦争に対する国民の認識は、日露戦争時代のままで止まっている。国民はただ当局を信頼し、当局の行うことに任せておけば、やがて日本海の敵艦隊殲滅戦は再現し、大東亜戦争はわが国の大勝利で終局するものと、安易に考えた。さらに言い換えれば、この戦争は、決して政府の戦争ではなく、あくまで国民が戦わなければならない戦争であるという認識が、口ではともかく、心において欠けていた。

…

東条内閣自身にも、負わねばならぬ罪が非常に多かったことは明らかである。

第一に、政府の言論報道に対する指導方針が、大きな効力を発揮して、無責任な国民心理を醸成したことである。……国民の口を塞ぎ、眼を閉じ、耳に蓋をした。

…

意見具申の道を開き、明朗闊達な公平で偏らない議論が国民の間から積極的に生まれ出てくるようにしなければならない。戦局に対する批判さえも、記者は自由に任せるのがよいと考える。

第二に、食糧問題に関して、あまりにも国民の自主性を奪ったことである。……闇取り引きが横行し、買い出し部隊が産地へ殺到することになった。

…

第三は、軍需増産について、総力戦態勢を整える手段を誤ったことである。……所謂セクショナリズムの争いが、あらゆる分野で甚だしく、内閣にはそれを制御する力がなかった。

…

内閣の威令がその部下である文武諸機関に徹底せず、尻尾が犬を振ったことにあると考える。これは、東条内閣だけの現象ではなかった。大臣を下僚の官吏がボイコットし、あるいは上官の悪口を公然と大声で語って憚らないような風潮は、所謂革新官僚が台頭した頃からだんだん激しくなった。こういうことでは、秩序ある、統一ある政治が行われるはずはない。これも一つは議会や言論機関が去勢され、それにより文武諸機関に対する国民の批判が無くなったためである。新内閣は厳しく綱紀の回復に努めなければならない。

湛山の盟友であったジャーナリストの清沢洌は戦時中に書いた『暗黒日記』（1944年7月29日）の中で、この論文を読んで「これだけ書けるのは石橋君以外にはなし」との感想を綴った（『暗黒日記〈2〉』167頁）。

開戦から2年半。東条英機首相は、陸相、内相、最後は総参謀長まで兼ね、権力を一身に掌握したが、その内閣が瓦解した。

この間、東条批判はメディアではタブーとなっていた。

東条が退場しても、メディアはなお東条と憲兵隊を恐れていた。

しかし、湛山は、この論考で東条的な戦争指導に正面から疑問を投げかけた。

東条内閣は、言論統制と大本営発表によって公議公論を窒息させた。日本社会を無気力にさせ、国民の無責任の心理をもたらした。

「国民の口を塞ぎ、目を閉じ、耳に蓋をした」。何も知らない、知らされない国民は自分で判断できなくなる。

湛山は「戦局に対する批判さえも、記者は自由に任せるのがよいと考える」と主張した。恐らく清沢がもっとも感銘を覚えたのは、このくだりだっただろう。

湛山はジャーナリストとして数々の優れた資質を持っていたが、そのうち最大のものは勇気だったと思う。

検閲の厳しい中、韜晦《とうかい》を余儀なくされながらも、語彙を選び抜き、寸鉄の言葉を吐く。その戦いの日々だった。

それに、東条内閣は、東条独裁といわれたにもかかわらず、日本病ともいうべき官僚セクショナリズムを制御できなかった。

湛山は、その年の春の論文（「強力政治実現の要諦　首相は先ず争臣を求めよ」社論、1944年3月4日号）で、日本には近年、「争臣」がいなくなったと嘆いた。

「争臣」とは、政治指導者の施政に対し忌憚なき批評を加え、忠言をするもののことを言う。

東条はある意味では怖い存在だった。

彼は官僚機構の意思決定のプロセスを熟知し、それをきまじめに執行する官僚リーダーシップを体現していた。

大局観や戦略観を踏まえた政策想像力で勝負したことは一度もない。彼は、過去の政府内経緯を緻密に抑え、内規を楯に官僚政治をしたたかに生き抜く究極のプロセス人間だった。

恐らくそれゆえに東条は官僚機構のセクショナリズムを克服できなかったのである。

湛山は、それに代わる「強力政治」を求めた。さらに戦争末期になると「伊藤公出でよ、山県公出でよ」と叫んだ。戦争を終わらせるためには、かつては批判した伊藤博文や山県有朋といった藩閥指導者のような強力な指導者が何を措いても必要なのだった（北岡伸一『日本政治史』２０３頁）。

しかし、どれほどの逸材であっても、たった一人で強い指導力を発揮することはできない。

それに指導力に求められるのは単に「強い」ということではないだろう。

物事を的確に判断し、それを決め、実現させることのできる効果的な指導力こそ求められる。

東条内閣の後の小磯[4]内閣が敢えなく潰れた１９４５年4月、湛山は次のように書いた。

「こうすれば何か強力政治が行えると考えるらしいが、しかし強く強くといったところで、内容のない政治は実行の道がない。うまくうまくと求めたところで、材料のない料理は食わせることができないのと同様である」（「不可能を不可能とせよ」社論、１９４５年4月21日号）。

大切なことは、戦略と統治の有機的な関係である。

よき戦略を貫徹するには、よき統治が不可欠なのである。

総力戦の時代、戦略と統治はさらに密接に結びつく。

国民の積極的参画なしに、それを長期にわたって戦うことはできない。

それだけに国民に対する説明責任が重要になる。

それらを欠いたまま、日本は硫黄島（1945年2月）から沖縄（1945年6月）での戦闘に向かっていく。

（4）小磯國昭（1880〜1950）。陸軍軍人、政治家。陸軍次官、関東軍参謀長、朝鮮軍司令官、拓務大臣、朝鮮総督、内閣総理大臣を歴任。

「竹槍戦争観の否定」

鈴木貫太郎首相は5月24日、在京航空機製造会社代表者百数十名を官邸に招待し、航空機増産激励会を催した。その席上、首相は今日われわれの直面する戦争の実体が「あくまでも将兵の旺盛な志気と近代科学の粋を集めた立体作戦に終始」することを指摘し、「決して竹槍をもって戦うような戦争観であってはならず、まず、航空機を核心として勝敗の帰趨を決するという堅い覚悟を持たなければならない」と挨拶したと発表された。これはもちろん、航空機関係業者を集めた会合での挨拶であったから、とくに彼らを激励する言葉であったことは明らかである。しかし、それにしても、責任ある首相の口から、このように「決して竹槍をもって戦うような戦争観であってはならない」の一言を聞き得たことは、今日、特筆大書を要する事件であると、記者は考える。

ここ2、3年来、わが国において、誰がどのように流布したものか判然としないが、全国津々浦々に竹槍戦が主張され、またその訓練が行われていることは周知の通りである。現代戦の実相を少しでも知る者から見れば、それが精神訓練であったとしても、あまりにも非科学的であり、見当違いであり、むしろ恥ずべき狂態とさえも思われる。

…

竹槍で戦争ができると国民に考えさせることは、航空機などの現代兵器に対する国民の認識を浅薄にし、結果、精神的にその増産を妨げることである。……かつて、米国がいかに多数の飛行機を製造したとしても、わが国の飛行機は質で、また精神で勝つと誇大に喧伝した者がいたことが、どれほど国民を油断させ、また責任ある地位にある人さえも油断させたかを思う時、記者は竹槍戦の主張に慄然とせざるを得ない。

たとえば、敵がわが国の内地に上陸する懸念があるから、これに対して手榴弾などの武器をつくらなければならないという主張もまたこれと同じ、いや、それ以上の批判を受けてしかるべきであろう。手榴弾をつくるのにも鋼、銅、火薬等の資材を要する。もちろん、労力も必要である。もし、資材と労力にそれほどの余裕があるならば、なぜそれを航空機やその他の第一線の兵器の製作に費やし、現在死闘を繰り返している沖縄に注ぎ込まないのか。記者はもちろん、わが国の当局者が沖縄戦を犠牲にして、内地防衛の武器をつくるような愚を犯すとは信じない。しかし、当局も末端においては、全局を見ず、ただ自分の管轄するところに熱心なあまり、矛盾した指導をする者が少なくない。

戦争は沖縄一本に邁進せよ。生産は航空機一本に集中せよ。

敗因について一言いはしてくれ
わが国人が　あまり皇国を信じすぎて　英米をあなどったことである
わが軍人は　精神に重きをおきすぎて　科学を忘れたことである
明治天皇の時には　山県　大山　山本等の如き陸海軍の名将があったが　今度の時は　あたかも第一次世界大戦の独国の如く　軍人がバッコして大局を考えず　進むを知って　退くことを知らなかったからです

九月九日
明仁へ
父より

1945年9月、栃木県・日光湯元のホテルに疎開していた皇太子明仁親王のもとに、父の天皇から手紙が届いた。

その中で天皇は「敗因」の一つに「精神に重きをおきすぎて、科学を忘れたこと」を挙げた（高橋紘『象徴天皇』2〜3頁）。

湛山がこの論文で取り上げている「竹槍戦争観」は「精神に重きをおきすぎて　科学を忘れた

こと」を象徴するものと言ってよい。

湛山はここで、かつて上海の在留邦人の間で竹槍訓練が始められたが、現地の日本軍当局はただちにこれを禁じた、という話も紹介している。軍当局は、日本も竹槍を使う以外に武器がなくなったのかと中国人はじめ海外の人々に疑われる恐れがあると懸念したのである。

そのような常識的な判断力が、敗色が濃くなるにつれ麻痺してきた。

かつて山本七平(5)が言ったように、日本の軍も国民も「全体の実務的解決を個人の心理的解決に置き換える」習性があった。親米英派の米内光政率いる内閣に『痰唾』をはきかけたとて、それは、はきかけた人間の「心理的解決」になるかもしれないが、現実の国際関係、軍事力の力関係に何らの変動があるわけがない……象徴的にいえば、太平洋戦争自体が、親米英派を超えて、米英に『痰唾』をはきかけて快哉を叫んだという形」だった、と山本は書いている(山本七平『日本はなぜ敗れるのか――敗因21カ条』156~160頁)。

湛山より1年半ほど前に、この竹槍戦争観を批判した新聞記者がいた。『毎日新聞』の海軍担当記者、新名丈夫(6)である。

新名の記事は、1944年2月23日付『毎日新聞』朝刊に、「竹槍では間に合わぬ、飛行機だ、

(5)山本七平(1921~1991)。作家、評論家。主な著書に『日本人とユダヤ人』(イザヤ・ベンダサン名義で公刊)、『現人神の創作者たち』など。
(6)新名丈夫(1906~1981)。ジャーナリスト、評論家。『東京日日新聞』(現『毎日新聞』)記者。「竹槍では間に合わぬ」という記事で陸軍を批判し、陸軍により懲罰召集を受ける。

海洋航空機だ」の見出しで載った。

「敵が飛行機で攻めてくるのに竹槍をもっては戦い得ない。問題は戦力の結集である。帝国の存亡を決するものはわが海洋航空兵力の飛躍増強に対するわが戦力の結集如何にかかって存するのではないのか」。

記事を読んだ東条は激怒した。

当時、新名は37歳。それに彼は極度の近視だった。

しかし、陸軍はそんなことはお構いなしに、新名を召集した。

新名に限らない。東条は自分の気に入らない者を次々と懲罰召集した。

新名の場合、海軍が裏で工作し、3カ月で除隊となったが、新名とともに召集された老兵たちは硫黄島へ送られ、そのほとんどが戦死した。

新名は戦後10年ほど経った時点で手記を発表した。その中で、日本の零戦は、新たに出現したグラマンF6F（ヘルキャット）に対抗できなかったこと、米軍がレーダーを装置し、日本の奇襲や夜戦を不可能にしたこと、補給戦で潜水艦を失って潜水艦作戦ができなくなったことなどの点で、日本はすでに負けていた、と振り返った（新名丈夫「東条に逆らって徴兵された新聞記者」253頁）。

竹槍精神とともにもう一つ、湛山が心を痛めたのが陸海の特攻隊(7)だった。

1944年12月、湛山は、特攻隊についてこんな風に記した。

「特攻隊は決死隊ではなくして、必死隊である。これは、いかに皇軍といえども尋常一様の作戦ではない。大義に当たっては死を鴻毛の軽に比す（いさぎよく死ぬことは少しも惜しくはない）。とはいえ自分の生命は自分だけのものとは考えず、惜しむことのできる死はあくまでも惜しんで、一分でも長く多く国を護ろうとするのが、日本軍人の矜持である。ましてや、将帥が、陛下よりお預かりしたその部下の死をなぜやすやすと受け入れられるのか。記者はこれを深く省る言葉が未だ特攻隊に対しては聞かれないことを、大いに遺憾と考える」（「特攻隊と国民の反省」竹槍言、1944年12月2日号）。

竹槍精神の最もおぞましい本質は、特攻を制度的に準備しておきながら、それを兵士の自発的なものであったとの虚構をつくることで、死を命じることの重さから逃避しようとした軍指導部の究極の無責任さにある（戸高一成「果たされなかった死者との約束」249〜251頁）。

（7）特別攻撃隊。爆弾や爆薬等を搭載した軍用機、高速艇、潜水艇等に搭乗して、体当たりし自爆するという戦死を前提とした攻撃を行う戦術部隊。

湛山の論説――63（社論、1945年6月23日号）

「ベルリン最後の光景」

最近のわが国の新聞諸紙に、何度も掲載されたベルリン最後の光景を写した記事が、どれほどの真相を伝えたものであるか、記者にはわからない。しかし、それらの記事のほとんどすべてに明示もしくは暗示され、そのため、いかにも事実であったかのように思わせるいくつかのことがある。それはたとえば、戦争は結局のところ物理的戦力の争いで、これを越えた奇蹟は到底望み得ないということ、ドイツでも最後には国内分裂が起こり、同国人同士の殺し合いが始まったということ、一般のベルリン市民は早く戦争が終わることを望み、5月1日についにベルリンが陥落すると、市民は敗北を悲しむよりも、かえってそれを喜ぶ様子を示したというようなことである。

…

さて、ならばドイツ国民は、なぜこのような悲惨な結末に陥ったのか。その最も重大な責任が指導者にあったことは言うまでもない。指導者なのだから、責任があるのは当然である。先般ヒトラー総統を弔う文中にも述べたように、記者は、ナチスドイツの指導者の政治的功績に多大な尊敬を払う者である。彼らの多くは戦死し、あるいは自殺し、潔く祖国に殉じた。しかし、彼らはそれだけで指導者としての責任を全うしたとは言えない。彼らの思想がどれほど高邁で、過去の業績がいかに偉大であったにせよ、最終的にドイツ国民を今日の屈辱と困難にさらし、これを事前に救い得なかったことは、万死をもってしても到底償えない罪であるからだ。

しかしまた、国民全般にも責任があったことは免れない。彼らには憲法もあり、議会もあった。しかし、彼らはそれを自ら運用せず、国家と国民との全運命をナチスの独裁に任せた。ドイツ国民に数々の長所美点があることは、世界が等しく認めることだが、残念なことに政治においては能力が足らず、もしくは訓練未熟であったと言わなくてはならない。

…

結論は甚だ平凡だが、今日のドイツの悲境の原因は、指導者と国民の両者にあったと言うほかはない。そして、このような平凡な結論の出てくる理由は、国民は最後まで指導者の画策に、指導者もまた最後まで国民の奮闘にというように、互いに他に依存して、所謂奇蹟の発生を待っていたためではなかろうか。奇蹟は今日の戦争には現れない。頼るは自身の実力のみである。われわれが深く覚悟しなければならないところだ。

1945年5月8日、ドイツが降伏した。

ヒトラーはそれに先立ち4月30日、妻のエバ・ブラウンとともにベルリンの総統地下壕の一室で自殺した。

湛山はこの論文を、それから1カ月以上経ってから発表した。

ナチスドイツの崩壊のことを書きながら、どうしても思いは日本に向かう。

何を書いても、それは日本にとっての意味合いを帯びる。いや、日本にとっての意味を漉さないことには書く意味はない。

さすがの湛山もこの頃になると、筆が進まず苦しんだ。

東洋経済新報社は同年4月末、編集局の一部と印刷工場を秋田県横手町（現横手市）に疎開させた。それに伴って、湛山も家族とともにそこに転居し、そこで社論を書き続けた。同時にこれまで通り、毎日欠かさず日記も付けた。

6月1日の『湛山日記』には次のような文章を書き付けた。

「昨日来、社説題目選択に悩む、神にも見離されるかに見える。時局に対して言うべきところなし」。

時局に対して言うべきところなし――これは、ジャーナリスト廃業宣言に等しい。

長年、湛山の秘書を務めた大原万平は、この日の日記に映る湛山の姿を評して「88年の生涯において唯一の例外ではあるまいか」と述べたが、ハムレットのように悩み抜いている気弱な湛山がここにはいる。

それでも、湛山は力を振り絞って、この論考をモノした。

読者にどうしても伝えたいことがある。

戦争の酷い真実を何としてでも伝えたい。

戦争とはとどのつまり「物理的戦力の争い」であり、これを超越した「奇蹟」は決して起こらない。

戦争は始めるのはたやすいが、終えるのはきわめて難しい。国内分裂が起り、殺し合いが始まる。結末は悲惨である。

国民は口に出さずとも一刻も早い終戦を望んでいる。もはや敗戦となってもそれを悲嘆するよりもむしろ安堵するものである。

もう一つ、湛山がこの論考で強調したのは、戦争指導者の結果責任ということである。

彼らの志が高かろうが、過去に立派な業績を残そうが、戦死しようが、自殺しようが、祖国に殉じようが、それらのことは所期の結果を残すことができなければ意味がない。戦争を始め、それに負け、国民に塗炭の苦しみを強いたその罪は万死に当たる、と湛山は指弾する。

しかし、その責任は戦争指導者だけが負うものではない。ドイツには憲法があり議会もあった。ドイツの国民は、その民主主義的機構と手続きを使ってヒトラーを選び、自らの運命をナチス独裁に委ねたのである。したがって、ドイツ国民にも責任がある。ドイツ国民は政治においては能力不足であり未熟だったといわざるを得ない、と。

日本においてもその点はほとんど変わらない。政治指導者は結果で評価するべきである。

その結果責任の中で、最も大きな責任を果たすべき時が来た。

いかにして終戦に持ち込むか。

いかにしてそれを可能にする環境をつくるか。

いかにして、それを受け入れる心構えを持つか。

それは言葉ではわかっても、実行は難しいものである。

ドイツが降伏した後、鈴木貫太郎首相も東郷茂徳外相も動かなかったし、天皇も「このまま無条件で降伏するのは耐え難い。何とか一撃してその後」と考えていた（田中伸尚『ドキュメント昭和天皇』２１７頁）。

湛山は、終戦に向けての「理と情」を模索する。

「奇蹟は今日の戦争には現れない。頼るは自身の実力のみである。われわれが深く覚悟しなければならないところだ」

湛山の論考の多くは論旨明快で思考に張りのある奥行きの深いものであるが、これほど深い含意を湛えた文章を私は知らない。

頼るは実力のみ。その実力のほどはいまや誰の目にも明らかである。その現実を受け入れるところからしか次の展開はない。

湛山は、ドイツの敗北をひもとく形で、奇蹟を諦めることを国民に語りかけた。敗戦への深い覚悟を静かに心に刻むよう促したのである。

湛山の論説――64（社論、1945年8月25日号）

「対ソ交渉の顛末」

8月9日東京において、モスクワからの報道として次の発表があった。

モロトフ外務人民委員は8日夜佐藤大使を招致し、ソビエト政府を代表し日本政府に伝達すべき次の宣言を通達した。

…

「……日本武装兵力の無条件降伏を要求した本年7月26日の3国すなわちアメリカ合衆国、英国ならびに中国の要求は日本の拒否するところとなった。したがって極東戦争に対する調停に関するソビエト連邦政府に宛てられた日本政府の提案は一切の基礎を失った。日本の降伏拒否を考慮し、連合国はソビエト政府に対して日本の侵略に対する戦争に参加し、戦争終結の時期を短縮し、犠牲の数を少なくし、全面的和平をできる限り速やかに回復することを促進するよう提案した。ソビエト政府は連合国に対する自国の義務に従い、これを受諾し、本年7月26日の連合各国の宣言に参加した……以上に鑑み、ソビエト政府は明日すなわち8月9日よりソビエト連邦が日本と戦争状態に入る旨宣言する」。

満州事変あるいは大東亜戦争が始まって以来、非常に多くの重大な宣言が発表されてきた。しかし、ソビエト政府のこの宣言ほど重大な宣言に日本国民が接したことは、これまでなかった。否、この宣言は恐らく、日本の歴史が始まって以来、最も重大なものであろう。

ソビエト政府の宣言によれば、わが国政府は本年7月26日以前に、極東戦争に対する調停に関してソビエト政府に何らかの提案をした。これは一般国民がまったく聞かされていなかった新事実である。しかし、米英中の3国が7月26日に発表した対日宣言は、わが国の提案に対する彼らの回答であったのである。これまた、わが国民が初めて聞いたことである。もちろん、わが国政府は米英中3国の宣言を拒絶した。そして、ソビエトはそれを理由に今回の対日宣戦の挙に出でた。

…

満州、中国その他の外地に出征している日本軍は一兵も残らず討死にし、本土のすべてが硫黄島と化し、沖縄のようになっても、なおわれわれは国体護持の任務を果たし得るのかと、危惧せざるを得ない。

…

新型爆弾の出現は世界の兵器に革命的変化をもたらそうとしている。最早今は断じて、国民の一部にすぎない当局のみがすべてを知り、一般国民をただ抽象的な言辞で激励し、時局を甘く見せてその戦意昂揚を図り得るような時期ではない。政府は速やかにソビエトとの交渉の一切の顚末と現戦局の真相とを明らかにし、真に国民の協力を求めて国体護持に勇奮せよ（8・11）。

湛山のこの論考は、1945年8月26日号の『東洋経済新報』に掲載されたが、「8月11日記」と断っている。

この日付は、原爆投下とソ連の対日宣戦が布告された後、そして、8月15日の玉音放送の前の、終戦間際の時点である。

「この宣言は恐らく、日本の歴史が始まって以来、最も重大なものであろう」。湛山にとっては、原爆の投下よりソ連の対日参戦の衝撃のほうが大きかったように見える。

ザバイカル時間の8月9日午前零時、ハバロフスク時間で午前1時、ソ連の戦車が三方から国境を超え、満州になだれ込んだ。

不意を衝かれた関東軍は為す術がなかった。大本営は、すっかりうろたえてしまい、これに対処する作戦さえ立てることができなかった。

ソ連の戦車が満州に侵攻してから2時間半ほどしたところで、『同盟通信』のラジオは、モスクワ放送が対日宣戦布告の放送を流しているのをキャッチした。『同盟』の長谷川才次外信部長は、これをただちに迫水久常内閣書記官長に伝えた。

迫水は仰天した。

「ほんとか、ほんとか」。

何度も同じことを長谷川に質した。

迫水は後に回想録でこの知らせを聞いたとき「立っている大地が崩れるような気がし」、「全身の血が逆流するような憤怒を覚えた」と記している（迫水久常『機関銃下の首相官邸』266頁）。

それは湛山の驚きでもあり、日本国民の驚きでもあった。

一体、裏で何があったのか。

日本政府は、どんな秘密外交をしたのか。

どういういきさつでそれらがすべて水泡に帰し、この顚末を迎えたのか。

真相が明らかになったのは敗戦後である。

終戦に至るまでの数カ月間、日本政府は、ソ連の中立維持を確保し、その上でさらにソ連の斡旋で終戦を図ろうと密かに画策した。

1945年4月5日、ソ連は日ソ中立条約を破棄するとの声明を発表した。それでも、日本政府はソ連との関係維持にしがみついた。

6月初め、東郷は、広田弘毅元首相をソ連のマリク駐日大使と接触させ、ソ連の中立維持と日ソ関係改善の交渉をさせた。

本土決戦作戦に追い込まれた陸軍は、その作戦を遂行する上からもソ連の中立は何としてでも維持したい。終戦の機を窺っていた和平派は、無条件降伏より少しでも有利な条件を勝ち取るため、ソ連の斡旋による終戦に賭けたい。

しかし、スターリンは対日参戦の機会を狙っていた。

ソ連の対日参戦準備を完了させるまで戦争を長引かせる。米国に対日無条件降伏の要求を貫くよう促す。日本にソ連参戦を防ぐことができると信じ込ませ、降伏の決断をさせないよう時間稼ぎをする。その間、日本の完全壊滅は極東の共産化につながると米国に信じ込ませ、日本に米ソ離間工作をさせないようにする。そのためには、日本にソ連を通じた斡旋が功を奏するかもしれないと思わせておく。「日本をそっと眠らせておく」(スターリン)に限る。

スターリンはそのように計算した。

日本はといえば、ドイツの降伏後も、沖縄戦の敗北後も降伏を決断できなかった。ソ連の斡旋で何とか、打開の道は開けないか、と白日夢を見ていた。ポツダム会談の開催前に、近衛文麿をモスクワに派遣し、無条件降伏以外のより好ましい条件での終戦工作を試みようとした。

ところが、米国が一足早く広島に原爆を投下した。米国はソ連を出し抜き、ソ連抜きの戦勝を企んでいる、しかも、この原爆をカードにソ連を威圧しようとしている、かくなる上は、対日参戦を一刻も急がなければならない。スターリンは覚悟を決めた(長谷川毅『暗闘――スターリン、トルーマンと日本降伏』10~11頁、198~199頁、325頁)。

国民は、満州事変以来、15年の長きにわたって戦争の実態を知らされないまま、犠牲を強いられてきた。その揚げ句が、米国の原爆投下とソ連の満州侵攻だった。

真相を知りたい。真相を知らせよ。
湛山の叫びは悲痛である。

コラム

「清沢洌君の思い出」

清沢君と交際をするようになったのは相当古いことであって、いつごろからであったか記憶がない。だが私が同君と行動をともにして、いわば互いに相許す関係を結んだのは満州事変から日支事件と、だんだん日本が戦時化し、ファッショ的思想による言論の圧迫がひどくなってからである。

……

清沢君が終始一貫反戦論者であったことは言うまでもない。だが東京が、毎夜空襲を受けるようになってからの彼は、一機でもよいからニューヨークの上空に送って、空襲の味を米国人に知らせてやりたいと言っていた。彼は米国が、罪のない一般市民を殺傷する無差別空襲をあえてする非人道を許しがたく感じたのである。総力戦の場合、これはやむを得ざる処置だ（空襲されるわれわれはやり切れないが）という私の議論には、どうしても同感しなかった。清沢君は、こういう点で、私よりもはるかにセンチメンタルだったようである。

清沢君は『暗黒日記』の中に「戦争を世界から絶滅するために、敢然と起つ志士、果たして何人あるか、われ少なくもその一端を担わん」（1943（昭和18）年12月1日）と記していいる。今日もし彼が生きていたならば、どうしたであろうか。

（『東洋経済新報』1954年7月17日号）

第十一章

再建の思想

湛山の論説――65（社論、1945年8月25日号）

「更生日本の門出　前途は実に洋々たり」

8月8日のソ連の対日開戦宣言が、そのまま翌9日東京で発表されたのを見て、記者は最早戦争は終結に近づいたと確信した。政府に固い決意があるのでなければ、この文書は断じて発表できるものではなかったからである。

…

指導者が大局的に国家の永続を考えるなら、今は、たとえ一時的に大きな屈辱を忍ぶことになっても、停戦の勇断を下さなければならない。

しかし、これは並の覚悟では不可能だ。とくに、軍当局にとっては、泣いても泣き切れず、死んでも死に切れないような悲痛な事態であることが察せられる。ヒトラーはあのようにしてついにドイツ国民を悲惨な状況に陥れた。万一にもわが国が今、そのような誤った指導を受ける時は、国民の蒙る苦難はともかくとしても、三千年の歴史を一瞬にして滅ぼしてしまうことになる。

…

しかし、喜ばしいことに、記者の心配は杞憂に終わった。わが国とドイツとは根本的に国体を異にしている。おそれ多くも、上御一人（天皇）の御聖断は神のように一切の論議を止揚し、戦争は終結された。そして、今や万民心を一にして、更生日本の建設に邁進できる恩恵に浴するに至った。

…

世の中にこの事態を予想しなかった者が多かったのは当然で、その、あまりにも突然の急変に、茫然自失している者もいるだろう。悲憤の涙にくれる者もあろう。また、中には前途を著しく悲観する者もあろう。しかし、今は茫然自失して何もせずにいる時ではなく、また、いたずらに悲憤慷慨に時間を費やしている場合でもない。日本の前途を悲観するのは、これまで国民に与えられてきた教養が不足しているからであって、無理もないことだ。その無知はとても不憫である。確かに、わが国はこれまでの領土の一部を失い、また、軍需産業などにも制限を受けざるを得ない。しかし、これらのことが、今後絶えず発展していこうとする日本国民にとって、いったいどれほどの妨げになるだろうか。

…

言うまでもなく、日本国民は将来の戦争を望んではいない。それどころか、今後の日本は世界平和の戦士として、その全力を尽くさなくてはいけない。ここにこそ、更生日本の使命はあり、また、そのようにしてこそ、偉大なる更生日本は建設されるであろう。それはそれとして、原子爆弾の一例は、今後どのような針路を日本がとるにしても、その着眼の要点を示すものである。率直に言えば、これまでのわが国には、この着眼が足りなかった。竹槍こそ最も優れた武器であるとする非科学的精神が蔓延していた。それが、戦争においても今回の不利を招いた根本原因であるが、平和の事業においても同様である。単に精神より物質を重視せよという意味ではなく、科学精神に徹底せよ。そうすれば、どのような悪条件の下でも、更生日本の前途は洋々たるものであることは必然だ。この論説をもって、更生日本の門出を祝す辞とする次第である。

湛山は、1944年1月、伊勢神宮に参拝した。祈願に長い時間をかけた。

「何を祈られたのですか」。

秘書の大原万平が質すと、湛山は答えた。

「社から大勢の人が応召して敵地に行っておる。武運長久を祈ったよ」。

それから、言った。

「一日も早く戦争に負けるように祈った」。

大原は仰天し、あたりを見まわした。誰も聞いている者はいない。

湛山は続けた。

「これ以上ムリな戦争を続けて犠牲を大きくしたら、あとの復興が面倒になるからな。人間この世に生まれて平和な時代を安泰に過ごすことも一つの生き方だが、有史以来初めて経験する敗戦、その後の日本再建に取り組む機会に恵まれたことは、仕事のやりがいがあるというものではないか」（松尾尊兊『近代日本と石橋湛山』１８３〜１８４頁）。

湛山が戦後の再建構想を考えるようになったのは、さらにその前年の１９４３年秋頃からだったと見られる。

清沢洌は『暗黒日記』に、「戦後問題に関する研究をなすように石橋君から頼まれる。書けない問題があるので困る」と記しているが、その日付は１９４３年９月６日である（清沢洌『暗黒日記〈１〉』１３７頁）。

その一つのきっかけは１９４３年９月のイタリア・ファシズムの崩壊だった。湛山は日本の敗戦が必至であるとの確信を深めていく。

敗戦となった場合、日本の生存上、これだけはどうしても確保しておかなければ生存できない最後の線は何か。それを誰かが準備しなければ、講和会議の時にまともな主張もできない……。

それを一つ研究しようではないか。

実際に、湛山が行動に移したのは、１９４４年７月の東条内閣の崩壊後である。

この年の10月、ダンバートン・オークス会議[1]で国際連合案が公表されたのをきっかけに親しくしていた石渡荘太郎[2]蔵相に働きかけ、戦後の再建構想を研究する会合を大蔵省内に設置してもらった。

しかし、敗戦を前提とするような研究が外に知られたら、憲兵隊が黙っていない。

大蔵省も表向きそんな研究をするわけにはいかない。

そこで会合の名称を「戦時経済特別調査委員会」とした。「戦時経済」と銘打つものの、その実「戦後再建」の研究が目的である。

湛山がそのプロジェクト・リーダー役となり、中山伊知郎や大河内一男[3]、工藤昭四郎[4]、大蔵省からは山際正道[5]総務局長が加わった。

1944年10月から翌45年4月頃まで、合計二十数回、会合を持った（増田弘『石橋湛山——リベラリストの真髄』144頁）。

湛山は「世界平和の破れたる根本原因」と「戦後世界経済機構案」のテーマを受け持ったが、湛山と他のメンバーの間で時局認識に大きな差があった。

湛山は後にその時のいきさつを回想している。

「誰一人として日本が敗けるなどとは考えていない……日本が敗けて四つの島にとじこめられるなんてとんでもない、それでは到底生活できないから、是が非でも『大東亜共栄圏』をつくるのだと力んでいる」。

その後、空襲が激しくなり、会議を中止して一同、地下室に逃げ込むというようなことになりそのうち立ち消えになった（「八千万人の生きる道」1951年7月7日号）。

ただ、湛山自身は戦後の再建の思想の輪郭を描きつつあった。

この論考で述べた「世界平和の戦士として全力を尽くす」ことと「科学精神に徹する」ことも、そうした思索の産物だったに違いない。

戦後の再建の思想の軸をどこに置くか。

どこから始めるか。

誰がその主体となるべきか。

そこから湛山の戦後の言論活動は始まる。

（1）ダンバートン・オークス会議。第二次世界大戦末期の1944年8～10月に米ワシントン郊外のダンバートン・オークスで開かれた、米英ソ中4カ国の実務者会議。国連憲章の草案が作成された。

（2）石渡荘太郎（1891～1950）。官僚、政治家。大蔵次官を経て、平沼内閣、東条内閣、小磯内閣で大蔵大臣をつとめる。

（3）大河内一男（1905～1984）。経済学者。東京帝国大学教授、東京大学総長を歴任。主著『独逸社会政策思想史』『社会政策の基本問題』『スミスとリスト　経済倫理と経済理論』。

（4）工藤昭四郎（1894～1977）。実業家。日本興業銀行、大蔵省勤務を経て、東京都民銀行頭取、経済同友会代表幹事。

（5）山際正道（1901～1975）。官僚。大蔵省勤務、大蔵事務次官を経て、第20代日本銀行総裁。

「敗戦の真因は何か」

（週間寸信、１９４５年９月22日号）

昔、日蓮上人は立正安国論の中で、正法を圧迫し悪法を広める国には、善神跡を絶ち、悪神跋扈すると戒めた。近年のわが国は正に正法を圧迫し、悪法を流布する国ではなかったか。その敗戦の原因は、決して単に、軍需品の生産減退や飛行機の不足だけではない。否、その減産や不足は、実に悪神跋扈の結果であった。

この意味において、９月５日の議会に政府が発表した諸数字のようなものは、ただ戦争の遂行を不可能にした末端の事情を示しただけで、敗戦の真の原因を明らかにしたものではない。同日議会において東久邇宮稔彦首相が述べられたところでは、天皇陛下は、大東亜戦争勃発前の和戦を決定する重大な御前会議で、「四方《よも》の海みな同朋《はらから》と思ふ世に　など波風のたちさわぐらむ」と、明治天皇の御製(6)をお詠みになられ、政府に対しあらゆる手段を尽くして交渉を円満にまとめるようにと御鞭撻されたという。にもかかわらず、政府はこのようなお考えを拝しながら大東亜戦争を起こした。また、それより前には満州事変を起こし、支那事変を起こした。今日心ある国民が知りたいのは、その経過であって、その中にこそ、今回の敗戦の真の原因を捕捉できるのだと思う。

記者は連合国が要求するような所謂戦争犯罪者の処罰は望まない。しかし、満州事変、支那事変、大東亜戦争などがいかなる経過で起こったかの真相を赤裸々に発表し、それによって敗戦に至った責任の所在を明らかにすることは、首相宮の言われた国民総懺悔(7)のために是非とも必要であると思う。

新聞によればソ連の『プラウダ』紙は、9月2日の社説で日本の降伏について論じ「敗北後の日本の事態はドイツの事態と大きく性質が違う。日本には戦争を始め、戦争を指導した一派が依然権力を掌握し、軍部も相変わらず存在しており、民衆の声はまだ全然聞かれない」と言っている。なるほどわが国においては、敗戦の結果各方面の指導者に大きな変化が起こった跡がない。『プラウダ』紙がこう言うのも一理ある。

今日の場合、たとえそれが誤った観測であったとしても、連合国側にこのような印象を与えることは、外交上由々しき不利益だが、ましてやこれがもし事実とすれば、国民総懺悔の趣旨とはまったく違って、国運の将来に禍いとなること必然である。

(6) 御製。天皇がつくった詩文や和歌。
(7) 国民総懺悔。終戦直後に首相となった東久邇宮稔彦王は、8月17日の記者会見で「全国民総懺悔をすることがわが国再建の第一歩」と発言した。戦争責任の所在を曖昧にする理論として、国民の反発を招いた。

…国民は今回の敗戦を決して甘く見てはならない。その原因を究明しようともせず、依然として旧来の指導者が各方面に平気で顔を並べているのは、敗戦を甘く見ている証左である。

「一億総懺悔」論を受け入れてきた湛山だが、この論考では、そのためにもこの戦争の真因を明らかにせよ、と政府に注文をつけている。

政府は、それについて日本と米国の物量の差が「戦争の遂行を不可能にした」といった「末端の事情」を指摘するのみで、「敗戦の真因」を明らかにしていない。

東久邇稔彦首相[8]は議会で、開戦を決める上で重要な場となった御前会議（1941年9月6日）で、天皇は明治天皇の「四方の海みな同朋と思ふ世に　など波風のたちさわぐらむ」との御製を詠み、なお外交交渉による決着に期待していたことを披露した。

しかし、そうであれば、なぜ、その後開戦に突き進んだのか、そもそもその前から日本は満州事変と支那事変を起こし、日中戦争の泥沼にはまっていた。それと太平洋戦争はどういう関係があるのか、国民の知りたいのはこの「経過」であり、そこを検証してこそ「敗戦の真因」を捉えることができるのだ、と湛山は説いた。

その頃、湛山はいくつかの気がかりな事態について書き記した。

まず、日本国内における「一億総懺悔」論と海外の「戦争の責任」論との間の大きなギャップである。

「9月7日の『ニューヨーク・タイムズ』が、先般の議会における東久邇首相宮の演説を評した中に、今や続々公表されつつある野蛮行為を行った日本軍の武勲をたたえるとは何事だという意味の文言があるが、その意味もまた、右の発表をあわせて見ることによって初めて理解できる」(「米国民の対日憎悪」週間寸信、1945年9月29日号)。

次に、戦時中、日本軍が外地で行ったあまりにもひどい残虐行為を知って、打ちのめされたことである。すでに『ニューヨーク・タイムズ』紙はじめそのような残虐行為の報道を見ていた湛山は、その反日センセーショナリズムに嫌悪感を抱き、なぜ、こうまで反日感情が強いのか、疑問を抱いた。しかし、実際は、日本人がそれらの事実を知らなかっただけのことだった。

「記者は最近米軍当局の調査に基づく確実な情報としてマッカーサー司令部の発表した日本軍のフィリピン島における残虐行為なるものを見て、右の疑問の一部が解けた感を抱いた」。日本の政府当局ではこれらの事実を明らかにし、その責任を問うことはもはやできない。すでに連合国による戦争犯罪者の裁判は行われようとしている。

「わが国民が自ら事実をただし、これを処断する時期は失した。国民はひとえに連合国の公正

(8) 東久邇宮稔彦王(1887~1990)。陸軍軍人、政治家。陸軍大将、陸軍大臣、ポツダム宣言受諾の3日後、内閣総理大臣に就任、GHQとの対立などにより54日で総辞職。皇族の籍を離脱。

なる判決に信頼し罪を世界に謝すほかはない」。

それから、今回の敗戦の「原因を究明しようともせず、依然として旧来の指導者が各方面に平気で顔を並べている」状況の異様さである。

第一次世界大戦後、シュテファン・ツヴァイクは『昨日の世界』の中で、戦争責任者として断罪された人が実は戦争を回避しようとして努力した人であり、断罪を加えた人こそ戦争を扇動した人であった、と敗戦後の倒錯した真実を描いたが、日本でも戦後、折口信夫が次のような歌を詠んでいる。

いくさびと　まつりごとびと　みな生きて　はぢざるを見れば　斯くてやぶれし

正邪と是非の区別をつけられない国は、真の指導者を持つことはできないし、歴史から真の教訓を学ぶこともできない。

日本は「敗戦の真因」を検証し、それに基づきその責任を問い、正義を貫くことを自らの力で行うことができなかった。それを湛山は問題にした（「我が国民は謝罪せん」週間寸信、1945年9月29日号）。

実際、そのことが戦後の日本の歴史問題の克服の大きな障壁となった。その負の遺産がどれほど大きいものとなったかを、国民は冷戦後、〝歴史戦〟という歴史問題の外交問題化を通じて知るに至る。

占領時代、独自の検証を行うことは難しかったかもしれない。それを行ったとしても、GHQはそれを日本の支配階層の責任逃れのたくらみと疑っただろうし、極東軍事裁判が行われる中、日本政府が独自に検証し、戦争責任を問う作業を進めることはできない相談だったかもしれない。湛山が言うように「時期は失した」のかもしれなかった。

本来、それを行うべきは新憲法下で召集された最初の国会だっただろう。

少なくとも1952年4月の独立後の最初の国会で国政調査権を持つ「戦争責任特別調査委員会」を設けるべきであった。

国会の仕事の一つに、政府を監視する役割があることを忘れてはならない。政府の重大な失政に対し、調査委員会を設置し、事実を調査し、背景を検証し、原因を分析し、教訓を引き出し、責任のありかを明確にし、それを記録として残し、国民に公開する。立法府がその機能を果たしてこそ一人前の民主主義国である。日本の国会がそれを行使したのは2011年の福島原発事故を調査した「国会事故調」が初めてである。

湛山の論説――67

「靖国神社廃止の議」

（社論、1945年10月13日号）

非常に言い難いことではある。時流に対してあまりに気を遣い過ぎているとも、あるいは（反対に）忘恩とも不義とも受け取られるかも知れない。しかし、記者は深く諸般の事情を考え、あえてこの主張を決意した。謹んで靖国神社を廃止し奉れ、というのがそれである。

…

大東亜戦争の戦没将兵を永く護国の英雄として崇敬し、その武功を讃えることは、わが国の国際的立場において許されることであろうか。……また、精神的武装解除を要求する連合国が、これをどう見るであろうか。万一にも連合国から干渉を受け、祭礼を中止しなければならぬような事態が生じたら、かえって戦没者に屈辱を与え、国家の蒙る不名誉と不利益とは莫大であろう。

また、そのような国際的考慮は別としても、靖国神社は存続すべきものであろうか。

…

靖国神社の主なる祭神は明治維新以降の戦没者であって、その大多数は日清、日露両戦役と、今回の大東亜戦争の従軍者である。しかしながら、今となっては、その大東亜戦争は、永遠に拭うことのできない汚辱の戦争として、国家を亡国の危機に導き、日清、日露両戦役の戦果をさえ、無に帰したのである。遺憾ながら、それらの戦争に身命を捧げた人々に対しても最早「靖国」とは称し難くなってしまった。

…

言うまでもなくわが国民は、今回の戦争がなぜこのような悲惨な結果を招いたのかを、あくまで深く掘り下げて検討し、その経験を生かさなければならない。しかし、それにはいつまでもこの戦争に恨みを抱いているような心がけでは駄目だ。そのような狭い考えでは、恐らくこの戦争に敗けた本当の理由を明らかにすることはできず、更生日本を建設することは難しい。われわれは心をまったく新しくして、真に無武装の平和日本を実現するとともに、ひいては、その功徳を世界に伝播するという大悲願を立てることを必要とする。そのためには、国民に永く怨みを残すような記念物は、たとえいかに大切なものであったとしても、この際、これを一掃し去ることが必要であろう。

…

一言付け加えておきたいのは、国家が戦没者を祭らず、あるいは祭ることができない場合、もちろん、生者が安閑として過ごすことができるわけがない、ということである。

首相宮殿下(9)が説かれたように、この戦争は国民全体の責任である。しかしまた、すでに議論されているように、国民に等しく罪があったとしても、そこには自ずと軽重の差がある。少なくとも満州事変以降軍官民の指導的責任ある地位にいた者は、その内心はどうであったとしても、重罪人であることを免れない。しかしながら、それらの者が、依然として政府の要職を占め、あるいは官民の中で指導者顔をしているようなことは、たとえ連合国の干渉がなかったとしても、許し難い。


一度読んだら忘れられない、意を尽くした文章の書き出しである。

「非常に言い難いことではある。時流に対してあまりに気を遣い過ぎているとも、あるいは(反対に)忘恩とも不義とも受け取られるかも知れない。しかし、記者は深く諸般の事情を考え、あえてこの主張を決意した。謹んで靖国神社を廃止し奉れ、というのがそれである」。

謹んで靖国神社を廃止せよ。

なぜか。湛山は、四つの理由を挙げる。

第一に、連合国は日本の「精神的武装解除」を要求するであろうから、日本の国際的立場からして、神社の存続は許されない。連合国から祭礼の中止命令を受けるようなことになれば、「戦没者に屈辱を与え、国家の蒙る不名誉と不利益とは莫大であろう」。だから、先手をとって、廃止するのがよい。

第二に、「大東亜戦争」は「永遠に拭うことのできない汚辱の戦争」として、国家をほとんど亡国の危機に導いた。本来、「靖国」の意味は「国《くに》を安《やす》んずる」ことでなければならないが、まさにその逆の結果に終わった。この施設を残せば、「ただ屈辱と怨恨の記念として永く陰惨の跡をとどめるのではないか」。もしそうだとすれば、国の将来のためにならない。復讐心をきれいさっぱり棄てよ。復讐心から未来は生まれない。

第三に、非武装の平和日本を実現し、それを世界平和につなげる新生日本を建設する国民の悲願を達成するには、戦争を美化したり、あるいは怨みを残すような記念物は邪魔になる。戦死者を祭る施設をアレコレ考えるより、それを必要としない平和をつくることを最大の目標に掲げよ。

第四に、戦争の責任に関しては、国民等しくそれを負うとしても、少なくとも満州事変以来、軍官民の指導的責任の立場にあった人々は「重罪人」としての結果責任を免れない。その「軽重の差」を無視するような不正義は受け入れられない。

その際、湛山は「記者は戦没者の遺族の心情を察し、あるいは戦没者自身の立場に立って考えても、このような怨みを蔵する神として祭られることは決して望むところでないと判断する」と

(9) 首相宮殿下。東久邇稔彦首相。敗戦直後、憲政史上唯一の皇族内閣を組閣。マスコミは皇族の首相を「首相宮殿下」「首相宮」などと呼称した。

述べている。

これは第三者の言葉ではない。彼自身が「戦没者の遺族」にほかならなかった。次男の和彦は1944年2月、マーシャル諸島のクウェゼリン島で戦死していた。

靖国神社が「怨みを蔵する神として祭られる」のであれば、彼も彼の家族も、そして和彦もまた「心を安んずる」ことはできない。

連合国、つまりGHQは、この論考の出版された直後、「神道指令」を発し、国家神道を廃止した。また、翌年、日本国憲法の施行により、政教分離規定（憲法第20条）が確立した。靖国神社は宗教法人として存続する道を選んだ。したがって、国家の顕彰機構としての靖国神社は法律と制度の上では姿を消した。

しかし、靖国神社はその後もA級戦犯を含む戦死者の合祀を続けた。それに当たって、靖国神社は、厚生省が作成した戦死者名簿に依存してきた。そのことは、国家と靖国神社のへその緒がなお完全には断ち切れていない印象を内外に与えている。

現在、もはや一宗教法人にすぎない靖国神社を政治的に廃止することは憲法上、できない。

靖国神社の信教の自由は保障しなければならない。同時に、それが国家と何らかの関係も癒着も持つことは許されない。また、靖国神社は、「心を安んずる」ことのできない遺族の合祀取り下げ要求に応じなければならない（高橋哲哉『靖国問題』235頁）。

米国の国際政治学者、ジョン・ミアシャイマーは、「敗戦国は通常、戦争は不毛なことだったとは結論づけない。そうではなく、次は間違いを繰り返さないことを確かめようとする」と述べている（Mearsheimer, John J., *The Tragedy of Great Power Politics*, Updated Edition, p.27）。

靖国神社を「戦争の不毛さ」を心に刻む慰霊と沈思の場としなければならない。その空間を祝福や、顕彰や、怨念の場としてはならない。

湛山の論説――68（社論、1945年10月27日号）

「近衛文麿公に与う」

閣下が先に東久邇宮殿下の内閣に国務大臣の席を占められた経緯は、言うまでもなく一般国民の知るところではない。しかし、おそらく、一人として怪訝に思わなかった者はないであろう。ところが、このたび、閣下は新たに内大臣府御用掛に任命され、新聞はこの人事を、閣下を憲法改正草案の起草に参与させるためであろうと伝えている。本当にそうなのであろうか。もしそうならば、記者は僭越ながら一般民衆の感情を代表し、切に閣下の反省を乞わなければならない。

…

大東亜戦争がなぜ開始されたかを検討する者は、少なくとも1937（昭和12）年まで遡って、その発端を支那事変の勃発に求めざるを得ない。さらに下っては、1940（昭和15）年の日独伊三国同盟締結こそ、大東亜戦争必至の運命を定めたものと断ぜざるを得ないであろう。

ところで、不幸にもこの二つの事件は、ともに閣下の内閣の下で起こった。言うまでもなく、支那事変の前に、すでに1931（昭和6）年には満州事変があり、前者はいわば後者の引き継ぎであった。残念なことに1937年の盧溝橋に銃声を聞くに至ったのは、決して閣下の責任ではない。これは国民が広く一般に信じていることである。しかし、閣下は支那事変を処理するに当たり、「今後国民政府を対手にせず」との有名な声明を発し、所謂東亜新秩序の建設を公言し、また、軍が深く中国奥地に進軍することを許し、ついに日中の国交を回復不能な紛乱に陥れた。遠因はたとえ満州事変にあったとしても、事態をさらに重大化し、究極において大東亜戦争を避けられない勢いに導く口火を付けたのは、当時の閣下の対中政策であったと言うべきではあるまいか。

1940（昭和15）年の三国同盟に至っては、ほとんど狂気の沙汰と言うべきで、平沼、阿部、米内の三内閣は、その締結を躊躇して倒れた。いかに陸軍方面からの強力な圧迫があっても、それに屈して三国同盟を結ぶことは、仮にも国家を想う者として、到底忍び得ないことだったからである。当時一般の国論もまた、その同盟に反対した。にもかかわらず、米内内閣の後を受けた閣下は、あえてこの同盟を締結した。閣下がどのような意図をもって同盟を締結したかはともかく、結果は明らかに対米英開戦論者の主張を受け容れたものであり、事実、その戦争は起こった。閣下は1941（昭和16）年に三たび内閣を組織し、対米英国交の調整に努めたとはいえ、時はすでに遅かった。閣下が結んだ三国同盟は、この調整を妨げる最も重大な障壁となった。

…閣下がもし国民の信頼を回復しようとするならば、その道は他にある。それは閣下が支那事変以降見聞きしたすべての事実を公表し、軍国主義者の罪を明らかにするとともに、あわせて閣下の罪を天下に謝すことである。

1945年10月26日、『ニューヨーク・タイムズ』紙は、東アジア問題の研究者であるナサニエル・ペッファー(コロンビア大学教授)がダグラス・マッカーサーの政治顧問であるジョージ・アチソンと近衛文麿との会談を取り上げ、「近衛に新憲法の草案を司る役にしようというのはグロテスクである」と厳しく非難した論評を掲載した(Hotta, Eri, *Japan: 1941 Countdown to Infamy*, p. 128)。

湛山のこの論考が掲載されたのは同じ日である。

湛山も近衛が内大臣府御用掛として憲法改正草案の起草に参与するとの報道にグロテスクなものを感じた。

だいたい、どの面下げてノコノコと晴れがましいところに出てくるものか、この男は。

そうした義憤を湛山は抑えきれない。

大東亜戦争全体を通じて近衛ほど重い責任を有する指導者はいないはずだ。

日中戦争を拡大させ、「蒋介石対手にせず」声明で外交の手を自ら縛り、三国同盟を締結した。近衛が「対米英開戦論者の主張を受け容れたものであり、事実、その戦争は起こった」のである。

しかも、盧溝橋事件後、沈着に行動すれば事態は不拡大に終わった可能性が十分にあったのに、ことさらに「重大決意」を表明し、国内に戦争気分を盛り上げた。そして、その年末の南京攻略直前に、多田駿参謀次長が主張した和平論を一蹴し、和平の機会をつかみ損なった。

歴史家の五百旗頭真は「南京城への突入時の不祥事が、大きな傷跡を永遠に残すことを思えば、この機会喪失は、かえすがえすも惜しまれるところである」と記している（五百旗頭真『戦争・占領・講和』39頁）。

もし、近衛が極東軍事裁判で裁かれていたならば、南京虐殺に対する関わり――「知っていたのか。知っていたとすれば、いつ、知ったのか。それに対してどんな手を打ったのか」――が天皇を巻き込む形で一大焦点となったであろう。

１９４０年７月に発足した第二次近衛内閣においても近衛は大きな過ちを犯している。

近衛は、松岡洋右を外相にし、日独伊三国同盟をステップに、ソ連も加えた「四国協商」を構築して、米国を交渉のテーブルにつかせることを企図したが、それは翌年６月の独ソ戦の開始で破綻した。米国は、威圧されるどころか日本の弱点である資源、なかでも石油の禁輸を武器に、日本に圧力をかけた。近衛は米国の意図と意思を理解できなかった。

１９４１年10月、近衛は９月６日の御前会議で決まった開戦決定を白紙に戻そうと海軍に非戦を表明させようとするが、及川古志郎海相は「総理御一任」を述べただけだった。近衛は、総辞職を願い出た。

木戸幸一内大臣は「(開戦決意の)9月6日の御前会議決定を成立させたのは貴下ではないか。あの決定をそのままにして辞めるのは、無責任である」とたしなめたが、近衛はまたも政権を投げ出した(読売新聞戦争責任検証委員会『検証　戦争責任　Ⅱ』242頁)。

湛山は、近衛が国民の信頼を回復したいのなら「支那事変以降見聞きしたすべての事実を公表し、軍国主義者の罪を明らかにするとともに、あわせて閣下の罪を天下に謝すことである」と促した。

その後も、湛山は近衛を許さない。

「ラジオを聴けば、放送局は、何人の指金に依るものか、大東亜戦争勃発前の経緯を述べて、しきりに近衛公の弁護をやっていた。醜い限りだ。記者は重ねて近衛公の自決を求める」(「重ねて近衛公に与う」顕正議、1945年11月10日)。

12月14日、近衛は自宅で毒を仰いで自殺した。

歌人の土岐善麿はこんな歌を詠んだ。


その任に遂に非ずと知りし時は　すでになしたることの術なさ

進駐軍のMPが捕らえに来る前にあたふたと毒を仰いであの世へと遁走した近衛文麿の不甲斐なさを嘆いた歌だが、その程度のリーダーを救世主のように担いだ日本人の一人としての悲哀と悔悟の念をにじませている。

「憲法改正草案を評す　勝れたる其の特色と欠点」

（社論、1946年3月16日号）

政府の憲法改正草案要綱が3月6日発表された。条文としての仕上げがまだできていないので、厳密に批判すれば、なお欠けた個条も多く、重要な点において不明の節も発見される。

…

最大の問題である統帥権についても、天皇は何ら責任ある政治的実権を持たず、所謂象徴的存在に過ぎなかったことは、旧憲法においても改正憲法草案と異ならない。……記者はその意味において、些《いささ》かも現行憲法の天皇制に変革を加えたものではなく、ただその精神を成文の上に一層明白にしたに過ぎないと考える。

天皇の政治的機能がそのようなものであることを保障する実行手段として、改正草案は総理大臣の選定を国会にゆだね、天皇は国会で指名された者を総理大臣に任命すると規定した。

…

国会で総理大臣の選挙を行うことは、従来のわが国の慣行とも大きくは異ならず、したがって採用しやすい。しかも一部特権階級に総理大臣の推薦を思いのままにさせる弊害を絶つ、一つの妙案と考える。

…

今回の憲法改正草案要綱の最大の特色は、

国の主権の発動として行う戦争及び武力に依る威嚇又は武力の行使を、他国との紛争の解決の手段とすることは永久に之を放棄すること

陸海空軍その他の武力の保持を許さず、国の交戦権は認めない

と定めた第二章にある。

…

これまでの日本、否、日本ばかりでなく、独立国であればどんな国であっても、未だかつて夢想したこともなかった大胆至極の決定だ。しかし、記者はこの一条を読んで、痛快極りなく感じた。

…

本当に国民が「国家の名誉を賭し、全力を挙げて此等の高遠なる目的を達成せんことを誓う」ならば、その瞬間、最早日本は敗戦国でも、四等、五等でもなく、栄誉に輝く世界平和の一等国、以前から日本において唱えられた真実の神国に転じるであろう。

発表された憲法改正草案に対して、その欠点を挙げれば、言及しなければならない条項

は少なくない。中でも、国民の権利および義務の章においては、権利の擁護には十全を期した観があるが、義務を掲げることが非常に少ないことに、記者はたいへん不満を持っている。たとえば「国民はすべて勤労の権利を有す」とあるが、これに対し「国民はすべて勤労の義務を有す」とする条規はない。

…昔、専制君主が存在した場合とは異なり、民主主義国では、国家の経営者は国民自身だ。経営者としての国民の義務の規定に注意が行き届いていない憲法は、真に民主的とは言えないであろう。

幣原喜重郎内閣は、1946年3月6日、憲法改正草案要綱を発表した。『朝日新聞』は「なんとなくサイズの合わない借りてきた洋服のようだ」としながらも、その内容を歓迎した。

湛山も歓迎した。とりわけ戦争放棄条項を含む第9条に対しては「痛快極まりなく感じた」と手放しで歓迎し、これによって日本は「敗戦国でも四等、五等でもなく、栄誉に輝く世界平和の一等国」、いや、「真実の神国」に転ずるものだ、と気持ちを高ぶらせる。

敗戦のその瞬間から、これからは日本は「世界平和の戦士」として出直すのだ、と宣言した湛山である。

もはや台湾も朝鮮も満州も何もない。いよいよ小日本主義の時代が訪れたのである。

しかし、そのような敗戦後の出直し理想主義は、5年後に勃発した朝鮮戦争で挫折する。湛山は朝鮮戦争の半年前の1950年1月に「今日の世界において無軍備を誇るのは、病気に満ちた社会において医薬を排斥する或種の迷信に比すべきか、マ元帥が日本憲法は自衛権放棄にあらずと解釈せるは当然である」と日記に記した。冷戦の緊張の下、むき出しの権力政治の業をいやというほど思い知らされた（石橋湛一・伊藤隆編『石橋湛山日記　上』205～206頁）。

朝鮮戦争勃発の1カ月後には「第三次世界大戦の必至と世界国家」（非公表論文、全集第16巻所収）を執筆し、日本の「限定的再軍備論」を受け入れ、また憲法第9条についても一時的な「効力停止論」を構想した。

もちろん、湛山は依然、経済復興優先・軽武装路線の立場に立っており、その点では吉田路線と重なり合うが、吉田の同盟第一主義とは違って自主独立主義を主張した。ここには占領時代に嵩じた湛山の反米感情も影を落としている。

国際政治は、いつの時代も、勢力均衡（バランス・オブ・パワー）を無視できないし、丸腰平和主義は、その意図する平和をもたらすよりはむしろ力の真空地帯を生み出し、かえって不安定要素となりうる。

戦後、米国、欧州、日本を中心に自由で開放的な国際協調主義体制（リベラル・インターナショナル・オーダー）とそれを裏打ちする同盟体系が、冷戦の平和を支え、冷戦後の、さらには

21世紀の国際秩序の骨格を形成してきた。

その中で、日本は非軍事中心のグローバル・シビリアン・パワー[10]として、世界の安定と平和を下支えしてきた。その意味で、湛山の戦前の小日本主義構想は戦後のブレトン・ウッズ体制[11]の下、グローバル・シビリアン・パワーとして開花したといえなくもない。

その際、グローバル・シビリアン・パワーの要素として、戦後の平和憲法と日米同盟が両輪の働きをしてきた。

そして、戦後の日本のグローバル・シビリアン・パワーの安定力は、日米同盟による抑止力を下敷きにしてきたし、平和憲法と日米同盟がいずれも、日本の軍備に対して「自らを縛る」制約を課す自制力として働いてきたことによって可能になった。

日米防衛ガイドラインは新たな安全保障のリスクによりよく備える上で重要な取り組みであるし、集団的自衛権の行使も場合によっては必要になることもあるだろう。

安全保障（セキュリティー）とは、本来、リスクと緊急事と「最悪のシナリオ」に備える事柄であり、「想定外」を一応、外して考えるものである。

しかし、平和憲法が規定する「紛争の手段としての軍事力の否定」の制約に加えて、日米同盟が組み込んでいる軍事一国主義の制約もまた自制力を内蔵している。alliance（同盟）の語源はラテン語であるが、それは本来「縛る」を意味する言葉である（当然のことながら、日米同盟は日本だけでなく米国をも縛る）。その自制力が、安全保障の鬼門である「囚人のジレンマ[12]」を克服する上で役立つし、「静かな抑止力」を強化する上でも効果的であるだろう。

「静かな抑止力」とは、対話による信頼関係の構築を絶やさず、それぞれが相手の譲れない一線である〝レッドライン〟を含む状況認識を共有することで、双方の過剰反応、とくにナショナリズムを惹起させずに、攻撃力の行使を自制、抑止させることである。それは、いかに上手に軍事力を使わずに平和を保つかの理論であり実践に属する（日本再建イニシアティブ・日米戦略ビジョンプログラム『静かな抑止力』）。

それでもなお、日本はアジア、とりわけ中国と韓国との確かな信頼関係を築くことができていない。

それが共通の戦略的状況認識の形成を妨げている。そして、そこには歴史問題の深い溝が横たわっている。

明治元年の1868年から敗戦の1945年の間に、日本は10の戦争を繰り返してきた。そ

(10) グローバル・シビリアン・パワー。世界民生大国。経済や技術、人材や経験といった非軍事的手段を主たる手段として、また経済相互依存と二国間および多国間の協商と協調によって影響力を行使することにより、世界の平和と安定と発展に寄与し、国際社会において重きをなすことを目指す国家像。

(11) ブレトン・ウッズ体制。1944年のIMF設立から1971年8月のニクソンショックまでの間、世界経済を支えてきた国際通貨体制。

(12) 囚人のジレンマ。ゲーム理論の一例で、お互い協力するほうが、協力しないよりもよい結果になることがわかっていても、協力しない者が利益を得る状況では互いに協力しなくなる、というジレンマ。同一の事件で逮捕され、互いに意思疎通ができない状態にある2人の囚人に対し「双方とも自白すれば2人とも懲役3年。1人が自白してもう1人が黙秘した場合は、自白した者は釈放、黙秘した者は懲役5年。双方とも黙秘した場合は懲役1年」と提案すると、双方「黙秘」のほうが最適にもかかわらず、双方とも「自白」を選択し、最適な結果とはならない。

のうち一つ（太平洋戦争）を除いて、すべてアジアの諸国の犠牲を伴った戦争だった。日本は、その歴史的事実に目を背けてはならない。

ところで、湛山はこの新憲法案に唯一、注文をつけた。

「民主主義国では、国家の経営者は国民自身」であるにもかかわらず、新憲法案は、「経営者としての国民の義務の規定に注意が行き届いていない」のはどうしたことか、と。

憲法論議にその都度熱を上げる国民であるが、こと国民の義務となると——そして、その義務の中には、国民と国を守る義務も含まれる——経営者どころか当事者の意識も希薄なまま、70年が過ぎ去ったように見える。

湛山の論説――70（1947年5月12日）

私の公職追放に対する見解

1947（昭和22）年5月12日

中央公職適否審査委員会　御中

石橋湛山

一、私がG項該当者として公職から追放されるというようなことは、夢にも私が想像しなかったことである。

二、私は東洋経済新報の編集者兼社長であった責任によって、公職から追放されなければならないのであり、その理由は同誌が「アジアにおける軍事的および経済的帝国主義を支持し、枢軸国と日本との提携を唱導し、西洋諸国との戦争が不可避であるとの信念を育成し、労働組合の撲滅を至当として、かつ日本国民に対し、全体主義的統制を課することを主張した」ことにあると言うのである。しかし、私は東洋経済新報に対するこのような判決には絶対に服従することができない。

三、東洋経済新報が、終始一貫してすべての形の帝国主義と全体主義とに反対し、あらゆる戦争を拒否し、枢軸国との接近の危険を主張し、労働組合の発達に努力したことは、同誌を知る日本国民が広く一般に知っていることである。このことについては、たとえ私の政敵であっても、その者が正直である限り、断じて否定しないと考える。

四、東洋経済新報社は、日本における自由主義の本山として一般に認められ、ために同社と私は戦時中、非常に大きな圧迫を受けた。

五、私が多くの財政的損失を顧みず、1934（昭和9）年5月から日本文の東洋経済新報のほかに、英文のそれを発行した目的は、それによって日本の実状をありのままに外国に伝え、険悪になりつつあった国際関係の改善に微力を尽くすことであった。

六、言うまでもなく、東洋経済新報は定期刊行物である。したがってその発行される時期の経済、政治、社会の情勢を正しく読者に伝え、彼らに客観的批判の材料を提供する必要がある。私はそのような目的から、私とまったく正反対の主張をする者の意見も、しばしば誌上に掲載した。しかし、その目的は、それらの主張を宣伝することではなく、逆にそれらがいかに不合理であり、虚偽であるかを読者に知らせるためであった。

七、ある主張を世に納得させ、あるいは、ある主張に反対するためには、その時々の事情に応じた作戦がなければならない。ただ突進だけしていたのでは成功できない。したがって、ある文章が真に何を目的として書かれているかを知るためには、所謂行間を読む必要がある。東洋経済新報は、もちろん、削除や発売禁止の処分をたびたび受け、また、苛酷な紙の減配を蒙った。しかし、とにかく戦時中遂に廃刊の憂き目を見るに至らなかったのは、その作戦が成功した結果であった。そして、戦時中、東洋経済新報の読者は、その文章の行間から自由主義のオアシスを見出して喜んだ。

八、1937(昭和12)年以来の日本は、非常な速度をもって戦争へ戦争へと突進した。

この間にあって自由主義、平和主義を主張することは容易の業ではなかった。たとえば日独伊三国同盟ができるまで、東洋経済新報はこれに極力反対したが、その同盟が締結されてしまった後で、なお正面からこれに反対を続けることは最早無効であり、また、それは政府に禁止された。

…

しかし、私はたとえ蚊の鳴くほどの微かな声でも、なお自由主義、平和主義の主張を掲げる東洋経済新報がわが国に残ったことは、それがまったく存在しなかった場合に比べ、善かったと考える。東洋経済新報は、たとえ小さくはあったとはいえ、1940年8月、突如として日本が戦争を停止した原動力の一つを供給したと私は信じる。

九、1944(昭和19)年2月、私の息子の一人はケゼリン島で戦死した。1年遅れてその公報を受けた私は、1945(昭和20)年2月、彼のために追弔の会合を催し、その席上で次のように述べた。「私はかねてより自由主義者であるために軍部とその一味の者から迫害を受け、東洋経済新報も常に風前の灯のような危険にさらされている。しかし、その私が今や一人の愛児を軍隊に捧げて殺した。私は自由主義者ではあるが、国家に対する反逆者ではないからである」と。

私も、私の死んだ子どもも、戦争には反対であった。しかし、だからといって、もし私が子どもを軍隊に差し出すことを拒んだら、恐らく子どもも私も刑罰に処せられ、殺されたであろう。諸君はそこまで私が頑張らなければ、私を戦争支持者と見なすのであろうか。

…

一一、私は繰り返し社員に言ってきた。「われわれはできる限り隠忍する。しかし、それには限度がある。東洋経済新報の自由主義者たる本来の面目を失墜することは断じて認められない。もし、この最後の一線を守れない場合には、いさぎよく廃刊する。しかし、幸いにも当社にはこの社屋と土地がある。解散の場合にはこれらを売り払って代金を諸君に分配する。半年や1年は、それによって諸君は生活できるであろう。だから、どうか安心して私に従ってきてくれ」と。

…

一三、東洋経済新報と私とは戦時中、自由主義であり、平和主義であり、反軍的であるとして圧迫を受けた。にもかかわらず、今はそれとまったく反対の宣告を受け、私は公人としての生命を絶たれようとしているのである。果たしてどちらが正しいのか。貴委員会が速やかに正当なる判決を行われることを要求する。

戦時中、『東洋経済新報』の多くの読者は記事の行間に湛山の言う「自由主義のオアシス」を見いだし、しばしその辺に立ち止まり、泉の底から湧き出す含意をくみ取ろうとしたに違いない。湛山は、報道の自由がない中で、クオリティ・ジャーナリズムとして生き残るための「迂路」作戦、つまりは迂回作戦に訴えた。

「沈黙するよりも、たとえいかなる迂路を通じるも、やはり反対を続けるべき」だとの一念で記事を書いた。湛山ジャーナリズムにとって「沈黙は悪」なのである。

1932年の五・一五事件頃から日本では急速にファッショ的傾向が強まり、さらに、1936年の二・二六事件前後から事態はいよいよ緊迫し、米英協調主義を唱える者は親米派、反軍的、反戦的として公然圧迫され、議会内の言論までが窒息していった。

その中で、「迂路」作戦を展開するには、揉み手も揣め手も含めありとあらゆる手を使った。湛山は戦時中、「戦時に戦時経済（それは必然統制経済たらざるをえない）が必要であることは当然である。これはすべての国において同様である」と主張した。

自由主義者としての湛山は、市場経済と自由貿易を信じてきた、それを貫徹することが戦争を防ぐ道であると論じてきた。しかし、戦時となれば、同じ主張をするにしても工夫が要る。

湛山が執拗に反対した日独伊三国同盟についても、1940年9月の締結後に発表した「日独伊同盟の成立とわが国官民の覚悟」（社論、1940年10月5日号）で「たとえいかなる悪路でも、その方向の定めることは、一つの光明を見出すに等しいからだ」と限定的評価を与えた。その直前の10月2日、警視庁は新聞雑誌社に対して、「日独伊同盟に反対しまたは誹謗するような記事、および本条約が経済界に及ぼす悪影響を報道することを禁じる」と通告していた。

したがって、雑誌を発行し続けるのであれば、もはや正面から批判はできない。

そこで湛山は、三国同盟締結後、その同盟が対米英戦を回避する手段にならないこと、および、万一米英戦が起こった場合、日本には両国を相手に戦い抜く力はないことを国民に知らせる「迂路」作戦を取った。「日独伊同盟の成立とわが官民の覚悟」論文では、「簡単に独伊に勝利が帰すものとして油断し、万一予想がはずれたら、とんだ算盤違いを来す」、さらには長期的には米国が「わが国に対して、外交的および経済的圧迫を強化してくる」危険性を指摘した（『私の公職追放の資料に供されたと信ずる覚書に対する弁駁』１９４７年10月20日）。

湛山が使わなかったのは禁じ手だった。

禁じ手とは、権力に迎合し、事実を曲げ、真実を隠し、主義主張を取り下げることである。

ただ、湛山の「迂路」作戦は、湛山と『東洋経済新報』が自由主義とジャーナリズムを守るために、官憲と戦いを続けてきた中で勝ち得た読者との信頼感があったからこそ可能となった作戦であった。

湛山は、戦後の『東洋経済新報』第1号の社論である「更生日本の門出」（１９４５年8月25日号）で、出直しを呼びかけた。

湛山の筆致は、前向きで、自信に溢れていた。うちひしがれ、いじけた心のかけらもそこにはない。

実のところ湛山の心は晴れ晴れとしていたのである。

『湛山日記』(1945年8月17日)は次のように記す。

「考えてみるに、私はある意味において、日本の真の発展のために、米英等とともに日本内部の逆悪と戦っていたのであった。今回の敗戦が何ら私に悲しみをもたらさざる所以である」。

「日本内部の逆悪」と戦ってきた湛山にとって、英米自由主義陣営は〝戦友〟であるはずだった。

それが突然、G項該当者として公職追放となった。

追放理由は、『東洋経済新報』の編集方針が「アジアにおける軍事的および経済的帝国主義を支持し、枢軸国と日本との提携を唱道し、西洋諸国との戦争が不可避であるとの信念を育成し、労働組合の撲滅を至当として、かつ日本国民に対し、全体主義的統制を課することを主張した」責任である。

日本側の中央公職適否審査委員会は、1947年5月2日、吉田茂内閣の蔵相だった石橋湛山については「該当せず」との判定を下しており、吉田茂首相もそれに同意していた。しかし、GHQはホイットニー[13]民政局長名で湛山を追放すべしと命令した。吉田は5月16日、林譲治官房長官を蔵相官舎に派遣し、湛山に公職追放を告げ、それを諒承するよう求めたが、湛山は「絶対にこれを諒承することはできない」し、「まったく根拠のない理由によって、あたかも大蔵大臣の現職にある者を追放するようなことは内閣の恥辱である」と反撃した。

(13) コートニー・ホイットニー(1897〜1969)。アメリカの陸軍軍人、弁護士。マッカーサーの側近であり、GHQ民政局局長として、日本国憲法の草案作成を指揮。

湛山の衝撃は大きかった。

裏に何があったのか。

湛山は、その年（1947年）10月、追放決定の資料として用いられた「覚書」（同年4月30日付）を入手した。そこでは『東洋経済新報』の記事をおびただしく引用し、東洋経済新報社と石橋湛山は「1931（昭和6）年から1941（昭和16）年まで継続的に……超国家主義的軍国主義団体の政策と活動とを支持した」と断罪していた。

湛山と『東洋経済新報』を超国家主義や軍国主義の唱道者として扱うのはいかにもムリがある。「覚書」は記事の前後の文脈を無視し、片言隻句をとらえ、湛山を攻撃していたが、湛山は「見解」や弁駁書でそれを一つ一つ論駁した。

なぜ、湛山が標的にされたのか、そのねらいはなんだったのか。

真相はいまも霧の中に包まれているが、恐らく湛山が蔵相時代、GHQの野放図な建設事業の抑制、戦時補償打ち切り問題、公債利払い停止問題などで総司令部とやり合ったことが「厄介者」としてGHQの反発を招いたのではなかったか。

ただ、「見解」の中でオヤッと思う箇所がある。

湛山が、自分が全体主義でも軍国主義でもないことは、自分の「政敵」といえども、「その者が正直である限り、断じて否定しないと考える」と記していることである。

なぜ、わざわざ「政敵」に言及しなければならないのか。

ジャーナリスト湛山は政治家ではないから、敵がいるとしても論敵であって政敵ではない。

とすると、これは戦後、湛山が政界に入ってからの政敵のことを指していると考えるのが自然である。

湛山は1946年3月、戦後初の総選挙に自由党から立候補した（結果は落選）。自由党は吉田茂を立てて、戦後経営、というよりGHQ対策シフトを敷こうとした。そこへ鳩山一郎とともに湛山が加わった。

経済政策から対米観から国防観まで、湛山と吉田茂（と側近）の間には懸隔があり、それが政治的緊張をもたらした。

湛山は政治家として登場したとたんに、吉田茂——本人かどうかはともかくとして——側近から「政敵」視されたのである。

吉田が、湛山の公職追放に体を張って、阻止することはなかった。

2人はこれ以後、政治の同志として手を携えることは二度となかった（湛山公職追放については、増田弘『石橋湛山——リベラリストの真髄』164〜172頁が真相に肉薄している）。

考えてみれば、皮肉なことである。

石橋湛山も吉田茂も、2人とも東条ににらまれた。

戦時中内務省警保局長だった町村金五[14]は、東条からとくに『東洋経済新報』を監視すべしと命

（14）町村金五（1900〜1992）。内務省官僚、政治家。新潟県県知事、富山県県知事、内務省警保局長、警視総監を歴任。戦後国会議員となり、自民党参議院議員会長を務める。

じられたと戦後、証言している。

吉田茂は、憲兵隊にしょっ引かれ、留置場に放り込まれた。

敗戦の時、ある種の解放感を抱いた点でも二人は似通っていた。

湛山が「米英等とともに日本内部の逆悪と戦っていた」ので、「今回の敗戦が何ら私に悲しみをもたらさざる所以」であると日記に記したことは前に紹介した。

一方、吉田茂は「今までのところ、わが負けぶりも古今東西未曽有の出来栄えと申すべく、皇国再建の機運も自らここに蔵すべく、この敗戦必ずしも悪からず……」（来栖三郎宛１９４７年8月27日付書簡）と知人への信書で心情を吐露していた（河野康子『戦後と高度成長の終焉』23頁）。

占領されても、戦前・戦時と同じ姿勢と言葉を貫いたのもこの二人だった。

湛山は同委員会への詳細な弁駁（１９４７年10月20日）の最後を、「私一個人の利益のために、強いて今公職追放を免れたいとは少しも考えていない。ただ私はデモクラシーの権威のために、あえてここに訴願する次第である」と結んだ。

占領時代、絶対的専制に近かったマッカーサー総司令部に対してデモクラシーの原理をタテに、しかもそれをかくも的確かつ実証的に挑戦した日本国民は湛山を措いてなかった。

この抗議文は、自由主義者湛山の心の叫びだった。ジャーナリスト湛山の全存在を賭けた、生涯最大の、そして最後の言論戦だった。

コラム

「驚くべき自由主義　二宮尊徳翁と福沢諭吉翁」

私は、偉人の伝記などというものも多く読んだことがない。したがって、人というものを、ほとんど知らない。

ただ、しかし、その知らない人の中において、ただ、いささか知っており、かつ大した人だと思っているのは、少し古いところでは二宮尊徳、割り合い新しいところでは福沢諭吉の両氏である。

…

二宮翁は一般には勤勉で倹約家であったことで知られている人物だが、私がとくに翁を偉いと思うのは、その思想で、徳川時代の日本においては、珍しいというよりは、驚くべき自由主義に立脚していたことである。たとえば、『二宮翁夜話』の第一ページには「夫れ我が教へは書籍を尊まず、故に天地を以て経文とす」とある。いかなる聖人君子の教えでも、自己の判断で納得できないものは用いない、というのが翁の思想である。これは当時としては、正に革命的思想である。そういう大胆な自由思想に、翁は誰に教わったのでもなく自ら到達したのである。

福沢諭吉氏もまた二宮翁と同じく自由思想家であった。もちろん福沢翁は、二宮翁と違い、西洋の自由主義の影響を多く受けてはいたが、それにしても、徳川幕末から身の危険をおかして勇敢にその思想の宣布につとめたことは、省みてわれわれが到底まねのできないことだと驚嘆する。

しかし、私が、今日ことに福沢翁に傾倒する理由は、その門下に向かい、自ら実行できる確信のある主張でなければ、それを唱えてはならないと戒めていたことである。いわゆる進歩的思想家と称する者の中には、この用意を欠くことが多い。二宮翁も福沢翁も進歩的思想家でありながら、きわめて実践的であった。私は、そういう思想家が今日のわが国にほしいのである。

（「二宮尊徳翁と福沢諭吉翁」『時局』、1953年11月1日号）

おわりに――いまこそ、自由主義、再興せよ。

戦後、湛山は自由思想の研究と普及を目的として、「自由思想協会」を立ち上げた。「自由思想協会趣旨書及び規約」（１９４７年11月）によると、自由思想とは、以下のような考えである。

第一に、権勢、伝統、学説、人種、派閥、階級および先入観などの一切の束縛から解き放たれ、物事を自由に考える。とくに、どんな権勢であろうと、それに「阿諛《あゆ》する者」であってはならない。そこに流れているのは「独立自尊」の精神である。

第二に、自らと違う意見や利害関係を異にする者の主張を頭から排斥する態度をとらない。それを冷静に批判し、その中によい点があればこれを受容する寛大の精神を持つ。異論に耳を傾け、よいものは摂取する、前向きな寛容の精神のことである。

第三に、すべての問題を現実の生活に即して思考する。現実の生活に少しでも役立つアイデアを取り入れる。

何事も環境の変化に適応し、新陳代謝を図る必要がある。それには、現実主義と実務主義の精神が求められる。

まず、第一の点から見てみよう。

自由主義は、政治においては、ある勢力、ある宗教、ある信念による支配を拒否する思想である。権力に対して「お行儀よくしてください」と言うことはできても、それをあてにはできない。したがって、権力には抵抗姿勢をもって臨む。自由主義の行動規範が大方の場合、「何々への自由」という自己実現的なポジティブな表現ではなく、「何々からの自由」という他者抑制的なネガティブな表現となるのはそのためである。

第二の点。自由主義が想定する社会は、価値観の異なる人々と集団の間の不信感、持てる者と持たざる者との間の対立といった紛争を常態とする社会である。それは理想郷を想定しないし、約束しない。

安定した政治秩序を志向する点では、保守主義も社会主義も変わらない。保守主義は過去への静止的な執着、社会主義は未来への静止的な執着、つまり過去のユートピアと未来のユートピアをそれぞれ夢想する。

これに対して、自由主義は過去も現在も未来も動態的な社会を措定する。

冷戦後、フランシス・フクヤマ(1)は自由主義の共産主義に対する勝利を「歴史の終焉」と見立てたが、この論考の最大の弱点は自由主義に内在するこのような動態的な力学を否定し、静止的な執着、すなわち自由主義ユートピアを夢想したことだったただろう。

ただ、価値観を異にする人々や集団との間でも、自己保存が死活的に重要な課題であることについては合意できる。自己保存のために不可欠な自分の財産と固有の資源の保全の権利──自然権──を共通軸として共存と共生の社会（国際社会）秩序と枠組みを形成することは可能である。立憲主義はそれを前提としている（長谷部恭男『憲法と平和を問い直す』50頁）。

第三の点。自由主義は、社会に説得と妥協の習慣を植え付け、話し合いによって物事を解決し、紛争を管理する共存の術を重視する。

19世紀帝政ドイツのリベラル派を代表する政治家・知識人だったフリードリッヒ・ナウマン(2)はかつて「政治においては、絶対的な友も絶対的な敵もない」と喝破した。

自由主義の政治は、違う考えを持つ人々の間の「橋渡し」を精力的に行う点に特徴がある。それは、他の政治勢力との連携と連立を図り、その過程で最大公約数的な「中道」を確かめ、現実主義的かつ実務主義的に何が可能かを見きわめ、政策を漸進的に実現していく政治である。

「中道」を得るには、複数の政治勢力の間の均衡を保つことが重要である。

その均衡術の達人は、19世紀英国の自由主義の政治の鋳型をつくったウィリアム・グラッドストーン(3)だっただろう。

（1）フランシス・フクヤマ（1952〜　）。アメリカの政治学者。新保守主義の論客として注目される。主著『歴史の終わり』『人間の終わり』。

（2）フリードリッヒ・ナウマン（1860〜1919）。ドイツの政治家、思想家。リベラル派。マックス・ウェーバーとともに国民社会協会を設立する。主著『中欧論』。

（3）ウィリアム・グラッドストーン（1809〜1898）。イギリスの政治家。自由党を指揮し、ヴィクトリア朝中期から後期にかけて4期首相を務める。

グラッドストーンは「よいガバナンスができるかどうかは複数の勢力を均衡させるかどうかによって決まる」との信念の下、政策実現のための政治的な合従連衡を試みた。

自由主義は、19世紀に花開いた。中でも7つの海を支配した英国によってそれは世界に拡がり、20世紀になると超大国に躍り出た米国がそれを推し進めた。

それは、次のような壮大な組織原理に基づいている。

倫理秩序としては、教育と財政的独立を国民に与えることで国民の責任感を育て、その秩序を国民自らが支えるようにする。

社会秩序としては、技術的、経済的な革新がもたらす恩恵は社会を攪乱するコストを上回るべく保証、維持できるようにする。

経済秩序としては、一つの市場が失敗しても、別の市場が財とサービスを供給し、事業が失敗しても、市場機能をよりよく働かせることで新陳代謝を促し、経済全体として発展する自己矯正機能を作動させるようにする。

国際秩序としては、自由貿易と門戸開放による経済面での相互利益が戦争による戦果を上回ることを保証するようにする。

そして、政治秩序としては、国民が主権者となり、国家が国民に奉仕する存在となること、そして市民が、自らがつくった規則である以上、それに従わなければならないこと、を確かめ、それを長持ちさせるようにする（Fawcett, Edmund, *Liberalism: The Life of an Idea.*）。

自由主義は、それが生まれた時から難問を抱えていた。

第一の難問は、その権利を享受し、責任を果たせる層は社会のなかのごく少数の人々に限られるという点だった。

資産階層と高等教育を受けた階層だけの自由主義ではなく、国民全体に資する自由主義を構築するにはどうすればよいか。

別の言い方をすれば、自由主義と民主主義との緊張関係をどのように解決すべきか。

自由主義と民主主義はお神酒徳利のように同じ価値体系の神棚に祭り上げられることが多い。たとえば、自由民主党といった風に。

しかし、この2つの概念的範疇は異なる。

自由主義は、いかにして権力と権威を抑制するか。いかにして市民を、その信念を、その所有物を、国家の介入から守るか、という「いかにして（how）」にかかわる理念体系である。

これに対して、民主主義は、だれが、その受益を手にすることができるのか、だれがそれを負担するのか、だれがその声を代表できるのかという「だれ（who）」にかかわる理念体系である。

自由を保証する（「いかにして」）ためには、多数の支持（「だれ」）を得て、すなわち民主的に、それを実現しなければならない。自由主義は民主主義と折り合わなければならない。

湛山は、第一次世界大戦を「デモクラシーの勝利」と見なし「内政においては、少数政治の滅亡にして多数政治の勃興である。経済政策においては、無制限自由主義の否認にして公益主義の確立である。外政においては帝国主義の衰退にして国際連盟主義の進展である」と論評した（「大戦のもたらせる思想の変化」社説、1918年11月25日号）。

また、湛山は一貫して普通選挙権の拡張を訴えたが、原内閣が、選挙権の納税資格を10円から3円に引き下げる法案を議会に提出すると知ったとき「社会の危険はここにはない……昨今の米騒動を回顧してもらいたい……あの暴動の中心となったのは無資産者である。直接国税を納める力のない者である」と論じた（「何の為めの選挙権拡張ぞ」社説、1919年1月15日号）。

第二の難問は、自由主義経済は経済の安定と成長を必ずしも約束できず、自由貿易と経済（金融）相互依存は必ずしも世界の平和を保証するものではない、という点だった。

安全（安全保障）と平和を構築するには、ただ単に市場の「見えざる手」に委ねるわけにはいかない。政府には単なる夜警国家的役割を超えた役割——社会政策、労働政策、教育政策、競争政策、環境政策など——が必要となり、中央銀行の「最後の貸し手」の機能が大切になる。

1927年春の金融危機の際、鈴木商店と台湾銀行の救済を意図した震災手形整理法案をめぐって、湛山は「個人の損は連帯主義で社会に帰し、利は個人主義で自分が占めようとする」のは不公平であるとしながらも、「小の虫を殺して大の虫を助けるということわざがあるが、これは小の虫を生かして大の虫を助くるのである」と主張し、救済のために公的資金導入を図る政府の政策を支持した。

肝心なことは「大の虫」（社会全体の利益）なのだから「小の虫」（政商）をこの際は生かせ。なぜなら「今日の社会機構は、団体主義と社会連帯主義を組織原理に組み込んでおり、もはや絶対の個人主義、自由主義の適用を許し得ない」からであると説いた（「震災手形問題に現れたる両原理」社説、1927年3月12日号。「震手法案可決の条件」時評、1927年3月19日号）。

第一次世界大戦後、自由主義はファシズムと共産主義と民族主義の三方から攻撃され、自由主義者の間に激しい動揺が広がった。日本では、マルクス主義陣営からは「資本主義を支えるイデオロギー」として批判されたし、軍閥・右翼からは「国体に反する英米イデオロギー」として敵視された。

二・二六事件の後の１９３６年5月に東洋経済新報社が刊行した『自由主義とは何か』は、石橋湛山、清沢洌、長谷川如是閑らによる座談会を掲載しているが、この企画は「自由主義の排撃ということは一つの流行語になっている」現状に鑑みて自由主義の意義を改めて明らかにすることを意図していたという。（長幸男『石橋湛山の経済思想』６頁）。

21世紀。自由主義は再び、巨大な挑戦を受けつつある。

9・11テロ後の個人の自由と国家安全保障の緊張、ネット社会下のサイバーセキュリティーへの脅威とプライバシーの侵害、イスラム原理主義の台頭と宗派間の憎悪の増幅、ロシアの民族ポピュリズム、中国の市場専制主義……そして、ほかならぬ近代自由主義の発祥地である欧米諸国で、年金・医療費膨張による財政危機、シルバー民主主義下の「多数の専制」、格差の拡大、反移民と反文化相対主義に示される排他的民族主義、などが自由主義を内側から脅かしている。

日本の場合、20年以上に及ぶ「失われた時代」の中で、自由主義と自由主義の政治が大きく後退し、自民党主体の「戦後保守」が揺らぎ始めたように見える。

バブル崩壊後の「失われた時代」は「損切り」の時代でもあったが、官民を問わず日本の組織は「損切り」に対する経営的かつ組織的ストレスがきわめて大きく、決断に手間どった。バブルが崩壊した後の金融機関の不良債権資産（ＮＰＬ）の処理の遅れがまさにこの典型である。

低成長時代になると、縄張りに仕切られたそれぞれのムラ社会は、組織の縦割りとたこつぼに立てこもり、司司の部分最適解を追求し、それを超えた利害相関関係者（ステークホールダー）を巻き込んだ全体最適解の探求はおろそかになった。

「失われた時代」を決定づけた長期デフレの機構的原因の一つは、大蔵省（現財務省）・政府と日本銀行がそれぞれ財政至上主義と金融至上主義という部分最適解を追求し、政策協調に失敗したことが大きい（船橋洋一編著『検証　日本の「失われた20年」』第2章）。

低成長とデフレは、日本をリスク回避型社会に追いやることになった。コストカッターばかりが出世し、幅を効かす企業文化が生まれた。

岩盤規制に守られた既得権益層が技術革新と社会革新を阻み、経済の新陳代謝を遅らせた。それによって日本経済は、グローバル化とデジタル化の波に乗り遅れ、生産性を低下させた。

「失われた時代」はまた、財政赤字と公的債務の重圧の下、公共事業をはじめとする政治的「円滑油」を縮小させ「負の分配」の政治を強いることになった。ここで登場してきたのがアイデンティティーやシンボルの政治的身体表現だった。この傾向は小泉内閣の「劇場政治」から顕著になった。しかもネットメディアが浸透し、政治も言論も、右と左がそれぞれ「いいね！」を自分たちだけで確かめ、帰属感を高め合う他者排除の過程の中、中道の分極化、国民的合意の分解化が起こった（逢坂巌「メディア環境・世論と政治の座標軸」）。

また、これと関連して、とりわけ中国や韓国に対する国民の反感と不信感が深まり、排他的ナショナリズムが高まった。その過程で、これまで中道保守が積み重ねてきた「開かれた国益」(enlightened self-interest, enlightened national-interest) に基づく外交理念と外交姿勢が揺らいでいる（中野晃一『中道保守』は再生できるか」）。

確実に言えることは、日本の「失われた時代」はなお、終わっていないということである。

その根本要因はなお克服されておらず、今後ますます重圧として日本にのしかかってくる恐れがある。それらの要因としては、財政危機、人口蒸発と少子高齢化、地方消滅・首都圏崩落、グローバル化とデジタル化による日本の産業競争力のさらなる後退と機会・所得・資産の格差の拡大、中国の超大国化と東アジア秩序の再編、それに触発される民族主義とポピュリズムの激発、政党民主主義の衰弱……などを挙げることができる。

そうした挑戦に応えるために、自由主義の理念と組織原則を、そして、自助と自立の精神を、日本の新たな国づくりの指導的な思想として再び、確立することが求められる。

それは、財政危機に立ち向かい、それを克服していく上で必要となる。

英国はナポレオン戦争で公的債務がGDPの200%まで上昇したが、その後1世紀かけて30%まで縮小した。日本も財政健全化の長期戦を覚悟しなければならない。同時に、日本はこの間、社会保障水準を維持するための大増税を余儀なくされるだろう。

しかも、日本は今後、人口蒸発局面に突入する。このまま人口減少を放置し、生産性も停滞した状態が続けば、2040年以降、年平均マイナス0・1%程度の低成長に陥る恐れが強い。

その場合、今世紀末日本の人口は5000万人に縮小すると予測される（日本再建イニシアティブ『人口蒸発「5000万人国家」日本の衝撃』）。

自由な企業活動と起業家精神と個々人のイニシアティブを活溌にし、生産性を向上させなければならない。既得権益層（高齢者のそれを含めて）の壁をぶち破り、親方日の丸への依存心を絶ちきらなければ、やる気のある企業も個人も海外へ逃げていき、国は破産する。

自由主義の再興は、民主主義の活性化にとっても不可欠である。

民主主義には本来的に財政赤字を生む構造がある。民主主義はどれだけ多くの票を獲得するかのゲームであり、そのためにできるだけ多くの人々の欲望を満たす力学を内在的に組み込んでいる。それはまた、何でも税金や政府に頼ろうとする依存心を人々に植え付ける。とりわけ高齢化社会になると、年金と医療費を中心に高齢層の政府への依存心は一層高まり、若年層に不利、高齢者に有利なシルバー民主主義を生み出す傾向がある。したがって自分たちの身の回りのことはできるだけ自分たちで決める、地方でやれることはできるだけ地方でやる、自らをお上の庇護膜から解き放つ自助と自立によって、自治と統治のあり方をつねに問い直していく必要がある。

次に、グローバル化とデジタル化の挑戦を受けて立ち、そこに新たなフロンティアを見出し、果敢にリスクをとるグローバル競争力のある人材を輩出しなければならない。グローバル化とデジタル化は、個人のエンパワーメントを飛躍的に増進する。それは、個々人の才能と個性と違い、つまり多様性を際立たせるツールでもあるのだ。

それから、自由主義の再構築は国際社会において「自由で開放的な国際協調主義（リベラル・

インターナショナル・オーダー）」を再び強化し、専制資本主義とアジアモンロー主義による新体制を志向する中国に対する関与と均衡と抑止の力をそれぞれ強めるためにも重要である。ＴＰＰ（環太平洋パートナーシップ協定）もそのようなアジア太平洋の自由主義体制構築ビジョンの中に位置づけるべきであり、その出口戦略は中国とインドをその体制に組み込むことである。最後に、自由主義の政治は、中道の政治をつくる上で欠かせない。

人口減少と財政危機の時代、日本の政党は、これまで直面してこなかったような時間軸の長い政治課題に取り組まざるを得ない。しかも、この二つの課題については国民的合意をつくるのがきわめて難しい。人口問題は、仮に思い切った手を打ったとしてもその政策効果が出るのは何十年も先であり、次の選挙での勝利を最大の関心事とする政党の得点にも失点にもなりにくい。また、それは財政、国土、産業、地方、ジェンダーなどの利害関心を統合しなければ効果的な政策をつくれないが、それには確固とした司令塔と持続的な政治的指導力を必要とする。

財政再建、とくに増税は野党が政権を倒す〝とどめの一撃〟になりうる材料であり、反対のための反対の立場をとるインセンティブが最大限働きやすいテーマである。そのような状況の下で二大政党体制を定着させるのはさらに困難となり、政党連立（大連立を含め）の合従連衡が常態となる時代を迎えることになるかもしれない。

日本の場合、政権党が野党に転落すると、政府の政策・法案への対案を提示し、与野党で妥協点を探り、成案を得る中道の政治に背を向ける傾向が生まれつつある。政権党の政策に反対のための反対の姿勢をことさらに打ち出し、基盤支持層に添い寝するイデオロギー純化路線をとるきらいがある。

その傾向は2009年の民主党政権誕生後、野党になった自民党の2010年1月の「日本らしい日本の保守主義」自民党綱領と2012年4月の同党憲法改正案といった右旋回や、2012年の自民党政権復帰後、野党となった民主党のとりわけ安保法制国会での対案提示拒否の運動家（アクティビスト）政治の左旋回に表れている。

そうした政党の中核支持層の塹壕に帰巣する政治は、国民的合意を突き崩し、国民統合を亀裂させる結果をもたらしかねない。

そのような日本は、結局は、強者が政府を忌避し、自由放任の閉鎖空間（ゲート・シティー）に立て籠もり、弱者が強い政府を求め、その庇護の下、自由束縛の依存空間に甘んじる社会の二極化をもたらすだろう。

戦前昭和の日本では、「自由」が「平等」を軽んじ、「平等」が「独裁」と結びつきやすかった、と政治史家の坂野潤治は指摘しているが、日本は今後再び、その危険に直面する可能性がある(坂野潤治『日本憲政史』199頁)。

ここでの政治の要諦は、社会の分裂と政治の分解を防ぎ、中道の政治を維持、発展させることである。そして、中庸と妥協を軸とした政治作法と品位を大切にすることである。

どの相手ともどこかの段階で折り合い、手を結ぶ必要が生じるかもしれない。相手の人格を貶めたり、攻撃したりすることはそうした機会を損ない、逃すことになりかねない。

何よりも求められるのは、自由主義を軸とする中道の政治であり、自由主義的気質を湛えた政治的リーダーシップである。1960年の安保闘争後、「寛容と忍耐」をスローガンとして登場した池田勇人内閣以降の歴代自民党政権は、20世紀末の小渕恵三政権までは、貧富の差や世代間対立を和らげ国民を広く統合することを目指した中道保守だったと言ってよい。

自民党はその「戦後保守」の正の遺産を継承し、より深く根付かせなければならない。その上でさらに、女性の権利・機会や少子化対策など「戦後保守」の死角や限界を克服し、さらに発展させなければならない（杉之原真子「少子化・女性・家族と『戦後保守』の限界」）。

政権担当意思のある野党はその思想を共有し、その作法を身につけなければならない。何が可能なのか。いかにして国益を守るのか。どうやって妥協できるのか。対案を出すのか。稽古鍛錬しなければならない。

繰り返しになるが、自由主義は、秩序の概念であり組織原則である。

湛山は、1938年2月、帝国憲法発布50周年記念にあたって「自由はいうまでもなくわがまま勝手を意味しない。わがまま勝手は人間に決して自由を与えるものではないからだ。ゆえに正しき意味の自由主義の自由は、社会生活に必要なる一定の秩序と規律とを尊重し、各人の義務として、進んでその束縛を受ける自由でなければならない」と述べている（「非常時に際して特に我が憲法の有り難さを思う」社論、1938年2月12日号）。

自由主義による秩序と規律をつくるには、その恩恵を蒙る人々の当事者意識と参画が不可欠である。

湛山は戦後、新憲法案が発表された際「民主主義国においては、国家の経営者は国民自身」なのに、新憲法案は「経営者としての国民の義務の規定に注意が行き届いていない」と批判したが、国民が国家の経営者としての自覚があって初めて、国民は自由主義の組織原則をフルに使いこなすことができる。

自由主義ドグマのうちもっとも忌むべきは強者の論理と選民思想である。社会における弱者への共感を持ち、自らと異なる階層的背景と主義主張を持つ多様な人々と連携しなければならない。そこでは寛容の精神が最大の政治的美徳となるだろう。

ドグマからの自由に裏打ちされた自由主義は、政治がすべてを解決するという幻想からも自由でなければならない。

「政治は人文であり、それを科学にしようとするのは間違いである」と喝破した英国の哲学者、マイケル・オークショット(4)の言葉を思い起こすべきである。

政府ではなく社会をもっと大きくする必要がある。大きすぎる政府は、社会を萎縮させる。個人をもっと強くする必要がある。企業をもっと競わせる必要がある。地方をもっとたくましくする必要がある。

起業家精神に富み、冒険心に溢れ、イニシアティブ豊かで、人見知りせず社会のさまざまな輪に参画し、多様な背景を持つ人々と競争も協調もできる独立心の強い個々人が主役でなければならない。

そして、宮沢賢治の「雨にも負けず」の精神を心のどこかに秘めておくことである。

東に病気の子供あれば
行って看病してやり
西に疲れた母あれば
行ってその稲の束を負い
南に死にそうな人あれば
行ってこわがらなくてもいいといい
北に喧嘩や訴訟があれば
つまらないからやめろといい

そのような連帯の気持ちを持つ人々が寄り添い、手を差し伸べる市民であり、社会でありたい。そうした市民と国民を育てる教育とメディア、そして、教育者とジャーナリストの役割がいまほど求められている時はない。

自由主義、再興せよ。

いまこそ、自由主義、再興せよ。

(4) マイケル・オークショット(1901〜1990)。イギリスの政治哲学者、保守思想家。主著『保守的であること』。

参考文献・資料（本書で直接、引用し、参考にした著作）

Ⓐ──石橋湛山の著作

石橋湛山著、石橋湛山全集編纂委員会編『石橋湛山全集　全16巻』（新装版）東洋経済新報社、２０１０～11年。

石橋湛山著、増田弘編『小日本主義　石橋湛山外交論集』草思社、１９８４年。

石橋湛山『湛山回想』岩波文庫、１９８５年。

石橋湛山『湛山回想　人間の記録47』日本図書センター、１９９７年。

石橋湛山『湛山座談』岩波同時代ライブラリー、１９９４年。

石橋湛山著、石橋湛一・伊藤隆編『石橋湛山日記　上』みすず書房、２００１年。

石橋湛山著、長幸男編集・解説『石橋湛山著作集1　経済論（1）リベラリストの警鐘』東洋経済新報社、１９９５年。

石橋湛山著、中村隆英編集・解説『石橋湛山著作集2　経済論（2）エコノミストの面目』東洋経済新報社、１９９５年。

石橋湛山著、鴨武彦編集・解説『石橋湛山著作集3　政治・外交論　大日本主義との闘争』東洋経済新報社、1996年。

石橋湛山著、谷沢永一編集・解説『石橋湛山著作集4　文芸・社会評論／人物論　改造は心から』東洋経済新報社、1995年。

Ⓑ——石橋湛山論

上田美和『石橋湛山論——言論と行動』吉川弘文館、2012年。

岡本隆司「近代日本がみつめた中国1　日中関係と石橋湛山」『本』（講談社）2014年9月号。

小島直記『異端の言説・石橋湛山　上・下』新潮社、1978年。

佐高信『良日本主義の政治家——いま、なぜ石橋湛山か』東洋経済新報社、1994年。

田中秀征『日本リベラルと石橋湛山——いま政治が必要としていること』講談社選書メチエ、2004年。

長幸男『石橋湛山の経済思想——日本経済思想史研究の視角』東洋経済新報社、2009年。

長幸男編『石橋湛山——人と思想』東洋経済新報社、1974年。

筒井清忠『石橋湛山——自由主義政治家の軌跡』中公叢書、1986年。

中山伊知郎「体系なき体系　石橋経済学」長幸男編『石橋湛山——人と思想』東洋経済新報社、1974年所収。

半藤一利『新版　戦う石橋湛山』東洋経済新報社、2001年。

増田弘『石橋湛山研究——「小日本主義者」の国際認識』東洋経済新報社、1990年。

増田弘『石橋湛山——リベラリストの真髄』中公新書、1995年。

松尾尊兊「大正デモクラシーにおける湛山の位置」長幸男編『石橋湛山——人と思想』東洋経済新報社、

１９７４年所収。

松尾尊兊『近代日本と石橋湛山――『東洋経済新報』の人びと』東洋経済新報社、２０１３年。

Ⓒ――和書

相澤淳『海軍の選択――再考　真珠湾への道』中公叢書、２００２年。

朝河貫一『日本の禍機』講談社学術文庫、１９８７年。

朝日新聞「検証・昭和報道」取材班『新聞と「昭和」』朝日新聞出版、２０１０年。

朝日新聞東京裁判記者団『東京裁判　上』朝日文庫、１９９５年。

有馬学『「国際化」の中の帝国日本　１９０５～１９２４（日本の近代４）』中央公論新社、１９９９年。

五百旗頭薫『大隈重信と政党政治――複数政党制の起源　明治十四年―大正三年』東京大学出版会、２００３年。

五百旗頭真『戦争・占領・講和　１９４１～１９５５（日本の近代６）』中公文庫、２０１３年。

五百旗頭真編『日米関係史』有斐閣ブックス、２００８年。

伊藤隆『近衛新体制――大政翼賛会への道』中公新書、１９８３年。

伊藤之雄『政党政治と天皇　日本の歴史22』講談社、２００２年。

伊藤之雄『元老西園寺公望――古稀からの挑戦』文春新書、２００７年。

伊藤之雄『原敬――外交と政治の理想　下』講談社選書メチエ、２０１４年。

井上寿一『吉田茂と昭和史』講談社現代新書、２００９年。

井上寿一『政友会と民政党――戦前の二大政党制に何を学ぶか』中公新書、２０１２年。

井上寿一『第一次世界大戦と日本』講談社現代新書、２０１４年。

猪木正道『軍国日本の興亡――日清戦争から日中戦争へ』中公新書、１９９５年。

今井清一「内閣と天皇・重臣」細谷千博ほか編『日米関係史　開戦に至る十年　一九三一－四一年　1　政府首脳と外交機関』東京大学出版会、１９７１年所収。

岩田一政『デフレとの闘い――日銀副総裁の１８００日』日本経済新聞出版社、２０１０年。

ＮＨＫ〝ドキュメント昭和〟取材班編『ドキュメント昭和　世界への登場５　オレンジ作戦――軍縮下の日米太平洋戦略』角川書店、１９８６年
逢坂巌「メディア環境・世論と政治の座標軸」日本再建イニシアティブ『「戦後保守」は終わったのか――自民党政治の危機』角川新書、２０１５年所収。

大島清『高橋是清――財政家の数奇な生涯』中公新書、１９６９年。

岡義武『山県有朋――明治日本の象徴』岩波新書、１９５８年。

小倉政太郎編『東洋経済新報　言論六十年』東洋経済新報社、１９５５年。

長田彰文『日本の朝鮮統治と国際関係――朝鮮独立運動とアメリカ　１９１０‐１９２２』平凡社、２００５年。

小野容照『朝鮮独立運動と東アジア　１９１０‐１９２５』思文閣出版、２０１３年。

加藤陽子『それでも、日本人は「戦争」を選んだ』朝日出版社、２００９年。

加藤淑子『斎藤茂吉の十五年戦争』みすず書房、１９９０年。

川田稔『昭和陸軍全史１――満州事変』講談社現代新書、２０１４年。

川田稔『昭和陸軍全史２――日中戦争』講談社現代新書、２０１４年。

川田稔『昭和陸軍全史３――太平洋戦争』講談社現代新書、２０１５年。

北岡伸一『政党から軍部へ　１９２４～１９４１（日本の近代５）』中央公論新社、１９９９年（中公文庫、２０１３年）。

北岡伸一『日本政治史――外交と権力』有斐閣、２０１１年。

清沢洌『暗黒日記〈1〉昭和17年12月9日―昭和18年12月31日』評論社、１９７０年。

清沢洌『暗黒日記〈2〉昭和19年（1月1日―12月31日）』評論社、１９７１年。

草柳大蔵『齋藤隆夫かく戦えり――平成の今こそ、このような政治家が求められている！』グラフ社、２００６年。

黒野耐『日本を滅ぼした国防方針』文春新書、２００２年。

ケインズ、ジョン・メイナード著、塩野谷九十九訳『雇傭・利子及び貨幣の一般理論』東洋経済新報社、１９４１年。

纐纈厚『「日本は支那をみくびりたり」――日中戦争とは何だったのか』同時代社、２００９年。

河野康子『戦後と高度成長の終焉　日本の歴史24』講談社、２００２年。

後藤新一『高橋是清――日本の〝ケインズ〟』日経新書、１９７７年。

近衛忠大・ＮＨＫ「真珠湾への道」取材班『近衛家の太平洋戦争（ＮＨＫスペシャルセレクション）』日本放送出版協会、２００４年。

斎藤隆夫『回顧七十年』中公文庫、２０１４年。

迫水久常『機関銃下の首相官邸――二・二六事件から終戦まで』ちくま学芸文庫、２０１１年。

佐道明広・小宮一夫・服部龍二編『人物で読む近代日本外交史――大久保利通から広田弘毅まで』吉川弘文館、２００９年。

佐藤一進『保守のアポリアを超えて――共和主義の精神とその変奏』ＮＴＴ出版、２０１４年。

佐藤尚武『回顧八十年』時事通信社、１９６３年。

塩田潮『最後の御奉公――宰相　幣原喜重郎』文藝春秋、１９９２年。

重光葵『昭和の動乱　上』中公文庫ＢＩＢＬＯ20世紀、２００１年。

幣原喜重郎『外交五十年』中公文庫BIBLO20世紀、2007年。

新名丈夫「東条に逆らって徴兵された新聞記者」『文藝春秋』1956（昭和31）年10月号（『太平洋戦争の肉声②悲風の大決戦』文藝春秋戦後70年企画文春ムック、2015年所収）。

杉之原真子「少子化・女性・家族と『戦後保守』の限界」日本再建イニシアティブ『「戦後保守」は終わったのか――自民党政治の危機』角川新書、2015年所収。

杉原志啓・富岡幸一郎編『稀代のジャーナリスト・徳富蘇峰　1863-1957』藤原書店、2013年。

高橋哲哉『靖国問題』ちくま新書、2005年。

高橋紘『象徴天皇』岩波新書、1987年。

高原秀介『ウィルソン外交と日本――理想と現実の間　1913-1921』創文社、2006年。

武田知己『重光葵と戦後政治』吉川弘文館、2002年。

武田知己「近衛文麿」御厨貴編『歴代首相物語　増補新版』新書館、2013年所収。

多田井喜生『決断した男　木戸幸一の昭和』文藝春秋、2000年。

田中伸尚『ドキュメント昭和天皇　全8巻』緑風出版、1984～1993年。

ツヴァイク、シュテファン『昨日の世界1　ツヴァイク全集19』原田義人訳、みすず書房、1973年。

ツヴァイク、シュテファン『昨日の世界2　ツヴァイク全集20』原田義人訳、みすず書房、1973年。

筒井清忠『昭和十年代の陸軍と政治――軍部大臣現役武官制の虚像と実像』岩波書店、2007年。

寺崎英成、マリコ・テラサキ・ミラー編著『昭和天皇独白録』文春文庫、1995年。

戸高一成「果たされなかった死者との約束」半藤一利ほか『あの戦争になぜ負けたのか』文春新書、2006年所収。

戸部良一『逆説の軍隊（日本の近代9）』中央公論社、1998年。

戸部良一『外務省革新派――世界新秩序の幻影』中公新書、2010年。

土門周平『参謀の戦争――なぜ太平洋戦争は起きたのか』PHP文庫、1999年。

中澤俊輔『治安維持法――なぜ政党政治は「悪法」を生んだか』中公新書、2012年。

中嶋猪久生『石油と日本――苦難と挫折の資源外交史』新潮選書、2015年。

中野晃一「『中道保守』は再生できるか」日本再建イニシアティブ『「戦後保守」は終わったのか――自民党政治の危機』角川新書、2015年所収。

奈良岡聰智『対華二十一カ条要求とは何だったのか――第一次世界大戦と日中対立の原点』名古屋大学出版会、2015年。

「21世紀日本の構想」懇談会著『日本のフロンティアは日本の中にある――自立と協治で築く新世紀』河合隼雄監修、講談社、2000年。

ニッシュ、イアン『戦間期の日本外交――パリ講和会議から大東亜会議まで』（MINERVA日本史ライブラリー）関静雄訳、ミネルヴァ書房、2004年。

日本再建イニシアティブ『人口蒸発「5000万人国家」日本の衝撃――人口問題民間臨調 調査・報告書』新潮社、2015年。

日本再建イニシアティブ『「戦後保守」は終わったのか――自民党政治の危機』角川新書、2015年。

日本再建イニシアティブ・日米戦略ビジョンプログラム『静かな抑止力』日本再建イニシアティブ、2014年。

秦郁彦『盧溝橋事件の研究』東京大学出版会、1996年。

長谷川毅『暗闘――スターリン、トルーマンと日本降伏』中央公論新社、2006年。

長谷部恭男『憲法と平和を問いなおす』ちくま新書、2004年。

服部龍二『〝外交敗戦〟の教訓――なぜ、日米開戦は避けられなかったのか』（NHKさかのぼり日本史

〈外交編〉〔2〕昭和）ＮＨＫ出版、２０１２年。

林屋辰三郎・梅棹忠夫・山崎正和編『日本史のしくみ――変革と情報の史観』中公文庫、１９７６年。

坂野潤治『日本憲政史』東京大学出版会、２００８年。

福島原発事故独立検証委員会『調査・検証報告書（民間事故調報告書）』ディスカヴァー・トゥエンティワン、２０１２年。

船橋洋一編著『検証　日本の「失われた20年」――日本はなぜ停滞から抜け出せなかったのか』東洋経済新報社、２０１５年。

文藝春秋編『太平洋戦争の肉声②　悲風の大決戦』文藝春秋戦後70年企画文春ムック、２０１５年。

文藝春秋編『太平洋戦争の肉声④　テロと陰謀の昭和史』文藝春秋戦後70年企画文春ムック、２０１５年。

保阪正康『昭和天皇』中央公論新社、２００５年。

保阪正康『「特攻」と日本人』講談社現代新書、２００５年。

保阪正康『太平洋戦争、七つの謎――官僚と軍隊と日本人』角川ｏｎｅテーマ21、２００９年。

細谷千博「外務省と駐米大使館　１９４０－41年」細谷千博ほか編『日米関係史　開戦に至る十年　１９３１－41年〈１〉政府首脳と外交機関』東京大学出版会、１９７１年所収。

細谷千博『シベリア出兵の史的研究』新泉社、１９７６年。

細谷千博『両大戦間の日本外交　１９１４－１９４５』岩波書店、１９８８年。

細谷雄一『歴史認識とは何か――日露戦争からアジア太平洋戦争まで【戦後史の解放Ⅰ】』新潮選書、２０１５年。

前坂俊之『太平洋戦争と新聞』講談社学術文庫、２００７年。

松尾尊兊『国際国家への出発』（日本の歴史21）集英社、１９９３年。

松本健一『日本の失敗――「第二の開国」と「大東亜戦争」』岩波現代文庫、２００６年。

宮野澄『最後のリベラリスト・芦田均』文藝春秋、１９８７年。

三輪宗弘『太平洋戦争と石油——戦略物資の軍事と経済』日本経済評論社、２００４年。

室伏哲郎『日本のテロリスト』潮文庫、１９８６年。

森武麿『アジア・太平洋戦争』（日本の歴史20）集英社、１９９３年。

山本七平『日本はなぜ敗れるのか——敗因21カ条』角川ｏｎｅテーマ21、２００４年。

吉田裕『日本人の戦争観——戦後史のなかの変容』岩波現代文庫、２００５年。

読売新聞戦争責任検証委員会『検証　戦争責任　Ⅰ・Ⅱ』中央公論新社、２００６年。

蝋山政道「満洲問題をめぐる日米外交の争点」植田捷雄ほか編『近代日本外交史の研究』（神川先生還暦記念）有斐閣、１９５６年。

D——洋書

Bershidsky, Leonid, “Why Putin Treats Fantasy as History,” *The Japan Times*, May 12, 2015.

Burkman, Thomas W., “The Geneva Spirit,” John Howes ed., *Nitobe Inazo: Japan's Bridge across the Pacific*, Westview Press, 1995.

Chatham House Study Group, *Japan in Defeat*, Oxford University Press, 1945.

Craft, Stephen G., *V. K. Wellington Koo and the Emergence of Modern China*, The University Press of Kentucky, 2004.

Crowley, James B., *Japan's Quest for Autonomy: National Security and Foreign Policy, 1930-1938*, Princeton University Press, 1966.

Dickinson, Frederick R., *War and National Reinvention: Japan in the Great War: 1914-1919*, Harvard University

Asia Center, 1999.

Fawcett, Edmund, *Liberalism: The Life of an Idea*, Princeton University Press, 2014.

Goodwin, Craufurd D., *Walter Lippmann: Public Economist*, Harvard University Press, 2014.

Hotta, Eri, *Japan: 1941 Countdown to Infamy*, Alfred A. Knopf, 2013.

Iriye, Akira, *After Imperialism: The Search for a New Order in the Far East 1921-1931*, Harvard University Press, 1965.

Marshall, Jonathan, *To Have and Have Not*, University of California Press, 1995.

Kissinger, Henry, *Diplomacy*, Simon & Schuster, 1994.

Mearsheimer, John J., *The Tragedy of Great Power Politics*, Updated Edition, Norton, 2014.

Moorhouse, Roger, *The Devils' Alliance: Hitler's Pact with Stalin, 1939-1941*, Basic Books, 2014.

Nish, Ian H., *Alliance in Decline: Study in Anglo-Japanese Relations, 1908-23*, Athlone Press, 1972.

Pyle, Kenneth B., *Japan Rising: The Resurgence of Japanese Power and Purpose*, Public Affairs, 2007.

Smethurst, Richard J., *From Foot Soldier to Finance Minister: Takahashi Korekiyo, Japan's Keynes*, Harvard University Asia Center, 2007.

Snyder, Jack, *Myths of Empire: Domestic Politics and International Ambition*, Cornell University Press, 1991.

Waldron, Arthur, ed., *How the Peace Was Lost: The 1935 Memorandum "Developments Affecting American Policy in the Far East," Prepared for the State Department by Ambassador John Van Antwerp MacMurray*, Hoover Institution Press, 1992.

Wohlstetter, Roberta, *Pearl Harbor: Warning and Decision*, Stanford University Press, 1962.

【著者紹介】
船橋洋一（ふなばし　よういち）

一般財団法人日本再建イニシアティブ理事長。元朝日新聞社主筆。

1944年北京生まれ。東京大学教養学部卒業。1968年朝日新聞社入社。北京特派員、ワシントン特派員、アメリカ総局長、コラムニストを経て、2007～10年12月朝日新聞社主筆。2011年9月独立系シンクタンク「日本再建イニシアティブ」設立、現在、理事長。

ハーバード大学ニーメンフェロー（1975～76年）、米国際経済研究所客員研究員（1987年）、慶應義塾大学法学博士号取得（1992年）、米ブルッキングズ研究所特別招聘スカラー（2005～06年）。

ボーン・上田国際記念賞（1986年）、石橋湛山賞（1992年）、日本記者クラブ賞（1994年）受賞。

主な著書：

『内部――ある中国報告』朝日新聞社、1983年、サントリー学芸賞。

『通貨烈烈』朝日新聞社、1988年、吉野作造賞。

『アジア太平洋フュージョン』中央公論社、1995年、アジア太平洋賞大賞。

『同盟漂流』岩波書店、1998年、新潮学芸賞。

『青い海をもとめて――東アジア海洋文明紀行』朝日新聞社、2005年。

『ザ・ペニンシュラ・クエスチョン――朝鮮半島第二次核危機』朝日新聞社、2006年。

『カウントダウン・メルトダウン　上・下』文藝春秋、2013年、大宅壮一ノンフィクション賞。

『原発敗戦――危機のリーダーシップとは』文春新書、2014年。

『検証　日本の「失われた20年」――日本はなぜ停滞から抜け出せなかったのか』（編著）東洋経済新報社、2015年。

湛山読本
いまこそ、自由主義、再興せよ。

2015年12月3日発行

著　者――船橋洋一
発行者――山縣裕一郎
発行所――東洋経済新報社
〒103-8345　東京都中央区日本橋本石町 1-2-1
電話＝東洋経済コールセンター　03(5605)7021
http://toyokeizai.net/

装　丁…………吉住郷司
D T P…………アイランドコレクション
編集協力………岩本宣明
印　刷…………東港出版印刷
製　本…………積信堂
編集担当………中山英貴
　Printed in Japan　ISBN 978-4-492-06197-8